21 世纪高职高专旅游服务与管理专业工学结合系列教材

导游基础知识

主　编　项园园

副主编　陈衍怀　王春梅

中国财富出版社

（原中国物资出版社）

图书在版编目（CIP）数据

导游基础知识/项园园主编 .—北京：中国财富出版社，2012.7

（21世纪高职高专旅游服务与管理专业工学结合系列教材）

ISBN 978 - 7 - 5047 - 4275 - 9

Ⅰ. ①导…　Ⅱ. ①项…　Ⅲ. ①导游—高等职业教育—教材　Ⅳ. ①F590.63

中国版本图书馆 CIP 数据核字（2012）第 098812 号

| 策划编辑 | 张利敏 | 责任印制 | 方朋远 |
| 责任编辑 | 田慧莹 | 责任校对 | 孙会香　饶莉莉 |

出版发行	中国财富出版社（原中国物资出版社）		
社　　址	北京市丰台区南四环西路188号5区20楼	邮政编码	100070
电　　话	010 - 52227568（发行部）	010 - 52227588 转 307（总编室）	
	010 - 68589540（读者服务部）	010 - 52227588 转 305（质检部）	
网　　址	http://www.clph.cn		
经　　销	新华书店		
印　　刷	三河市西华印务有限公司		
书　　号	ISBN 978 - 7 - 5047 - 4275 - 9/F · 1795		
开　　本	787mm×1092mm　1/16		
印　　张	13.75	版　　次	2012 年 7 月第 1 版
字　　数	285 千字	印　　次	2012 年 7 月第 1 次印刷
印　　数	0001—3000 册	定　　价	26.80 元

21 世纪高职高专旅游服务与管理专业
工学结合系列教材编审委员会

高级顾问　韩　琦　王束生
主审专家　苗雅杰　陆　朋
主要委员　（以姓氏笔画为序）

丁　超	王春梅	艾小勇	田　红
仝松锋	刘长英	刘咏梅	刘建华
刘晓明	刘　强	祁　颖	杨永杰
杨建朝	何艳琳	沈国娟	陆　刚
陆　朋	陈国生	陈修岭	陈晓琴
陈　瑜	苗雅杰	罗春燕	罗　德
单铭磊	项园园	赵爱民	赵嘉骏
柏　莹	蔡洪胜		

总策划　张利敏

出 版 说 明

为了编写这套教材，中国财富出版社筹备的"21世纪高职高专旅游服务与管理专业工学结合系列教材编审委员会工作会议"第一次会议和第二次会议先后在杭州和北京召开，会议贯彻以职业技能训练为中心任务、以工学结合为体系的现代化高职教育教材编写理念，探索具有旅游服务与管理专业特色的工学结合的教材编写模式，搭建了企业管理人员与一线教师交流的平台。

工学结合的教材应该根据具体的专业所属的行业领域和职业岗位（群）的任职要求，参照相关的职业资格标准，按照职业岗位编排教材体系与实训项目内容，从而使教材有效地体现知识与职业岗位的一体化。这样的教材必然具备两个特点：一是必须由企业人员参与教材编写，体现校企合作、工学结合；二是必须与相关职业资格标准相结合。

那么，旅游服务与管理专业工学结合的教材应该是怎样的？

旅游服务与管理专业工学结合的教材应该是以岗位（群）为依据划分项目，再将项目分解成任务，并且具体地讲解完成任务所需要的步骤，从而同时实现技能目标和知识目标。它不同于传统的"实训教程"，也不等于众多小模块的拼凑，更不是简单地将"章"变"项目"，"节"变"任务"。而是将系统的知识与技能有机地结合起来表述，有严格的项目、任务分解依据，读来既轻松又不失严谨。

本系列教材还配有电子教学资料，包括电子教案、教学指南、课时建议、练习题答案、实训设置期末考试A、B试卷等，能够为老师授课和学生学习提供诸多便利，起到小型"资料库"的作用，欢迎登录中国财富出版社网站（http：//www.clph.cn）进行下载，同时将本书最后一页填好传真回我社索要密码即可使用电子教学资料。

本系列教材从策划伊始到问世，都伴随着策划人的详尽调研、行业专家的认真解惑和编写老师的严谨耕耘，并具备如下特点：

1. 通俗易读，深浅有度。理论知识广而不深，基本技能贯穿教材的始终。图文并茂，以例释理的方法得到广泛的应用，十分符合职业院校学生的学习特点。

2. 工学结合的编写思路。一方面注重企业的参与，另一方面注重与相关职业资格标准相结合。

3. "套餐式"教材，电子教学资料请专业人士制作。现代化的手段可以帮助丰富和发展传统的教材。

4. 兼顾老师授课和学生学习。教材不仅设置电子教学资料，从而减少老师备课的工作量，还在内容安排上兼顾了可读性，使学生能够自主学习。

"21 世纪高职高专旅游服务与管理专业工学结合系列教材"符合职业教育的教学理念和发展趋势，能够成为广大教师和学生教与学的优秀教材，同时也可以作为旅游业管理人员、相关从业人员的自学读物。

前　　言

为适应我国旅游业新时期的发展变化和教育部进一步提高高职、高专教学质量的要求，满足社会对新型旅游人才日益扩大的需求，开发建设适应高职学生特点的新型旅游教材成为重中之重。教材是实现培养目标的核心因素之一，高质量的教材是培养合格人才的保证。

"导游基础知识"作为一门旅游管理、导游等旅游专业的专业基础课程，其教材建设应充分做到"重基础、宽知识面、重实践性"，不仅能使学生从中获得从事导游工作的基本知识，更要有利于学生动手能力的培养和综合素质的提升。本书基于此项原则的指导，内容力求新颖、实用，突出体现了以下特点：

（1）内容翔实，讲求实效。本教材从提高旅游专业学生及旅游从业人员的文化素养和业务能力出发，汲取了以往教材的精华，全面介绍导游职业所需的基础知识和文化常识，并结合行业实际，突出基础知识的储备、应用和实践能力的培养。

（2）结构新颖，编排科学。本教材共有九章，内容涵盖了导游基础知识的各个领域，既保持了主题的相对独立性，又注意了内容之间的内在关联。各章节均设计相关的"小知识"供阅读，课后配有任务和练习。为方便学生学习，教材中选用了大量的图片，做到图文并茂，体验直观。

本书由项园园担任主编，陈衍怀、王春梅担任副主编。编写分工如下：项园园编写第一、第八章；倪迦南编写第二章；王春梅、张大光、陈刚编写第三、第四章；陈衍怀编写第五、第六章；刘庆编写第七章；邢萧平编写第九章；项园园负责本书的统稿和修改。

本书在编写过程中，参阅了大量的相关文献著作和网络信息资源，吸收并选取用了许多作者的科研成果、资料和图片，由于篇幅有限，在此不能一一列举，在此谨向各位作者表示由衷的感谢！

由于编写时间仓促，加上作者水平有限，书中不妥和疏漏之处在所避免，敬请各位旅游界的同行、专家、学者与广大的读者给予批评指正。

项园园

2012 年 5 月

目　录

第一章 华夏千秋——中国历史文化

知识目标

- 了解中国历史发展脉络，掌握中国主要朝代及重大历史事件。
- 掌握我国古代封建帝王政治、科举制度等知识。
- 熟悉中国古代科技文化发展的概况和主要成就。
- 熟悉与旅游相关的中国历史文化常识。

能力目标

- 能够收集与旅游相关的中国历史文化常识，进行专题介绍。
- 能够运用中国历史文化相关知识，进行导游词的创作。

中国是人类历史文化的重要发祥地之一，与尼罗河流域的古埃及、两河流域的古巴比伦、恒河和印度河流域的古印度并称世界四大文明古国。我国历史悠久、文化灿烂，在绵延数千年的历史发展过程中，创造了丰富、灿烂的历史文化，是我国发展旅游业极其宝贵的资源和财富。

第一节 中国历史发展脉络

一、原始社会（约 200 万年前—公元前 21 世纪）

原始社会是人类历史发展的第一个社会形态，主要分为原始人群时期和氏族公社时期。

（一）原始人群时期

1985 年在长江三峡地区出土的距今约 204 万年的巫山人化石，是迄今为止我国发

现的最早古人类化石。在距今 170 万年前，就有云南元谋人生活在中国大地上。距今 80 万年前，有陕西蓝田人；在 70 万～20 万年前，居住在北京西南周口店龙骨山山洞里的北京人，已经能够制造和使用打制石器、利用天然火、相互间用简单的语言进行交流。到了距今 1.8 万年前的北京山顶洞人阶段，我国古人已经掌握了磨制石器、骨器和钻孔技术，学会了人工取火，婚姻制度由群婚向血缘婚转变，人们按血缘关系组成氏族，共同生活，标志着我国已经正式进入了氏族公社时期。

（二）氏族公社时期

氏族公社经过漫长历史时期的发展，到了后期分别经历了母系氏族公社阶段和父系氏族公社阶段。在距今六七千年前，我国进入了母系氏族公社阶段，黄河流域以仰韶文化为代表，长江流域以河姆渡文化为代表。陕西西安的半坡遗址和浙江余姚的河姆渡遗址分别是其最为典型的代表。在这一时期，人类已经能够制造弓箭，使用磨制石器、种植稻、粟，饲养家畜，烧制彩陶，学会了打井建屋，过着定居生活，婚姻制度由血缘婚转为族外婚。在此阶段，妇女在社会生产生活中起主导作用，氏族成员之间的亲属关系按母系血统确定。

到了距今 5000 年前，人类社会过渡到父系氏族公社阶段，山东的龙山文化、大汶口中晚期文化、浙江良渚文化是其典型代表。在此时期，男子逐渐取代了妇女在社会生产和生活中的支配地位，氏族成员的亲属关系以父系血统确定，婚姻制度由对偶婚转变为一夫一妻制。社会生产力有了较大的提高，出现了私有财产和贫富分化。

父系氏族公社的末期，各个氏族逐渐组成较大的部落，进而结成部落联盟，这就是传说中的黄帝和尧舜禹时代。相传，黄帝是 4000 多年前黄河流域一个强大的华夏部落的首领，经过多年征战，打败了周边众多其他部落，并与东夷部落首领炎帝结成部落联盟，战胜了南方的苗蛮部落首领蚩尤。其后，黄帝和炎帝又在阪泉大战，黄帝获胜，统一了中原地区，成为中华民族的共同始祖。继炎黄之后，尧、舜、禹以其贤能相继成为部落联盟的首领。当时，部落联盟首领的产生实行的是民主推选的"禅让制"。但禹死后，禹的儿子启废除了"禅让制"，登上王位，于公元前 21 世纪建立了我国第一个奴隶制国家——夏朝。

二、奴隶社会（公元前 21 世纪—公元前 476 年）

我国的奴隶社会，经历了夏商奴隶制形成和发展时期、西周奴隶制完善时期、春秋奴隶制衰落时期三个阶段。

（一）夏商时期

夏朝建立后，先后定都安邑、阳翟、洛阳等地。公元前 16 世纪，夏朝最后一位国王桀在位时，因其残暴的统治激起了奴隶们的反抗，黄河下游的商部落的首领商汤趁机率兵灭了夏朝，建立了商朝。

公元前 16 世纪至公元前 11 世纪的商朝，是奴隶社会的发展时期。商朝的农业、手工业较发达，青铜冶炼和铸造有很高水平。中国有文字可考的历史是从商朝开始的。商纣王统治时，周武王兴兵伐纣，商亡。

（二）西周时期

公元前 11 世纪—公元前 771 年，是奴隶社会的强盛时期。公元前 11 世纪中期，周武王灭商，建立周朝，定都镐京，史称西周。西周统治者实行了分封制和井田制。周厉王统治时，引起"国人暴动"，厉王逃跑，政权由周、召二公执掌，史称"周召共和"，为我国历史上有确切纪年的开端。周幽王烽火戏诸侯，西周王室失去了各诸侯国的拥戴。公元前 771 年，西周被犬戎灭亡。

（三）春秋时期

公元前 770 年，周平王东迁洛邑，史称东周。东周又分为春秋时期（公元前770—公元前 476 年）和战国时期（公元前 475—公元前 221 年）。

公元前 770 年至公元前 476 年的春秋时期，是奴隶社会逐步瓦解、封建制度孕育的变革时期。这一时期，周王室衰微，诸侯争霸，出现了"春秋五霸"。由于铁器的使用和牛耕的出现，生产力提高，私田增多，促使以奴隶制国有土地为基础的井田制逐步瓦解，奴隶制走向崩溃。春秋时期，在文化上出现了"百家争鸣"的繁荣局面。

三、封建社会（公元前 475—公元 1840 年）

我国的封建社会时间漫长，经历的王朝众多，对我国的政治经济、文化艺术，以及伦理道德、社会关系各方面都产生了关键而深远的影响，是我国五千年文明史的重要阶段。

（一）战国、秦、汉时期

战国时期，诸侯国之间的兼并战争继续进行，形成齐、楚、燕、韩、赵、魏、秦七个主要国家，史称"战国七雄"。这一时期，生产关系发生重大变革，奴隶主转化为地主，奴隶成为自耕农，封建的土地所有制逐渐形成。为增强国力，以秦国商鞅变法

为代表，各诸侯国先后实行变法，确立了封建的生产关系和政治体制。随着阶级关系的变化，农业和工商业进一步发展，带动了城市的发展，形成了齐临淄、赵邯郸、楚郢都等工商业都市。

公元前221年，秦王嬴政经过一系列的兼并战争，统一了中国，建立起我国历史上第一个中央集权的封建国家——秦，定都咸阳，自称始皇帝。为巩固政权，秦朝在政治上确立了皇权制度，设立"三公九卿"；地方上推行郡县制，长官由皇帝直接任命；经济上统一度量衡和货币；文化上统一文字，"焚书坑儒"以加强思想控制；军事上北抗匈奴，修筑长城，南击百越，开凿灵渠。但由于赋役沉重、刑法严酷，使得阶级矛盾激化，爆发了陈胜、吴广领导的中国历史上第一次农民起义。公元前206年，刘邦攻占关中，秦朝灭亡。

经过四年的楚汉战争，公元前202年，刘邦战胜项羽，建立汉朝，定都长安，史称西汉。西汉初期，统治者采取了休养生息的政策，使社会经济得到恢复和发展，文、景帝时期出现了封建盛世"文景之治"。汉武帝时，鉴于吴、楚七国之乱的教训，颁行"推恩令"，削弱了诸侯王的势力；将盐铁和铸币权收归中央，增强经济实力；采纳董仲舒的"罢黜百家、独尊儒术"的学说，使儒家思想成为封建社会的统治思想。

汉武帝时为抗击匈奴，派张骞出使西域，开辟了丝绸之路，促进了汉朝与西域各国的经济文化交流，科学文化艺术也相当繁荣，各民族间的联系得到加强，对外交往的范围不断扩大。西汉后期，土地兼并十分严重，外戚王莽乘机夺取了西汉政权，于公元8年建立新朝，实行复古改制，阶级矛盾迅速激化，最终导致了绿林、赤眉农民起义，王莽新朝政权被推翻。

刘秀利用农民起义，在公元25年建立汉政权，定都洛阳，史称东汉。出生于地主阶级的刘秀注意吸取西汉灭亡的教训，调整统治政策，使社会出现了较为安定的"光武中兴"，经济得到恢复和发展。东汉后期，豪强地主特权不断加强，土地兼并严重；外戚和宦官交替专权，政治腐败，阶级矛盾日益尖锐，终于爆发了黄巾军起义，动摇了东汉政权的统治基础。此后，地方割据势力日渐强大，经过混战，最终形成了魏、蜀、吴三国鼎立的局面。

 小知识

中国皇帝之最

在中国历史上，从秦统一到清末的2133年中，连同地方割据政权和农民起义领袖建立年号称帝的在内，共有皇帝564人，第一个皇帝是秦朝的嬴政，最后一个皇帝是

清朝的溥仪。其间在位时间最长的皇帝是清朝的康熙皇帝，名玄烨，共做了61年皇帝。在位时间最短的皇帝是汉朝的刘贺，他只当了27天皇帝，就被废去。即位年龄最大的皇帝是唐朝的武则天，她即位时已61岁，她也是中国历史上唯一的女皇帝。即位年龄最小的皇帝是汉朝的殇帝，名刘隆，生下来一百多天就当皇帝了，他又是寿命最短的皇帝，死时不足一周岁。

（二）三国两晋南北朝时期

曹操公元200年经官渡之战击败袁绍，统一了北方。但刘备、孙权联合，于公元208年在赤壁之战中大败曹军，形成对峙局面。公元220年，曹丕称帝建魏，定都洛阳；221年刘备称帝建蜀，定都成都；229年孙权称帝建吴，定都建业，三国鼎立的局面最终形成。

魏马钧发明翻车灌溉农田，蜀国有闻名遐迩的蜀锦，吴国有发达的造船业，孙权派卫温、诸葛直率兵士万人乘船到达夷洲（今台湾）。

263年，魏灭蜀。265年，司马炎废魏称帝建晋，定都洛阳，史称西晋。280年，晋灭吴，南北统一。316年，匈奴攻破长安，西晋灭亡。317年，西晋皇族司马睿，在建康（今南京）定都称帝，史称东晋。与此同时，北方的匈奴、鲜卑、羯、氐、羌等少数民族先后建立了十六个政权，史称"五胡十六国"。

420年，刘裕灭东晋建立宋。东晋灭亡后，南方经历了宋、齐、梁、陈四朝的更替，均定都建康，史称南朝。386年，鲜卑拓跋部建立北魏，439年，北魏统一了北方。534年，北魏分裂成东魏和西魏，接着东魏被北齐取代，西魏被北周取代。此五朝史称北朝，与南朝合称为南北朝。在此期间，黄河流域的各族人民实现了大融合，长江流域得到进一步开发，特别是江南地区，为隋唐经济文化的发展打下了基础。

（三）隋、唐时期

577年，北周灭北齐，581年，杨坚取代北周建立隋朝，定都长安；589年，隋灭南陈，统一了中国，结束了东汉末年以来近400年的分裂割据局面。隋文帝杨坚在中央建立"三省六部制"，在全国实行均田制，推行开科取士制，使社会安定，经济发展，国家强盛，史称"开皇之治"。但继位者隋炀帝杨广横征暴敛，奢侈腐化，穷兵黩武，严重破坏了社会经济，以致各地农民起义爆发。618年，隋炀帝在江都（今扬州）被杀，隋亡。

在隋政权土崩瓦解时，617年，太原留守李渊乘机起兵，攻克长安，于618年建立唐朝。唐太宗李世民通过"玄武门之变"即位后，吸取隋朝灭亡的教训，调整政策，善于纳谏，任用贤臣，轻徭薄赋，社会安定，经济繁荣，政治清明，国力逐步强盛，史称"贞观之治"。继位者唐高宗李治、武则天统治时期，社会经济继续发展。唐玄宗在位时，励精图治，任用贤人，使唐朝进入全盛时期，史称"开元盛世"。

由于唐玄宗后期宠爱女色、重用奸佞，政治腐败，引发了"安史之乱"，唐朝由盛转衰。此后，内有宦官专权，外有藩镇割据，土地兼并严重，终于爆发了唐末王仙芝、黄巢领导的农民大起义。907年，朱温废唐自立，建立后梁，唐朝灭亡。

（四）五代、辽、宋、夏、金、元时期

907年至960年，中国北方中原一带相继建立了后梁、后唐、后晋、后汉、后周五个朝代，合称五代。同一时期，中国南部和山西地区，先后出现过吴、南唐、吴越、楚、闽、南汉、前蜀、后蜀、荆南（南平）、北汉等政权，史称十国。在此时期，南北合称"五代十国"，它是唐后期以来藩镇割据的继续和发展，各方彼此征战不休，给人民造成深重灾难，但南方相对安定，经济有较大的发展。

960年，后周禁军统帅赵匡胤通过"陈桥兵变"建立宋朝，定都东京（今开封），史称北宋。979年，宋朝消灭了后周的残余势力和其他割据政权，结束了五代十国以来的分裂局面，完成了统一。为加强中央集权，赵匡胤"杯酒释兵权"，解除了一些将领的军权；设立枢密院和政事堂；派文臣管理地方政事；设立转运使；设立禁军，将兵权、政权、财权和用人权最大限度地集中于皇帝手中。北方的契丹族在916年建立契丹国，后改称辽，与宋长期对峙，经过多次战争，于1004年签订了"澶渊之盟"，维持了相对稳定的局面，开展了经济文化交流。宋的西北由党项族在1038年建立了大夏国，1044年宋和西夏也由战至和，订"庆历和约"后相对稳定，开展互市。宋辽、宋夏和议，每年宋朝廷要支出"岁币"给辽、夏，加上军费和官俸开支过大，地主兼并土地，出现了社会危机。宰相王安石在神宗的支持下进行了以"富国强兵"为宗旨的改革，取得了显著成效。但宋神宗死后，新政全部被废。1115年，东北的女真族建立金国，1125年宋金联合灭辽，1127年，金灭北宋。同年，赵构即位称帝，建立南宋，定都临安（今杭州）。宋金长期对峙期间，岳飞是最著名的抗金将领。岳飞被害后，1141年，宋金订"绍兴和议"，宋向金称臣，割地、纳贡以求苟存。

同一时期，蒙古族崛起于蒙古高原。1206年，蒙古族铁木真统一了蒙古各部，建立蒙古汗国，并被推举为"成吉思汗"，力量不断壮大，先后于1227年和1234年消灭了西夏和金。1271年，成吉思汗之孙忽必烈定国号为元，建都大都（今北京）。1279年，元灭南宋，统一全国。

元朝实现了中国历史上规模空前的大一统，其疆域超过汉唐，并促进了中华各民族的大融合。元对地方实行"行省制度"，西藏也正式成为行政区。但同时元朝统治者

实行民族分化政策，激化了民族矛盾。元末政治黑暗，经济崩溃，灾荒连年，导致红巾军等农民起义，元朝灭亡。

（五）明、清时期（鸦片战争前）

1368 年，明太祖朱元璋建立明朝，定都应天（今南京）。朱元璋通过废除丞相、建立厂卫特务机构、以八股取仕和在地方建立三司等措施，强化了中央集权的封建君主专制。同时采取休养生息政策，实行屯田、奖励垦织、兴修水利，使经济得到恢复和发展。明太祖死后，皇孙建文帝即位，皇族内部矛盾激化。1402 年，明成祖朱棣在"靖难之役"中获胜，夺取了帝位，改元永乐，迁都北京，此阶段是明朝的全盛时期。1405—1433 年，郑和七下西洋，密切了中国与亚非许多国家和地区的关系，充分显示了国力的强盛和航海技术的高超。明中期，以苏州为代表的江南丝织业中，出现了资本主义生产关系的萌芽。明朝后期统治腐朽，宦官专权，土地高度集中，农民大量沦为佃户，加上地租赋税沉重和灾荒连年，终于爆发了高迎祥、李自成、张献忠等领导的农民起义。1644 年，李自成在西安建立大顺政权，同年攻占北京，推翻了明朝统治。明亡后，其残余势力曾先后在南方建立政权，史称南明。

崛起于东北的女真族首领努尔哈赤于 1616 年建立金（史称后金）政权，其子皇太极于 1636 年称帝，改国号为清，改女真族为满族。1644 年，清军联合前明山海关总兵吴三桂击败李自成，迁都北京，逐步统一了全国。清朝初年，由于实行鼓励恳荒等政策，农业生产得以恢复和发展；为了巩固统治，平定了三藩、准噶尔贵族和回部反动贵族的叛乱，加强了对西藏和台湾地区的管理，抗击沙俄取得了胜利。康熙、雍正、乾隆三朝经济繁荣，政治清明，史称"康乾盛世"。但到清后期，政治腐朽没落，高官贪赃枉法，贵族大肆兼并土地，加紧剥削和压迫人民。对外实行"闭关锁国"政策，使我国长期与世隔绝，坐失了学习西方近代先进科学技术的良机。中国日趋落后，无力抵御西方列强的侵入，在"鸦片战争"中失败。随着外国资本主义的入侵，中国逐步沦为半封建半殖民地社会。

四、半封建半殖民地社会（公元 1840—1949 年）

（一）鸦片战争至五四运动时期

从 1840 年的鸦片战争到 1919 年的五四运动的 80 年间，是中国人民反帝反封建的旧民主主义革命时期。在这期间，西方列强先后对我国发动了两次"鸦片战争"和"中法战争"、"甲午战争"、"八国联军侵华"等侵略战争，并通过《中英南京条约》《中法新约》《中日马关条约》《辛丑条约》等各种不平等条约，掠夺了中国大量财富和

土地。对此，中国人民奋起反抗，进行了英勇顽强、可歌可泣的斗争，先后有广州三元里人民抗英、太平天国、义和团等运动。另外，统治阶级内部也出现了"自强"、"求富"的洋务运动。1911 年，孙中山领导的辛亥革命爆发，1912 年中华民国成立，清朝统治宣告结束。袁世凯窃取了革命的胜利果实，开始北洋军阀统治时期。为了阻止袁世凯复辟帝制，护国战争爆发。1915 年，新文化运动兴起，提倡民主和科学，提倡新文学、新道德，反对旧文学、旧道德。1919 年，反帝反封建的五四运动爆发，标志着中国旧民主主义革命结束。

（二）新民主主义革命时期

五四运动开始，中国转入新民主主义革命时期。1921 年，中国共产党成立，1924 年，中国共产党和孙中山领导的国民党实现了第一次合作。1925 年，"五卅运动"爆发，国民革命军进行东征、南征。1926 年，国民革命军进行北伐，并取得成功，沉重打击了帝国主义在华的侵略势力，打垮了北洋军阀。1927 年，以蒋介石为代表的国民党右派发动"四一二"反革命政变，第一次国内革命战争失败。1927 年 8 月 1 日，中国共产党举行南昌起义，随后又举行了秋收起义、广州起义等，并开始创建革命根据地。1931 年，日本发动"九一八"事变，侵占了中国东北。1934 年，第五次反"围剿"失败后，中国工农红军被迫进行长征。1935 年的遵义会议，确立了以毛泽东为代表的党中央的正确领导。1936 年 12 月"西安事变"发生，蒋介石被迫接受停止内战、一致抗日的条件。1937 年"卢沟桥事变"发生，国共两党实行第二次合作，抗日战争开始。1945 年日本宣布无条件投降，抗日战争结束。1945 年 8 月国共两党就和平建国在重庆进行谈判，签署了"双十协定"。1946 年，国民党撕毁协议，悍然向解放区发动进攻，拉开了全面内战的序幕，经过辽沈、淮海、平津三大战役，中国共产党取得了决定性胜利。1949 年 10 月 1 日，中华人民共和国宣告成立，毛泽东担任中央人民政府主席。中国进入社会主义革命和社会主义建设时期。

中国历史纪年表如表 1-1 所示。

表 1-1　　　　　　　　　　　中国历史纪年

历史	社会	朝代		起止年代（年）	重要事件	创建人	都城
中国古代史	原始社会	黄帝尧舜禹		约 170 万—4000 年前	史前	黄帝尧/舜/禹	—
	奴隶社会	夏朝		前 2100—前 1600	第一个国家 第一个奴隶制王朝	启	阳城 阳翟
		商朝		前 1600—前 1100	武丁中兴、文字接近成熟	汤	亳→殷
		西周		前 1100—前 771	国人暴动、共和行政	武王	镐京
		东国		前 770—前 256	—	周平王	洛邑
		春秋		前 770—前 476	春秋五霸、弭兵运动 新兴地主阶级		洛邑
		战国		前 475—前 221	战国"七雄"、百家争鸣		—
	封建社会	秦朝		前 221—前 206	大一统的封建集权王朝 焚书坑儒、商鞅变法	秦始皇	咸阳
		大楚		前 207—前 202	巨鹿之战、西楚霸王、楚汉战争	项羽	彭城
		西汉		前 202—8 年	推恩令 张骞出使西域、独尊儒术	汉高祖	长安
		新朝		8—23		王莽	长安
		东汉		25—220	党锢之祸、黄巾起义、佛教	光武帝	洛阳
		三国	魏	220—265	九品中正制、屯田制	曹操	洛阳
			蜀	221—263	平定南中、五次北伐	刘备	成都
			吴	229—280	卫温首次出使台湾	孙权	建业
		西晋		265—316	八王之乱、九品中正	司马炎	洛阳
		东晋		317—420	—	司马睿	建康
		十六国		304—439			
		南北朝		420—581	孝文帝改革 六镇大起义、玄学盛极	—	—
		隋朝		581—618	三省六部制 瓦岗军农民大起义	杨坚	大兴
		唐朝		618—907	均田制、租庸调、贞观之治、 武则天建周、开元盛世、安史之乱、黄巢起义	唐高祖	长安
		五代十国		907—960	"五代十国"	—	—

历史	社会	朝代		起止年代（年）	重要事件	创建人	都城
		宋朝	北宋	960—1127	科举制度、租佃制、活字印刷、指南针及火药、庆历新政、王安石变法	赵匡胤	开封
			南宋	1127—1279		高宗	临安
		辽朝		916—1125	"澶渊之盟"、民族独特的文字——契丹文	耶律阿保机	上京
		西夏		1038—1227	"庆历和议"	李元昊	兴庆
		金朝		1115—1234	—	阿骨打	中都
		元朝		1271—1368	领户分封制、怯薛军、四等民族划分、元曲灿烂辉煌	忽必烈	大都
		明朝		1368—1644	内阁大学士、郑和七下西洋、土木堡之变、永乐大典	朱元璋	南京→北京
		清朝		1644—1911	康乾盛世、更名田、摊丁入亩、四库全书	努尔哈赤	北京
中国近代史	半封建半殖民地社会	第一次鸦片战争		1840—1842	—	—	—
		第二次鸦片战争		1856—1860	—	—	—
		太平天国		1851—1864	—	洪秀全	—
		戊戌变法		1898	—	—	—
		八国侵华		1900	—	—	—
		辛亥革命		1911	—	孙中山	—

为了便于记忆，人们还编了一首"历史朝代歌"：

三皇五帝始，尧舜禹相传。夏商与西周，东周分两段。

春秋和战国，一统秦两汉。三分魏蜀吴，二晋前后延。

南北朝并立，隋唐五代传。宋元明清后，皇朝至此完。

第二节　中国科学文化发展进程

一、氏族公社时期的神话与传说

在文字发明以前，人们只能辗转传述自己的历史，这些传说往往又跟神话混杂在一起，既有荒诞的，也有真实的。

在我国古代传说中，有一些堪称时代代表的人物。有巢氏构木为巢，反映了先人构筑自己居所的状况。燧人氏"钻木取火"，说明人类进入了人工取火的时代。女娲和伏羲传说是"人首蛇身"，兄妹互为夫妻的，这是"龙的传人"的源头，也表明我们先辈经历了辈行婚的血缘家庭阶段。伏羲又称"庖牺氏"，反映的是原始畜牧业的产生，伏羲还画八卦、刻文字代替"结绳记事"，说明了中华文字、文明的萌芽。神农氏（炎帝）教人种植五谷、尝百草发明医药等，成为远古中国农耕文明的代表和中医的滥觞。黄帝、炎帝战蚩尤的传说，反映了华夏远古部落争战、融合的过程。传说黄帝还制兵器，造舟车弓矢，同时缧祖养蚕、仓颉造文字、伶伦作乐器等，说明中华远古文明达到全盛阶段。黄帝（轩辕氏）被誉为中华"文明之祖"，中华儿女亦称为"炎黄子孙"。所谓"中国五千年文明史"通常是从黄帝时代开始计算的。此后，尧、舜、禹的时代，处于我国原始社会向奴隶社会过渡时期，他们都是通过部落联盟民主推选（"禅让制"）的方式担任最高首领的。

二、夏、商、周时期的奴隶社会文明

夏、商、周时期是我国原始公社解体，奴隶制由产生到全盛的时代，也是我国社会由部落联盟到统一国家体制形成并逐步走向完备的时代。

夏、商、周三代，青铜冶炼铸造业十分发达，因而被称为"青铜时代"。相传大禹曾用青铜铸造九个大鼎，象征他统治下的九州。商代的司母戊大方鼎是迄今发现的最大的青铜器。商代的文字已经基本定型，因刻在龟甲和兽骨上，故称"甲骨文"，它对推动社会交流具有划时代的意义，而且开创了中华民族特有的书法艺术之先河。春秋战国时期，我国很多领域的科学技术达到了当时世界上最先进的水平，如《甘石星经》记载了120颗恒星的位置，是世界上最早的星表；战国已有内科、外科、儿科、妇科之分，《黄帝内经》《扁鹊内经》全面总结了当时的医学成就；都江堰等一系列水利工程的修建，说明中国的工程技术已处于当时世界领先的水平。

成书于商周之交的《周易》是中国最古老的哲学著作，是中国古代文化思想的重要源头之一。春秋战国时期学术思想空前活跃，百家争鸣，对中国古代思想文化的繁荣具有重要意义，其中儒家、道家、法家对中国历史进程影响甚大。儒家自春秋时期孔子始创，到战国时期又有孟子加以发展，所以后人又把儒家思想称为"孔孟之道"，其影响渗透于政治、经济、思想文化、教育等社会生活的各个领域，成为中国传统文化的主干。道家的代表人物是老子和庄子，道家思想特别是其中的哲学思想（又被称为"老庄哲学"）以其博大精深的思辨内涵，古朴玄妙的独特魅力，经几千年的传承已辐射到中国传统文化的各个方面。法家以商鞅、韩非子为代表，崇尚法治，主张积极进取，其治国思想对后世影响颇深。其他有墨家之墨子，兵家之孙武、孙膑，名家之惠施、公孙龙，阴阳家之邹衍等。

春秋时产生了我国古代最早的诗歌总集《诗经》，是我国现实主义文学的源头。战国时期，屈原开创了楚辞，形成了中国文学史上最早的浪漫主义流派。音乐方面，有伯牙、钟子期"高山流水"的传说。湖北随州出土的全套编钟，表明当时音乐已达到很高的水平。

三、秦汉至明清时期的封建社会文明

（一）秦汉时期

秦汉时期，中国科技文化在世界上处于领先地位，文学、史学、哲学和艺术对后世影响深远。秦始皇时期修建的，守护皇陵的秦兵马俑被誉为"世界第八大奇迹"。西汉的《周髀算经》中提出的勾股定理，比西方早 500 年。《九章算术》中有许多当时世界领先的数学成果。东汉张衡发明了世界上最早以水力驱动的浑天仪和测定地震方位的地动仪。东汉的《神农本草经》是我国第一部药物学著作。张仲景的《伤寒杂病论》，奠定了我国中医医疗学的基础，被尊为"医圣"。华佗发明麻沸散并用于外科手术，是世界医药史上的创举。特别是东汉蔡伦在总结西汉造纸术的基础上发明了蔡侯纸，后传到世界各国，对世界文化产生了重大影响。

这一时期，中国唯物论者王充的《论衡》是哲学名著。史学家司马迁的《史记》、班固的《汉书》，开创了纪传体通史和断代史的体例。在散文、汉赋和诗歌方面取得了很高的成就，如司马相如的《上林赋》、班固的《两都赋》等，乐府民歌以《孔雀东南飞》为代表。艺术方面如秦俑、帛画，都是十分珍贵的艺术品。

中华民族思想文化的真正统一及其相应制度的建立，也是在秦汉时代。秦亡以后，汉代统治者经过几十年的探索，由汉武帝时的董仲舒提出了"三纲五常"说教。他还从统一思想的角度，提出了"罢黜百家，独尊儒术"的建议，为汉武帝所采纳，从而在文化政策上为后来以儒家为主的文化模式提供了蓝本。

（二）三国两晋南北朝时期

三国两晋南北朝时期，中国处于政权林立、南北分裂的状态，但是，政权割裂的背后却是中华各民族的大融合，江南地区也得到了进一步的开发。此时，文化艺术和科技领域也相当活跃，祖冲之是世界上首位把圆周率推算到小数点后第七位的数学家，比欧洲早1000多年。贾思勰的《齐民要术》，是世界农学史上的优秀著作之一。王叔和的《脉经》，是我国现存的第一部脉学专著。范缜的《神灭论》发展了无神论观点。陶渊明开创了田园诗体。北歌最有名的是叙事长诗《木兰辞》，文学批评名著有刘勰的《文心雕龙》和钟嵘的《诗品》。书法艺术有东晋的王羲之、王献之父子。绘画有东晋顾恺之。玄学盛极一时，佛教获得进一步传播。佛教石窟艺术最著名的有敦煌莫高窟、大同云冈石窟、洛阳龙门石窟。史学方面有陈寿的《三国志》、范晔的《后汉书》。郦道元的《水经注》具有很高的史学、文学、地理学价值。

（三）隋唐时期

隋唐时期国力强盛，疆域辽阔，是当时世界上最发达的文明，真正达到了儒家所期盼的"内圣外王"的境界。

南北大运河是古代工程史上的伟大创举，它改变了中国水运体系南北不通的历史，对中国南北方经济交通、南粮北运和人员往来，长期发挥着巨大的作用。唐代农业生产工具又有新的进步，出现了曲辕犁，灌溉工具发明了筒车。手工业方面，唐三彩是著名的陶器，瓷器以邢州的白瓷和越州的青瓷最为出名。隋唐时期的建筑、雕版印刷术、天文、药学等都处于世界领先地位。隋代工匠李春设计建造的赵州桥（安济桥）是世界上现存最古老的石拱桥，比欧洲类似的桥要早700多年。868年印刷的《金刚经》是现存世界上最早的、有确切日期的雕版印刷品。天文学家僧一行主持编定的《大衍历》是当时最精确的历法，在世界上第一次测出地球子午线的长度。医学家孙思邈著有《千金方》，被誉为"药王"。陆羽著有《茶经》，被尊为"茶圣"。刘知己著的《史通》，是中国历史上第一部史学理论专著。杜佑著的《通典》，是第一部分门别类记载历史典章制度的专著。唐代是我国诗歌史上的黄金时期，涌现了"诗仙"李白、"诗圣"杜甫以及王维、白居易、李商隐等大诗人。散文家有韩愈和柳宗元。画家吴道子被誉为"画圣"。书法家有欧阳询、张旭、颜真卿、柳公权等，在中国书法史上赫赫有名。唐朝前期对宗教采取宽松政策，佛教、道教得以和儒学齐名，形成三足鼎立的局面。高僧玄奘远赴天竺取经，回国后译成1000多卷经文，并于西安修建了大雁塔以存放佛经，著有《大唐西域记》。唐朝高度的物质文明和高水平的文化使周边各族增强了向心力，于是国内各民族间的接触和交往空前发展，民族关系进一步密切。唐朝与日本、朝鲜、印度、波斯、阿拉伯等许多国家建立了广泛的经济和文化联系。

(四)五代、辽、宋、夏、金、元时期

宋元时期,是我国历史上封建社会的又一个繁荣时期,社会经济发达,科技文化辉煌。

宋朝时中国经济非常发达,中国当时的经济总量占世界的一半,商业贸易遍及城镇,尤其是纸币的出现和广泛使用,具有划时代的意义。宋代的大城市如东京、临安商业繁华,出现了"早市"、"夜市"、"瓦肆"等。元大都是闻名世界的大都市,意大利旅行家马可·波罗的游记对大都的介绍,曾引起了欧洲的轰动。两宋时期的造船业水平很高,船上安装了指南针。海上贸易十分兴盛,泉州成为最大的对外贸易港口城市。北宋时,江南和两广地区进一步开发,北方的农作物粟、麦、豆、黍和占城稻在江南得到推广,水稻产量大增,遂有"苏湖熟、天下足"的谚语。丝织业中以"蜀锦"为代表,花色品种和技术都大有进步。元代的黄道婆对棉纺织业的发展有很大贡献,被后世誉为"纺织始祖"。制瓷业在北宋有定、汝、钧、官、哥五大名窑,景德镇的瓷器也十分有名。宋元时期的科技文化也非常繁荣,毕昇发明了活字印刷术;指南针和火药得以在航海和军事上广泛应用;沈括的《梦溪笔谈》被英国科学家李约瑟誉为"中国科技史上的里程碑"。南宋宋慈写的《洗冤集录》,是世界上最早的法医学著作。元代科学家郭守敬主持编成的《授时历》,推算一回归年为 365.2425 日的数值,与地球公转的现代理论值只差 26 秒,比公历早 300 年。宋元时代文化也极为兴盛,出现了程颐、朱熹为代表的"程朱理学",并兴起私人讲学的书院,以白鹿洞、应天、岳麓、嵩阳等最著名。司马光主持撰写的《资治通鉴》,是编年体通史中最杰出的代表作。宋词堪与唐诗并驾齐驱,有柳永、苏轼、李清照、辛弃疾等。书法有"宋四家"苏轼、黄庭坚、米芾、蔡襄。张择端的名画《清明上河图》,是千古不朽的佳作。宋徽宗赵佶自创的"瘦金体"别具一格,是著名的"书画皇帝"。元曲成为与唐诗、宋词并称的优秀文学遗产,代表作有关汉卿的《窦娥冤》、王实甫的《西厢记》等。

 小知识

《清明上河图》的真伪之辩

关于《清明上河图》的真伪,自明清以来就有传闻。清代的两本小册子《识小录》和《消夏闲记》,都提到一位叫汤勤的裱褙匠识破《清明上河图》赝品的故事。《识小

录》写汤勤装裱一幅《清明上河图》时，发现图中有四个人在掷骰子，其中两颗骰子是六点，还有一颗在旋转，这个掷骰子的人张着嘴叫"六"状，希望也出现一个六点。汤勤认为，开封人呼"六"字是用撮口音，而画中人都是张着嘴叫"六"字，是福建人的口音形状。他由此怀疑这图是伪作。《消夏闲记》中记载，汤勤在装裱该画时，发现画中有只小麻雀的两只小脚爪是踏在两片瓦角上的，他认为原作者绝不会出现这种现象，这肯定是临摹者的败笔。但汤勤这个人，名不见经传，所以也有人怀疑这些说法是否真有道理。

（五）明、清时期（鸦片战争前）

明清时期社会经济获得进一步的发展，人口也大幅增加，江南、江西、湖广、四川成为重要的稻米产区。明代传入中国的玉米和甘薯，清代推广到全国种植。此外，经济作物如棉花、甘蔗、烟草、茶叶等的种植也不断扩大。棉纺织业仍以松江为中心，丝织业仍以苏州、杭州为最盛，制瓷业以景德镇位居全国之首。大城市或以手工业生产或以商业集散，或以对外贸易闻名。"上有天堂，下有苏杭"的民谚，形象地描绘出了苏州、杭州的繁华。

明代中期，中国的传统科技在世界上仍居领先地位。李时珍的《本草纲目》是当时世界上内容最丰富、考订最详细的药物学著作。徐光启的《农政全书》对农业生产作了全面的论述，是优秀的农学著作。宋应星的《天工开物》被誉为"中国 17 世纪的工艺百科全书"。《徐霞客游记》是我国最早的一部野外考察记录和优秀的地理学著作，徐霞客也是世界上第一个研究岩溶地貌的人。在哲学思想方面，理学发展到明代，又称心学，代表人物是王守仁（王阳明）。明清之际具有代表性的著作有李贽的《焚书》，反对理学；清初三大思想家之一的黄宗羲的《明夷待访录》，提倡反对君主专制制度；顾炎武的《日知录》，提倡学以致用。清代的魏源、龚自珍提倡经世致用，主张革新政治。明代的《永乐大典》是我国最大的一部类书，《古今图书集成》是我国现存规模最大的一部类书，清代的《四库全书》是我国最大的一部丛书。明清时期的小说取代诗词、散文等成为文学的主流。罗贯中的《三国演义》是第一部长篇历史小说，施耐庵的《水浒传》、吴承恩的《西游记》、蒲松龄的《聊斋志异》、吴敬梓的《儒林外史》、曹雪芹的《红楼梦》等都是这一时期的代表作。戏曲在明清之际有了重大的发展，著名的作品有汤显祖的《牡丹亭》、洪昇的《长生殿》、孔尚任的《桃花扇》等。道光年间，出现了一个新剧种——"京剧"，程长庚是开山始祖，谭鑫培为一代宗师。绘画则有"明四家"（沈周、文徵明、唐寅、仇英），清代的画家有以石涛、朱耷、郑板桥为代表的"扬州八怪"。年画以天津杨柳青和苏州的桃花坞最为有名。

四、半封建半殖民地社会科学文化

(一) 鸦片战争至五四运动时期

从明代中叶起，中国的科技文化开始落后于西方，鸦片战争中，在外国的坚船利炮前，中国的军事装备更显出其陈旧。一些爱国的有志之士，为中华民族的生存和社会的发展，始终进行着不懈的努力。李善兰是中国近代杰出的数学家和翻译家，工于算学，曾任国文馆算学总教手，与英国人伟烈亚力合译《几何原本》后九卷，创造了"代数"、"微分"、"积分"等很多数学名词。徐寿、华衡芳精通自然科学，有不少译著，可贵的是在洋务运动中制成了中国第一台蒸汽机和"黄鹄号"木壳轮。詹天佑学成回国后，成为世界著名铁路工程师，设计并督造了由北京至张家口的京张铁路。冯如于1910年制成一架飞机，并驾机在同年十月的国际飞行协会的比赛中获第一名。严复曾留学英国，回国后任北洋水师学堂总教手，后参加维新运动。在他的一生中，译著很多，最著名的是翻译英国人赫胥黎的《进化论与伦理学》中的进化论部分，中文译名《天演论》。他以"物竞天择、适者生存"的进化论观点，唤醒国人起来救亡图存，号召人们学习西方，"与天争胜"，"自强保种"，在思想界起到振聋发聩的作用。

(二) 新民主主义革命时期

在新民主主义革命时期，很多人为中国的革新发展和科技进步作出了贡献。地质学家李四光创建了一门新兴学科——地质力学。竺可桢在20世纪20年代办起我国第一个气象研究所。桥梁专家茅以升设计了我国第一座铁路公路两用的现代化大桥——钱塘江大桥。侯德榜发明了联合制碱法，被称为"侯氏制碱法"。在教育方面，有著名的教育家蔡元培、陶行知。文化艺术方面有著名文学家鲁迅、郭沫若、茅盾、巴金、老舍、曹禺等。鲁迅的代表作为《狂人日记》《孔乙己》《阿Q正传》《祥林嫂》等，郭沫若的代表作有《屈原》等，茅盾的代表作有《子夜》《林家铺子》等，巴金的代表作有《家》《春》《秋》等，老舍的代表作有《骆驼祥子》《四世同堂》《茶馆》等，曹禺的代表作有《日出》《雷雨》等。著名音乐家有聂耳和冼星海。聂耳的代表作有《义勇军进行曲》，冼星海的代表作有《黄河大合唱》等。《义勇军进行曲》现定为中华人民共和国国歌。著名画家有徐悲鸿、张大千和齐白石等。

第三节 中国历史文化常识

一、姓氏称谓文化

我们伟大祖国是世界民族之林中最古老的文明古国之一，博大精深的姓氏称谓文化，是中华民族优秀文化的重要组成部分。源远流长的姓氏称谓文化，代表的是家族的标志、种族的徽章、帝王的权威和民族大家庭的维系力量，具有极其丰富的人文内涵。

（一）姓、氏

提起姓氏，人们最熟悉的自然是《百家姓》，因为它与《三字经》等，被列入旧时孩童的启蒙读物。早在5000多年以前，中国就已经形成姓氏，并逐渐发展扩大，世世代代延续。据专家估计，我国现存姓氏有4100多个，而我国实际使用过的姓氏有18000多个。

姓氏是一个人血统的标志。中国的姓与氏，在上古时期有着严格的区别，"姓"是由"女"、"生"两个字构成，因为在母系社会，部落的首领是女性。子女只知其母，不知其父，母亲姓什么，子女就姓什么，如姬、妫、姒、姜、姚、嬴等。另一个起源是图腾，它是一个氏族部落的象征和保护神。在这个历史阶段，同姓者不可通婚。

"氏"原为"姓"的分支，产生于父系氏族社会，如伏羲氏、神农氏、轩辕氏等都是当时社会中的英雄人物，子孙开始从父姓。姓与氏始分为两家，在这个历史阶段，氏同姓不同者，可以通婚；姓同氏不同者，不可通婚，这就能"明血缘、别婚姻"，起到优生优育的巨大作用，推进人类社会的进步和发展。

战国以后，人们以氏为姓，直到公元前两百多年前的汉朝后，姓与氏才逐渐合二为一，并且自天子到庶民人人都可以有姓。不过，至今现在还有些地方依然存在着同姓者不可通婚的习俗，体现了历史的延续。

（二）名、字、号

上古婴儿出生三个月后由父亲命名。男子20岁举行成人礼时、女子15岁时举行许嫁礼时取字。名和字常有意义上的联系。如意义相同或相近：屈平，字原（屈原）；冉耕，字伯牛；端木赐，字子贡等。意义相反：曾点，字皙（"点"意为稍黑，"皙"意为肤色白）。名和字还可以有其他的联系。如孔丘，字仲尼，是因为其父在名叫"尼丘"的山上祈祷神灵才生的。

周代男子"字"前的"伯、仲、叔、季"表示排行，如"伯禽"、"叔向"、"季路"，字后加"父"或"甫"表示性别，如"仲山甫"、"仲尼父"等。春秋时普遍的方式是加"子"字，如"子产"（公孙侨）、"子有"（冉求）、"子渊"（颜回）等。

上古尊对卑、上对下直呼其名，对尊辈、平辈一般称字而不能直呼其名，对父母连"字"也不能称呼。

号也称别号、别字，可以自取，字数较自由。如陆游自号"放翁"，邱处机号"长春子"，李白自号"青莲居士"，陶潜自称"五柳先生"等。常见的是两个字。如辛弃疾号"稼轩"，王安石号"半山"，黄庭坚号"涪翁"等。有人取不止一个号，如黄庭坚又号"山谷道人"等。

取号的风尚盛于宋，以后文人几乎都有自己的号。

另外还有"绰号"，这大都是他人所取而得到公认的别号，是对人的刻画和形容。如《水浒传》里梁山上一百零八人个个都有绰号，如"黑旋风"、"青面兽"、"母夜叉"等，大都准确地描摹了人物性格、特长或生理特点，这些绰号作为姓名的代称，更是人们所熟知的。

（三）谥号、庙号、年号

古代帝王死后，后继者往往要同大臣们共同讨论，根据其生前品行，给予一种特殊的称号，这就是谥号。谥号起于周初，秦朝始皇帝废除谥法，汉朝又恢复了谥法，谥号开始的时候只有帝王有，后来一些帝王为了笼络臣下，会赐予一些有过突出贡献的死去的大臣以谥号。谥号大体可分为美谥、恶谥、悯谥三大类。美谥有文、武、景、明、惠、平等，恶谥有灵、炀、厉、幽等，悯谥有哀、怀、愍等。

朝廷重臣的谥号叫官谥，一般为1～2字。如诸葛亮谥"忠武"，萧统谥"昭明"，欧阳修谥"文忠"，岳飞谥"武穆"。官谥中也有恶谥和改谥的，如秦桧先谥"忠献"，后改"谬丑"。

我国古代帝王死后，往往要在太庙里立一个庙室，供后人祭祀，并给每个庙室取一个名号，这就是庙号。庙号起源于商代，明确称谓于汉代。秦王朝是一个短命的王朝，秦始皇死后还没有来得及立庙室，秦王朝就灭亡了，秦朝没有庙号。自汉以后，庙号有一些约定俗成的不成文规则：开国者大多称太祖、高祖或世祖，以后的称太宗、高宗、世宗等。

年号是帝王活着的时候就有的，年号起始于汉武帝时候，他把自己即位的这一年称建元元年，几乎每一个皇帝都有自己的年号。有的皇帝只用一个年号（如明清时期），所以年号也有指称皇帝的作用。有的皇帝一生中会用几个年号，变换年号叫改元，武则天在位21年，改元16次，晋惠帝在公元304年一年中用了四个年号。年号一

般是两个字，也有少数三四个的，最长的年号有六个字，帝王在挑选年号的用字时只会选用一些吉利字眼，因此历史上出现了大量重复使用的年号。

习惯上，对隋以前的帝王一般称谥号，如汉武帝、隋文帝，因为此间的谥号大都只有一、两个字，使用方便；唐至元的皇帝通常只称庙号，如唐太宗、宋太祖，因为此间谥号较长，年号较乱，而用庙号最便利；明清之际的皇帝（除明英宗两度即位有正统、天顺两个年号外）都只用一个年号，这样年号就成了明清帝王的一个别名，如永乐皇帝、康熙皇帝。

（四）避讳

"避讳"就是不直接称君主或尊长的名字。凡遇到和君长名字相同的字，用改字或缺笔的方法来回避。每一朝代的皇帝之名是当时的"国讳"或"公讳"。孔丘之名唐后各代均避讳。长上之名是全家的"家讳"或"私讳"。

如汉高祖名刘邦，汉代改《论语》中"何必去父母之邦"为"何必去父母之国"；汉文帝名刘恒，则"恒山"改叫"常山"；汉光武帝名刘秀，则"秀才"改称"茂才"；唐太宗名李世民，则唐代将"观世音"改为"观音"。清人著作或清刻古书中，因康熙皇帝名"玄烨"，则其他地方用到"玄"字，如"玄武"、"玄黄"、"玄鸟"时则改为"元"；"玄武门"改为"神武门"，"玄武大帝"改为"真武大帝"。采用缺笔划避讳的，如唐代"世"字作"卅"，又如《红楼梦》中林黛玉的母亲名敏，因此她读书时，凡遇"敏"字皆念作"密"字，写字遇到"敏"字亦减一两笔。

避讳始于周代，行于秦汉，盛于隋唐，严于两宋，苛于清代，民国成立后废除。

二、科举制度

科举是中国古代读书人的所参加的人才选拔考试。它是历代封建王朝通过考试选拔官吏的一种制度。由于采用分科取仕的办法，所以叫做科举。科举制从隋代开始实行，到清光绪二十七年举行最后一科进士考试为止，经历了1300多年，影响巨大。科举考试制度在历朝有或多或少的变化，下面以明、清科举考试为例，对所涉及常识进行介绍。

（一）童试

童试又称郡试、道试，包括县试、府试、院试（因主持考试的各省学政称提督学院，故名）三个阶段。古代读书人为了取得参加正式科举考试的资格，先要参加童试。应考者不论年龄，皆称童生或儒童。童试不算国家正式考试，却是功名的起点。考中者称秀才，一般秀才不能做官，通常只能教书，成为乡村知识分子。其中优秀者选送

国子监读书，称贡生，其余归本府、州、县学，每月可得廪膳米若干。

（二）乡试

每三年在各省省城举行的考试，由皇帝任命的主考官主持。参加乡试的必须是秀才，考期在秋天，故称"秋试"或"秋闱"。考中者称举人，已有做官资格，第一名称"解元"。

（三）会试

会试在乡试次年的春天，故又称"春闱"，也称"礼闱"。由礼部汇集各省举人在京城举行的考试，由皇帝特派正、副主考官主持。会试后一般要举行复试，考中者称"贡士"，第一名称"会元"。

（四）殿试

殿试是会试之后由皇帝对会试录取的贡士在殿廷上亲自策问的考试，也称"廷试"。考中者统称为进士，按成绩分为"三甲"（三等）。一甲取三名，叫"赐进士及第"，第一名称"状元"，第二名称"榜眼"，第三名称"探花"，三人同称"三鼎甲"；二甲若干名，均叫"赐进士出身"；三甲若干名，均叫"赐同进士出身"。

如果某人在乡试、会试、殿试中均考取第一名（解元、会元、状元），就叫做"连中三元"或称"三元及第"。

状元知识拾趣

我国封建社会科举考试制度自隋朝大业元年（605年）开始实行至清朝光绪三十一年（1905年）结束，历时1300多年。这期间共产生状元504人，其中唐代139人，五代十国时期11人，宋代118人，元代32人，明朝90人，清朝114人。

中国历史上第一个状元是唐高祖武德五年（622年）壬午科状元孙伏伽，最后一个状元是清朝光绪三十年（1904年）甲辰科的刘春霖。

考中状元是很不容易的。每年应试的考生有几十万，如宋朝每年约有40万考生应试，40万人中出一个状元，这个状元可谓难得，"连中三元"就更难了。据统计，一千多年的科举考试中，只出了17名"连中三元"的状元。

三、四时、二十四节气

(一) 四时

四时即春、夏、秋、冬四季。在商代和西周前期，一年只分春秋二时，称"春秋"就指称一年。后来历法逐渐详密，又分出冬夏二时，所以有些古书所列的四时顺序不是"春夏秋冬"，而是"春秋冬夏"。

有了四季，按夏历 12 个月，每一季有三个月，以孟、仲、季来表示。如春季的三个月分别叫做孟春、仲春、季春，依此类推，这些名词常常用作相应月份的代称。

(二) 二十四节气

二十四节气起源于黄河流域，远在春秋时代，就定出仲春、仲夏、仲秋和仲冬四个节气。以后不断地改进与完善，到秦汉年间，二十四节气已完全确立。西汉时期的《太初历》，已经正式把二十四节气订于历法，它反映了一年中自然现象和农事活动季节特征的二十四个节候。即立春、雨水、惊蛰、春分、清明、谷雨、立夏、小满、芒种、夏至、小暑、大暑、立秋、处暑、白露、秋分、寒露、霜降、立冬、小雪、大雪、冬至、小寒、大寒。二十四节气的划定是我国古代天文和气候科学的伟大成就。2000多年来，它在安排和指导农业生产过程中发挥了重大的作用。

为了便于记忆，人们编制了一首"节气歌"：

春雨惊春清谷天，夏满芒夏暑相连，

秋处露秋寒霜降，冬雪雪冬小大寒。

上半年是六廿一，下半年来八廿三，

每月两节日期定，最多不差一二天。

四、天干地支与纪年法

天干地支，简称"干支"。在中国古代的历法中，甲、乙、丙、丁、戊、己、庚、辛、壬、癸被称为"十天干"，子、丑、寅、卯、辰、巳、午、未、申、酉、戌、亥叫作"十二地支"。十天干和十二地支依次相配，组成 60 个基本单位，两者按固定的顺序互相配合，周而复始，组成了干支纪年法。天干地支在我国古代不仅用于纪年，此外还曾用来纪月、纪日、纪时等。十二地支与源于自然界的动物鼠、牛、虎、兔、蛇、马、羊、猴、鸡、狗、猪以及传说中的龙组成十二生肖（属相），用于纪年，顺序排列为子鼠、丑牛、寅虎、卯兔、辰龙、巳蛇、午马、未羊、申猴、酉鸡、戌狗、亥猪。天干地支与生肖时辰对应表，如表 1-2 所示。

表1-2　　　　　　　　　　　天干地支与生肖时辰对应表

序数	1	2	3	4	5	6	7	8	9	10	11	12
天干	甲	乙	丙	丁	戊	己	庚	辛	壬	癸		
地支	子	丑	寅	卯	辰	巳	午	未	申	酉	戌	亥
生肖	鼠	牛	虎	兔	龙	蛇	马	羊	猴	鸡	狗	猪
时辰	23~1	1~3	3~5	5~7	7~9	9~11	11~13	13~15	15~17	17~19	19~21	21~23

以干支纪年萌芽于西汉，东汉时以政府命令的形式在全国通行。黄巾起义口号为"岁在甲子，天下大吉"，说明当时民间已普遍流行这种纪年方式。近代史上"甲午战争"、"戊戌变法"、"辛亥革命"等重大事件也是用干支纪年来表示的。

纪年方式除了干支纪年外，还有帝号纪年法和年号纪年法，前者如"周平王元年"、"鲁孝公二十七年"，后者如"永乐十八年"、"乾隆四十七年"等。

五、阴阳五行八卦

阴阳五行是我国古代的一种自然哲学，也是中国古代哲学思维的起点。

阴阳学说包含朴素的辩证法思想，认为万事万物都有相反相成的矛盾的两方面，分别可以归纳为阴和阳。比如，山之南为阳，山之北为阴；水之北为阳，水之南为阴。阴和阳是互相转化、生生不息的，体现这个规律的形象图形就是太极图。太极图中，当阳最盛的时候，阴已悄悄出现；当最阴的时候，阳已悄悄出现，含有盛极而衰、否极泰来之意。

五行是中国古代的一种物质观。多用于哲学、中医学和占卜方面。五行指：金、木、水、火、土。古人认为大自然由五种要素所构成，随着这五个要素的盛衰转换，而使得大自然产生变化，不但影响到人的命运，同时也使宇宙万物循环不已。

五行学说认为，宇宙万物都由木火土金水五种基本物质的运行（运动）和变化所构成。它强调整体概念，描绘了事物的结构关系和运动形式。如果说阴阳是一种古代的对立统一学说，则五行可以说是一种原始的普通系统论。

八卦源于中国古代对基本的宇宙生成、相应日月的地球自转（阴阳）关系、农业社会和人生哲学互相结合的观念。最原始资料来源为西周的易经，内容有六十四卦，但没有图像。及至宋朝，有学者认为四象演八卦（方位），八八生成六十四卦，八卦符号通常与太极图搭配出现，代表中国传统信仰（儒、道）的终极真理："道"，如下图所示。

八卦代表八种基本物象：乾为天，坤为地，震为雷，巽为风，艮为山，兑为泽，坎为水，离为火，总称为经卦，由八个经卦中的两个为一组的排列，则构成六十四卦。

太极八卦图

 课后任务 ▶▶▶

1. 用表格形式归纳中国历史上各个朝代的情况，包括年代、开国君主及主要历史事件。

2. 以中国历史的某一朝代为例，简述其主要文化内容。

3. 收集整理中国古代天文学的主要科学成就，并作专题讲解。

4. 参观所在省市的博物馆，收集整理当地历史名人的主要贡献。

5. 了解本人姓氏的由来以及相关的历史典故。

6. 试举例说明中华文明史的基本特征。

7. 课外收集相关资料，尝试编写所在省市历史文化旅游资源小册子。

第二章 神州风情——中国民俗文化

知识目标

● 掌握中国民族民俗的基本知识及民俗文化的分类。

● 了解汉族的语言文字和思想文化的演变。

● 熟悉汉族的服饰、饮食、建筑及传统节日等民俗知识。

● 了解中国主要少数民族的服饰、饮食、建筑、宗教及节日民俗。

能力目标

● 能够运用民俗文化相关知识，进行本地区民俗文化介绍。

● 通过对民族民俗文化的学习，进行中国各民族民俗的讲解。

中国是一个多民族的国家，56 个民族组成了中华民族的大家庭。由于客观环境的差异和社会发展的不平衡性，56 个民族在人口、地理分布、语言文字、风俗习惯和宗教信仰等方面，既有共同性也有差异性。随着我国旅游业发展水平的不断提高、旅游层次的不断提升，民俗文化旅游已逐渐成为旅游活动中的一项重要内容。了解和掌握中国各民族丰富多彩的民俗风情，对做好导游工作有着十分重要的作用。

第一节 中国民族民俗概况

一、中国的民族族称和人口

中华人民共和国成立以后，经过民族识别，确认中国的民族包括汉族和蒙古族、满族、壮族、回族、苗族、维吾尔族、土家族、彝族、藏族、布依族、侗族、瑶族、朝鲜族、白族、哈尼族、哈萨克族、黎族、傣族、畲族、傈僳族、仡佬族、东乡族、

拉祜族、水族、佤族、纳西族、羌族、土族、仫佬族、锡伯族、柯尔克孜族、达斡尔族、景颇族、毛南族、撒拉族、布朗族、塔吉克族、阿昌族、普米族、鄂温克族、怒族、京族、基诺族、德昂族、保安族、俄罗斯族、裕固族、乌孜别克族、门巴族、鄂伦春族、独龙族、塔塔尔族、赫哲族、高山族、珞巴族等 55 个少数民族。

据 2010 年第 6 次全国人口普查，我国总人口为 1339724852 人，其中汉族人口占91.51%，少数民族人口占 8.49%。少数民族人口 10 年年均增长 0.67%，高于汉族0.11 个百分点。

二、中国的民族的分布情况及语言文字

（一）我国各民族的地理分布

我国各民族分布的特点主要表现为"大杂居、小聚居、相互交错居住"。汉族地区有少数民族聚居，少数民族地区有汉族居住。这种分布格局是在漫长的历史发展过程中各民族间相互交往、流动形成的。我国少数民族人口虽少，但分布很广，约占全国总面积的 60% 以上。我国的少数民族主要分布在内蒙古、新疆、宁夏、广西、西藏、云南、贵州、青海、四川、甘肃、辽宁、吉林、湖南、湖北、海南、台湾等省、自治区。我国少数民族成分最多的省份是云南省，有 25 个世居少数民族。

（二）我国各族语言文字

除汉族、回族使用汉语外，其余 54 个少数民族都有自己的语言。各民族语言分属5 个语系，即汉藏语系、阿尔泰语系、澳亚语系、印欧语系、马来—波利尼西亚语系。其中我国最大的语系是汉藏语系，包括了汉语在内的 32 种语言，使用区域遍布全国各地。除一部分少数民族外，大部分民族都有自己使用的文字，这些文字可分为非拼音文字和拼音文字两大类。

三、中国的民俗文化

（一）民俗文化的概念

民俗是民间风俗的简称。一般由自然环境的差异而形成的社会习尚叫"风"，由社会环境不同而形成的习尚叫"俗"，它是广大普通民众所创造和传承的民间社会生活文化，是传统文化的基础和重要组成部分。

（二）民俗文化的分类

要深入了解我国的民俗文化，就需要把它进行合理的分类。按照我国民俗的历史

和现状，民俗文化可以分为以下四类：

（1）物质民俗：服饰民俗、民间建筑、饮食民俗、生产民俗、交通民俗、工艺民俗等。

（2）社会民俗：家族、亲族；村落；各种社会职业集团；人生礼仪（诞生、成年、婚姻、丧葬）。

（3）口承语言民俗：神话、传说、故事；歌谣、叙事诗；谚语、谜语；民间艺术。

（4）精神民俗：巫术；宗教；信仰；禁忌；道德、礼仪；民间游艺。

我国是个多民族的国家，人口众多，分布地区辽阔。在长期的历史发展过程中，各地区因为政治、经济和文化发展的不平衡，形成了许多不同的风俗习惯，正所谓是"十里不同风，百里不同俗"。作为旅游工作者和旅游者，对中国各民族的风俗，应该尊重其"保持和改革自己风俗习惯的自由"的权利，入乡问俗，入乡随俗。

第二节　汉族民俗简介

一、汉族概况

汉族是中国的主体民族，也是世界上人口最多的民族。汉族因汉王朝而得名，此前称为"华夏族"。汉族是一个历史悠久的民族，主要源于以黄帝为首领的华夏、炎帝为首领的东夷等部落联盟，同时吸收了周围部分苗蛮、百越、戎狄等部落联盟的成分而逐渐形成，所以汉族本身就是由不同民族成分融合而成的。

汉族的语言为汉语，使用汉字书写。汉语属汉藏语系，包括七大方言，即北方、吴、湘、赣、客家、闽、粤。这些方言有各自的分布通行地域，每个方言内部又可再分区划片，从而构成了汉语方言复杂、南北互不相同的语言状态。汉字是世界上最古老的文字之一，已有 6000 年左右的历史，由殷商甲骨文、金文逐渐演变而成，共有 4 万个字以上，通用的有 7000 字左右，现为国际通用语言文字之一。汉族在古代创造了灿烂的文化，在政治、军事、哲学、经济、史学、自然科学、文学、艺术等各个领域，都拥有众多具有深远影响的代表人物和作品。

汉族主要从事农业，形成了以小麦、玉米、稻米等为主食，以蔬菜、豆制品和鸡、鱼、猪、牛、羊肉等为副食的饮食结构，这与西方各民族及中国藏、蒙等少数民族的饮食结构形成了鲜明的差别。汉族主食的制作方法丰富多彩，以大米为主食的东南部地区，习惯将大米做成米饭、粥或米粉、汤圆、粽子、年糕等各种不同的食品；以小麦为主食的东北、西北、华北地区，则习惯将麦面做成馒头、面条、包子、饺子、馄饨、煎饼等。汉族注重烹饪技术，不同地区的汉族人民以炒、烧、煎、煮、蒸、烤和

凉拌等烹饪方式，经过长期的实践，形成了不同的地方风味和代表菜系。此外，茶和酒是汉族的传统饮料。

汉族由于分布地区广大，其传统住房因地区不同而有不同的样式。居住在华北平原的汉族，其传统住房多为砖木结构的平房，院落多为四合院式，以北京四合院为代表；居住在东北的汉族，其传统住房与华北基本相似，区别在墙壁和屋顶，那里的住房一般都很厚实，主要是为了保暖；居住在晋陕黄土高原的汉族，则根据黄土土层厚实、地下水位低的特点挖窑洞为住房，窑洞不仅冬暖夏凉，而且不占耕地面积；居住在南方的汉族，其传统住房以木结构房屋为主，讲究飞檐重阁和榫卯结构。无论南方还是北方的汉族，其传统民居的共同特点都是坐北朝南，注重室内采光；以木梁承重，以砖、石、土砌护墙；以堂屋为中心，以雕梁画栋和装饰屋顶、檐口见长。

天命崇拜和尊敬祖先是汉族宗教主要的传统观念。汉族自古对各种宗教采取兼容并蓄的态度。不管是本土的道教，还是外来的佛教、基督教和伊斯兰教，都被部分汉族人所接受。几千年来，由孔子、孟子思想体系形成的儒家学说对汉族产生着广泛而深刻的文化影响，以仁为中心，重视伦理教育。

汉服是汉族的民族服饰。自炎黄时代黄帝"垂衣裳而天下治"，汉服已具备基本形式，到了汉朝已全面完善并普及。汉服的主要特点是交领、右衽、系带、宽袖，有裙装、袍服、襦裤服等类型，材质和式样丰富多彩，给人洒脱飘逸的印象，对日本、朝鲜、韩国、越南等周边国家的服饰产生了很大影响。到近现代，汉族服饰开始改变，古代服装几乎被完全淘汰，代之而起的是长衫和马褂、西式礼服、中山装和改良的旗袍等，现在则与世界服装时尚合流，几乎看不到传统的汉族服装样式。

二、汉族的传统节日

汉族的传统节日很多，从时序上说，主要有春节、正月十五元宵节、二月初二春龙节（俗称"龙抬头日"）、清明节、五月初五端午节、七月初七七夕节、七月十五中元节、八月十五中秋节、九月初九重阳节、十二月初八腊八节等，这些节日所形成的节令风俗至今影响着汉族人民生活的各个方面。2007 年 12 月 7 日，国务院调整法定节假日制度，将清明节、端午节、中秋节等传统节日纳入国家法定假日，对保持和进一步扩大传统民俗文化的影响起到了积极作用。

（一）春节

春节是中国最富有特色的传统节日，原名"元旦"，"元"的本意为"头"，引申为"开始"，"旦"即早晨，因为这一天是一年的头一天、春季的头一天，正月的头一天，所以称为"三元"；因为这一天还是岁之朝、月之朝、日之朝，所以又称"三朝"；又

因为它是第一个朔日，所以又称"元朔"。因各朝代历法不同，元旦所在的季节也不同。1949 年 9 月 27 日，中国人民政治协商会议第一届全体会议上决定，新中国使用世界上通用的公历纪元，把公历即阳历的 1 月 1 日定为新年元旦，为示区别，只称农历正月初一为"春节"，不再别称为元旦了。

传统意义上的春节是指从腊月初八的腊祭或腊月二十三的灶祭，一直到正月十五，其中以除夕和正月初一为高潮。春节期间，汉族和部分少数民族要举行丰富多彩的活动以示庆祝，如祭灶、掸尘、备年货、贴春联、贴年画、贴剪纸、贴福字、放鞭炮、饮屠苏酒、吃年夜饭、守岁、祭祀神佛、祭奠祖先、给压岁钱、拜年、走亲戚、逛花市、闹社火等，带有浓郁的民族特色。

（二）元宵节

每年正月十五是中国民间的元宵节。正月是农历的元月，古人称夜为"宵"，所以正月十五晚上的这个节日叫做"元宵节"。元宵节在中国道教里称"上元节"。元宵是一年中第一个月圆之夜，也是一元复始、大地回春的夜晚，所以人们对此加以庆祝，庆贺新春的延续。元宵节期间，中国人有赏灯、猜灯谜和吃汤圆的习俗。俗语说"正月十五闹花灯"，因此元宵节也叫"灯节"、"灯夕"。

元宵节赏灯的习俗是从汉朝时开始的，最初源自佛教的"燃灯礼佛"。一到夜晚，家家户户都要挂彩灯、放焰火，人们成群结队地去看花灯，有的花灯上还写有谜语，让看灯的人们都来猜灯谜。现在每到元宵节，很多地方还要举行灯展。按照传统的习惯，元宵节这天，家家户户还要吃元宵或汤圆，象征着一家人团团圆圆、和睦幸福。

（三）清明节

清明，是农历二十四节气之一，也是春耕春种的大好时节，故有"清明前后，种瓜点豆"的农谚。此时，万物生长，一派生机勃勃、清净明丽的景色，所以称之为"清明"。对于农业生产来说，清明是一年中非常关键的时刻，清明的迟早和天气的好坏，都会对全年的农业生产带来重大的影响。

清明前一天为寒食节。古人在这一天不生火做饭，禁烟火，吃冷食。传说，这个节日，是纪念春秋时期的介之推的。到唐代时已形成全国性法定节日，后与清明节合二为一，寒食习俗也逐渐被并入清明习俗之中。

清明节的主要节日习俗是扫墓和踏青。清明扫墓习俗源于古代的春祭，野外扫墓的风俗始于隋唐时期，唐朝时开始盛行，并把家家户户的扫墓活动固定在清明节举行。以后则代代相传，一直沿袭至今。清明时节，寒暖适宜，鸟语花香，本来就是旅游的季节，加上男女老幼都去扫墓，于是兴起了"踏青"春游的风俗。

（四）端午节

五月初五是端午节，它是全民健身、防疫祛病、避瘟驱毒、祈求健康的民俗节日。关于端午节的起源，史籍资料中有多种说法，其中，在民间影响最大、范围最广的，是为了纪念投汨罗江而死的战国时期的楚国忠臣屈原。端午节又叫"端阳节"、"重午节"、"午日节"、"重五节"、"女儿节"等，虽然叫法不同，但各地过节的习俗基本相同，主要有女儿回娘家、挂钟馗像、悬挂菖蒲和艾草、佩香囊、赛龙舟、喝雄黄酒、吃粽子等。

端午节最主要的习俗活动是赛龙舟和吃粽子。相传屈原投江后，当地人民曾划船奋力抢救，也有抛米饭于河中喂鱼，以免鱼虾糟蹋屈原的尸体，沿袭下来而成龙舟竞渡及包食粽子的习俗。而农历五月，正值初夏，气温转热，细菌病毒滋长，人容易感染得病，因此避毒除害成为了端午节另一项重要内容。

端午节的传说

端午节的传说，在江浙一带流传很广，是为了纪念春秋时期的伍子胥。伍子胥名员，本是楚国人，父兄都被楚王杀害，后来伍子胥投奔吴国，帮助吴国讨伐楚国，历经五次大战，占领楚国国都郢城。当时楚平王已死，伍子胥掘墓鞭尸三百，报了父兄被杀之仇。吴王阖庐死后，其子夫差继位，吴越交兵，吴军士气高昂，百战百胜，越国大败，越王勾践请求议和，夫差答应了。当时伍子胥曾建议，应彻底消灭越国，夫差不听，吴国的大宰因受越国贿赂，在吴王夫差面前进谗言陷害伍子胥，夫差听信了谗言，赐伍子胥宝剑自刎。伍子胥忠心为国，视死如归，在死前对邻居说："我死后，可将我的眼睛挖出悬挂在吴国都城的东门上，让我亲眼看越国军队由此入城灭吴。"，说完便自刎而死，夫差闻言大怒，下令把伍子胥的尸体装在皮革里于五月五日投进大江，因此相传端午节也是纪念吴国忠臣伍子胥的日子。

（五）七夕节

农历七月初七是中国的传统节日"七夕节"。相传，每年这个夜晚，是天上织女与牛郎在鹊桥相会之时。织女是一个美丽聪明、心灵手巧的仙女，凡间的妇女便在这一天晚上向她乞求智慧和巧艺，也向她求赐美满姻缘，所以七月初七亦被称为"乞巧节"、"女儿节"或"七夕爱情节"。这是中国传统节日中最具浪漫色彩的节日，有"中国的情人节"之称。

汉代时，民间便开始向织女乞巧了。比较风行的乞巧形式有对月穿针、盆水浮针和卜蛛丝等。在浙江、福建、广东等地，又衍变为"七娘会"，历代民间还有"水上浮"、"种谷板"、"乞双七水"、"听私语"、"接牛女泪"、"香桥会"等风俗。

（六）中秋节

农历八月十五日，是我国传统的中秋节，也是仅次于春节的第二大传统节日。我国古代历法把处在秋季中间的八月称为"仲秋"，所以中秋节又叫"仲秋节"。祭月赏月是中秋节的重要习俗。古代帝王有春天祭日、秋天祭月的社制，民间也有中秋祭月的风俗，到了后来赏月重于祭月，严肃的祭祀变成了轻松的欢娱。吃月饼是中秋节的另一习俗。月饼本是祭月时供品的一种，以后成了人们互相馈赠的礼品，象征着团圆。

在浙江，中秋节除了赏月、祭月和吃月饼等风俗外，还有观潮的习俗。钱塘江的大潮，可以说是天下的奇观。一年之中，以农历八月十八的潮汛最大，而海宁盐官是最佳观潮地。在北京，中秋节还有供兔儿爷和玩兔儿爷的习俗。

（七）重阳节

农历九月初九，两阳相重，故叫"重阳"，又名"双九节"、"登高节"、"老人节"等。重阳节的起源，最早可以推到汉初。据说，每年九月初九，皇宫里的人都要佩茱萸，食蓬饵，饮菊花酒，以求长寿。汉高祖刘邦的爱妃戚夫人被吕后惨害后，宫女贾某也被逐出宫，遂将这一习俗传入民间。现在人们在重阳节主要进行出游赏景、登高远眺、观赏菊花、饮菊花酒、吃重阳糕、插茱萸等活动。

九九重阳，又与"久久"谐音，有祝愿长久长寿的含意，1989 年，我国把每年的重阳节定为老人节，各地会组织老年人登山秋游，开阔视野，交流感情，锻炼身体，成为尊老、敬老、爱老、助老的老年人的节日。

第三节　中国主要少数民族民俗

一、满族

满族是少数民族中人口仅次于壮族的民族，主要分布在东北三省，以辽宁省最多。满族历史悠久，隋唐时称"靺鞨"，逐渐南迁，唐末五代时称"女真"。12 世纪初，建立了金政权，先后灭了辽和北宋，与南宋对峙，后被蒙古人所灭。17 世纪初，皇太极将"女真"更名为"满洲"，标志着满族民族共同体的正式形成，随后建立了清政权。

1644 年，清军入关，统一了中国，形成满汉长期杂居的局面。辛亥革命后，满洲族改称满族。

满族有自己的语言文字。满语属阿尔泰语系，满文创制于 16 世纪末，是借用蒙古字母创制的。满族人大量入关以后，普遍开始习用汉语文字。满族信仰萨满教，崇拜祖先，佛教在其生活中也有很大影响。

历史上，旗袍是通行于满族男女老幼的服装，圆领、大襟、窄袖、四面开衩，便于骑马。其窄袖口还有半圆形袖头，形似马蹄，故称"马蹄袖"，便于御寒和射箭。马褂是满族男子套在旗袍外面的上衣，清初仅限八旗士兵穿着，后来逐渐盛行民间。满族男子头顶后留发，束辫垂于脑后，脚上穿靴；妇女梳"两把头"或旗髻，脚着以木为底的绣花旗鞋，史称"高底鞋"。满族入关以来的 300 多年间，满汉服装渐趋一致，但旗袍却以其独特的魅力流传下来，成为中国妇女的传统服装。

满族的传统建筑形式是院落围以矮墙，院内有影壁，立有供神用的"索罗杆"。住房一般为三间或五间，中间开门，俗称堂屋；西间称西上屋，设南、西、北三面炕，以西炕为尊，俗称"万字炕"，一般满族家庭都在西屋西炕墙高处置一木架，叫祖宗板，上供一个木匣，装有家谱和神书，每逢家祭，此处便是挂神位的地方；西屋住长辈，东屋住晚辈。与火炕相连的烟囱坐落在房西或房后地上，以一段横烟道与烟囱相连。

满族人喜欢吃面食，饽饽是平时和节日的主要食品，用小麦粉、玉米粉、高粱粉或黍子粉做成，种类很多，流传至今的"驴打滚"、"萨其玛"、"绿豆糕"等都是满族传统点心。满族人善于养猪，喜食白肉血肠和猪肉酸菜炖粉条等，烹饪方法以煮为主。逢年过节吃饺子，农历除夕必须吃手扒肉。最能代表满族饮食文化的莫过于"满汉全席"，这种宫廷佳宴流传至今已有 200 多年的历史，其中的满族菜肴无论在选料、制作和吃法上都保持着满族特色。

满族受汉文化的影响，节日与汉族大体一样，重视农历新年。每年农历的十月十三日是满族的颁金节，也是满族的"族庆日"，以纪念 1635 年正式改族名"女真"为"满洲"。

满族人孝敬长辈，重视礼节。过去，男子见长辈时，要行"打千"礼，形式是半屈膝，右手沿膝下垂，头略前倾。妇女的礼仪不同于男人，见客、送客时只行"蹲安礼"，即双手扶膝，腰略前倾，稍稍下蹲。在亲友久别相见时，行抱腰接面大礼，右手抱腰，左手抚背，交颈贴面，类似今天的拥抱礼，男女适用。过春节时要拜两次年，年三十晚上拜一次，为辞旧岁，年初一再拜一次，叫迎新春。

满族人敬狗，不打狗、杀狗，不吃狗肉，不用狗皮制品；忌讳戴狗皮帽或狗皮套袖的客人。此外，满族人还不打喜鹊、乌鸦。室内西炕不准堆放杂物，也不许坐人。

二、朝鲜族

朝鲜族主要居住在东北的吉林、辽宁和黑龙江三省,吉林延边朝鲜族自治州是我国朝鲜族最大的聚居地区。中国的朝鲜族是17世纪时由朝鲜半岛迁徙过来的。朝鲜族主要从事农业,以善种水稻闻名。延边地区是中国北方著名的水稻之乡,又是中国主要的烤烟产区之一。

朝鲜族有自己的语言文字,一般认为朝鲜语属阿尔泰语系,朝鲜文为方块状拼音文字。

朝鲜族人历来喜穿素白服装,以示干净、朴素、大方,因此有"白衣民族"之称。他们服装最鲜明的特点是斜襟,无钮扣,以长布带打结系之。朝鲜男子穿斜襟短上衣,外加坎肩;下穿灯笼裤,裤裆和裤管肥大,便于盘腿而坐,裤管下口系上丝带;出门访友时还要再加穿一件长袍。朝鲜族女装最大特点为短衣长裙,多采用丝绸或柔软面料制成,色彩和纹饰都很讲究,优雅而漂亮。

朝鲜族能歌善舞,著名的民间舞蹈有农乐舞、长鼓舞、扇舞、顶水舞等。朝鲜族最有名的乐器是伽倻琴。朝鲜族人民热爱体育运动,压跳板和荡秋千是朝鲜族妇女喜爱的传统运动,摔跤和踢足球则是男人热衷的运动。

朝鲜族村落多半坐落在依山的平地上,房屋别具一格。屋顶四面斜坡,屋里用木板隔成单间,各屋之间有门道相通。屋内设平地炕,炕底有火道,即使是严冬,室内也温暖如春。

朝鲜族的主食一般是大米和小米及各种用大米面做成的糕、冷面等。泡菜是朝鲜族日常不可缺少的菜肴。每餐必喝汤,是朝鲜族的饮食特点之一,仅其酱汤就因所用酱料品种不同而分为若干种。朝鲜族的名菜名点主要有狗肉火锅、铁锅里脊、冷面、打糕、朝鲜泡菜、酱牛肉萝卜块、生拌鱼、大酱汤等。朝鲜族人的就餐方式是"席炕而坐"。

小知识

闻名遐迩的冷面和泡菜是如何制成的?

在朝鲜族的饮食中,誉满全国的是冷面,闻名世界的是泡菜。冷面多在夏季食用,是按一定的比例,将荞麦面、面粉、淀粉搅拌均匀,压成细面条,下锅煮熟后,盛入大碗,放上香油、胡椒粉、辣椒粉,再浇上冷却后的精牛肉或鸡肉熬成的汤,最后放上牛肉片、鸡肉丝或鸡蛋片、苹果片、梨片等,既清凉馥郁,又甜美新鲜。泡菜又叫辣白菜,

一般制法是将白菜用盐水浸泡几天，洗后，再抹入辣椒、葱、蒜、姜等调料，另外还有白梨、苹果、青萝卜丝等。辣白菜比一般泡菜或咸菜营养丰富，能保持多种维生素。

朝鲜族的节日基本上与汉族相同。一年主要的节日有春节、清明节、端午节、中秋节等。此外还有三个家庭的节日，即"抓周节"、"回甲节"、"回婚节"。朝鲜族人十分重视婴儿周岁生日，在孩子满周岁这一天，要精心筹办抓周节。回甲节是朝鲜族为诞生六十周年的老人举行的纪念日，要举行隆重的"花甲宴"，为老人献寿；回婚节是朝鲜族为结婚六十周年的老人举行的纪念日。

朝鲜族人非常尊重老人，晚辈不能在长辈面前喝酒、吸烟；吸烟时，年轻人不得向老人借火，更不能接火，否则便被认为是一种不敬的行为；与长者同路时，年轻者必须走在长者后面，若有急事非超前不可，须向长者恭敬地说明理由；途中遇有长者迎面走来，年轻人应恭敬地站立路旁问安并让路；晚辈对长辈说话必须用敬语，平辈之间初次相见也要用敬语；吃饭要先给老人盛，并为其摆单桌，待老人举匙就餐了，全家才开始吃饭。吃饭时，匙要放在汤碗里，若放在桌上则表示已吃完。婚丧、佳节期间不杀狗、不食狗肉。

三、蒙古族

蒙古族是一个富有传奇色彩的民族，对亚欧历史发展产生过巨大影响。"蒙古"最初只是蒙古诸部落中一个部落的名称，意为"永恒之火"。13世纪初，蒙古部首领铁木真经过多次征战统一了蒙古地区诸部落，建立了大蒙古国，号称成吉思汗。1279年，成吉思汗之孙忽必烈灭南宋，统一中国，建立元朝，基本上确定了现代中国的版图，打通了亚欧陆路交通线，促进了东西方文化交流。蒙古族主要聚居在内蒙古自治区以及辽宁、新疆、甘肃、青海等省、自治区。

蒙古族有自己的语言文字，蒙古语属于阿尔泰语系。《蒙古秘史》是中国最早用蒙古文写成的历史文献和文学巨著，现已被联合国教科文组织定为世界文化遗产。英雄史诗《江格尔》、藏族的《格萨尔王传》和柯尔克孜族的《玛纳斯》并称为中国三大史诗。蒙古族早期信仰萨满教，元代以后普遍信仰藏传佛教。

蒙古族服饰有着浓郁的草原文化特征，适合游牧民族生产和生活的特点，首饰、长袍、腰带和靴子是蒙古族服饰的四个主要组成部分。蒙古袍是蒙古族最具代表性的服饰，两袖宽大，领子较高，大襟右钉扣，衣领、衣襟、袖口常有彩色镶边。腰带是蒙古长袍的必配之物，既能防风抗寒，又能在骑马时支撑腰背、保护腹腔，还是一种漂亮的装束。男子的腰带上还挂有"三不离身"的蒙古刀、火镰和烟荷包。靴子做工精细考究，靴帮、靴靿上多绣制或剪贴有精美的花纹图案，骑马时能护踝壮胆，勾踏

马镫；行路时能防沙抗寒，减少阻力。

蒙古族素有"音乐民族"之称。蒙古民歌分为长调和短调。长调腔长词少，悠扬嘹亮，流传于牧区，已被列为世界口头与非物质文化遗产；短调节奏规则，节拍固定，多流传于半农半牧区。蒙古舞蹈节奏欢快，动作刚劲有力，以抖肩、揉肩和马步最具特色，表现了蒙古族人民热情奔放的豪爽气质，传统舞蹈有"安代舞"、"盅碗舞"、"筷子舞"等。"好来宝"是蒙古族一种自拉自唱、边唱边演的表演艺术，节奏轻快活泼，语言形象动人，深受蒙古族人民喜爱。马头琴是蒙古族最具特色的传统乐器，因琴杆上端雕有马头为饰而得名。

蒙古族牧区的传统建筑是蒙古包，农区为砖瓦房。蒙古包是蒙古族牧民的传统住房。古时候称蒙古包为"穹庐"、"毡帐"或"毡房"等。蒙古包呈圆形，由圆柱"墙体"和圆锥"房顶"组成，房顶有天窗，里边使用面积大，空气流通顺畅，采光好，冬暖夏凉，而且易于装拆搬运，很适合草原生活。

蒙古族牧民的每日三餐都离不开奶与肉。蒙古族称以奶为原料制成的食品为"白食"，蒙古语意为圣洁、纯净的食品，除最常见的牛奶外，还食用羊奶、马奶、鹿奶和骆驼奶；以肉类为原料制成的食品，蒙古语意为"红食"。肉类主要是绵羊肉和牛肉，羊肉传统食用方法有70多种，最具特色的是蒙古族烤全羊，最常见的是手扒羊肉。蒙古族农区的饮食与汉族大致相同。蒙古族酷爱饮茶，尤其是用砖茶煮的奶茶，奶茶营养丰富，具有提神、开胃、助消化、解渴等作用。蒙古族人都有豪饮的习惯，马奶酒是牧区用马奶酿制的一种饮料。醍醐、酥酪和马奶酒被誉为"塞北三珍"。

蒙古族的传统节日主要有白节、祭敖包、那达慕、马奶节等。白节是一年中最大的节日，相当于汉族的春节。祭敖包是蒙古族最隆重的祭祀。那达慕大会是蒙古族最具民族特色的传统盛会，"那达慕"是蒙古语的音译，意为"娱乐"或"游戏"，已有700多年历史，相传从铁木真时代流传至今。那达慕大会一年一次，每次一至数日，多在夏秋举行。摔跤、赛马和射箭是那达慕的传统节目，俗称"男子三项那达慕"。

蒙古族以性情直爽、热情好客著称。到牧民家做客，主人首先会给宾客敬上一碗奶茶，客人要微欠起身用双手或右手接，不可用左手接，否则会被认为不懂礼节。斟酒敬客，是蒙古族待客的传统方式。蒙古人在敬酒时，通常会唱起动人的敬酒歌，客人若退让不喝，会被认为瞧不起主人，应随即接住酒，并遵行蒙古族人的弹酒习俗。献哈达也是蒙古族接待贵宾的传统礼节。

此外，到牧民家做客时，要在蒙古包附近勒马慢行，待主人出包迎接，千万不能打狗、骂狗，擅闯蒙古包；另外，客人进蒙古包时，要注意整装，切勿挽着袖子，或把衣襟掖在腰带上；也不可提着马鞭子进去，要把鞭子放在蒙古包门的右方，并且要将它立着放；进蒙古包后，忌坐佛龛前，忌在火炉上烤脚，不得跨越火炉或脚蹬火炉；

不得在炉灶上磕烟袋、摔东西、扔脏物；到蒙古人家做客，绝不许踩蹬门槛。蒙古族忌讳生人用手摸小孩的头部。

四、藏族

藏族是最早起源于雅鲁藏布江流域的一个农业部落，两汉时属于西羌人的一支。7世纪中叶，赞普松赞干布建立王朝，唐宋称其为"吐蕃"，直到康熙年间才称"西藏"，藏族称谓亦由此而来。元朝时，西藏正式置于中央政权的管辖之下。藏族主要聚居在西藏自治区以及青海、甘肃、四川、云南等省。

藏族有自己的语言文字，藏语属汉藏语系。藏文史籍文献卷帙浩繁，其数量在我国居第二位，仅次于汉文。《格萨尔王传》是世界上最长的英雄史诗。始建于公元7世纪的布达拉宫是世界上海拔最高的宫堡建筑群。藏族普遍信仰藏传佛教，也有少数人信仰苯教。

藏族服饰多姿多彩，男装雄健豪放；女装典雅潇洒，以金玉珠宝为佩饰，形成高原妇女特有的风格。藏袍是藏族的主要服装款式，宽领敞口，肥腰长袖，大襟右衽，身形较长，一般都比身高还长，穿时要把下部上提，下摆离脚面有三四十公分高，扎上腰带。藏族男女老幼喜爱戴藏式金花帽。金花帽用金花缎、金丝带作装饰，以毛毡和皮毛作面料，在阳光照耀下闪闪发光，格外精神。

藏戏是广泛流行于藏族地区的表演艺术，藏语为意为"仙女姐妹"，据传最早由七姐妹演出，内容多为佛经中的神话故事，故而得名。藏戏起源于8世纪藏族的宗教艺术，17世纪时从寺院宗教仪式中分离出来。演员主要戴面具进行表演，只有一鼓一钹伴奏。《文成公主》《诺桑法王》《卓娃桑姆》等是藏戏的传统剧目。

藏族的唐卡、雕塑和建筑工艺十分发达。唐卡为藏语音译，指画在布、缎或纸上，用彩色绸缎装裱后悬挂供奉的宗教卷轴画，是一种富有藏传佛教特色的绘画艺术。藏族唐卡和包括唐卡在内的热贡艺术于2006年被列入首批国家级非物质文化遗产名录。明朝永乐年间制作的"刺绣红夜魔唐卡"，是现存世界最大的一幅西藏刺绣佛像唐卡。

藏族最具代表性的民居是碉房。因外观形似碉堡，故称为碉房。碉房多为石木结构，窗户很小，外形端庄稳固，风格古朴粗犷；外墙向上收缩，依山而建者，内坡仍为垂直。碉房一般分两层，底层为牧畜圈和储藏室，层高较低；二层为居住层，大间作堂屋、卧室、厨房，小间为储藏室或楼梯间。若有第三层，则多作经堂和晒台之用。

农区藏民以糌粑为主食，即把青稞炒熟磨成细粉，用酥油或茶水拌食；牧民主要以乳类和肉类为主，如奶酪、酸奶、肉干等食品。酥油茶是藏民必备的饮料，是在煮开的茶水中加入少许酥油和盐，再放到酥油茶桶中搅拌到水油交融后，倒入锅内加热后饮用。此外，藏民嗜饮青稞酒，并有弹酒的礼俗。冬虫夏草炖雪鸡、人参果拌酥油大米饭和蘑菇炖羊肉被誉为"藏北三珍"。

藏族的节日很多，主要有藏历年、雪顿节、望果节、酥油花灯节、沐浴节等。藏历年是藏族人民一年中最为隆重的传统节日，与汉族的农历新年大致相同，从藏历元月一日开始，到十五结束。藏历七月初一至初五是藏族的雪顿节，"雪"意为"酸奶"，"顿"意为"奉献"，雪顿节就是奉献酸奶的日子。每逢雪顿节，拉萨都会有隆重的藏戏演出，因此雪顿节又被称为"藏戏节"。望果节在藏历八月举行，是藏民庆贺青稞丰收的节日。

在藏族欢迎亲友的礼俗中，互献哈达是最普遍的礼节。亲友来访，藏民必热情款待，敬青稞酒，唱祝酒歌，把哈达挂在亲友脖子上，然后相互亲切碰额、亲脸，以示热情致意和良好祝愿。合十也是一种礼节。藏族的葬礼分塔葬、火葬、天葬、水葬、土葬五种，尤以天葬最具特色，但谢绝外人观看。

藏族佛像、佛寺里的经书、钟鼓及喇嘛随身佩戴的护身符、念珠等宗教器物、忌别人随便触摸；忌讳在参观寺庙时吸烟及大声喧哗；转经筒、转寺院、磕长头要按顺时针方向。

五、回族

回族是我国少数民族中分布最广的民族，全国绝大多数的县市都有回族分布，而在宁夏、甘肃、青海、新疆等地分布较多。宁夏回族自治区是回族最集中的地区，有"中华回乡"、"中国穆斯林省"的称谓。7世纪中叶，一批阿拉伯和波斯的穆斯林商人经过丝绸之路，来到中国东南沿海城市和内地定居，当时被称为"蕃客"，成为回族的先民。13世纪初期，蒙古军队西征期间，中亚移民、波斯人、阿拉伯人大批迁入中国，后又融入汉、蒙古、维吾尔等民族成分，逐渐形成为一个统一的民族。回族主要从事农业，兼营畜牧业，善于经营商业、手工业和餐饮业。

回族服装大体与汉族相近，但在头饰上仍保留着古老的传统。男子普遍戴白色无沿小圆帽，也称"礼拜帽"，最初是做礼拜时佩戴，现在已成为民族标志，平时随处可见。回族妇女习惯穿戴披肩盖头，盖头从头上套下，披在肩上，遮住两耳，颔下有扣，只露面孔在外。颜色根据年龄而定，少女和已婚少妇常用绿色，中年妇女用青色，老年妇女用白色。

宁夏回族民居大致可分为两类：一类是窑洞式，另一类是砖石土木结构住房。南部山区的回民，依据当地自然条件和地形特征，选择窑洞这一居住形式，结构简单，坚固耐用，冬暖夏凉，经济方便；居住在村镇的回民，多选择平房或低层小楼房。回族住宅讲究工艺和装潢，在房子的檐头、檩椽、砖墙、门窗、家具等处多有木雕或砖雕，古朴典雅，颇具民族特色。回族民居一般具有"围寺而居"的特点，清真寺在回族

穆斯林心目中有着重要位置，也是回族建筑艺术的代表。

油香、馓子、盖碗茶是回族日常生活和各类重大节日的必备食物。油香被视为真主赐予穆斯林的圣洁的食品。馓子股细条匀，焦酥香脆，做工考究。回族喜爱喝茶，有红糖砖茶、白糖清茶、冰糖锅锅茶等，但不论何种茶，都讲究盛在盖碗里喝，因而被统称为"盖碗茶"。清真万盛马糕点、牛羊肉泡馍、绿豆皮等是其风味小吃。

回族信奉伊斯兰教，主要节日有开斋节、宰牲节和圣纪节。开斋节，亦称肉孜节，是信仰伊斯兰教的各民族的重大节日。每年伊斯兰教历九月，回族等民族的穆斯林封斋一个月，封斋期间每日两餐，在日出前和日落后进餐，白天禁止吃喝。斋月结束的第二天为开斋节。这天，男性穆斯林要沐浴净身，前往清真寺做礼拜，结束后参加节日的庆祝活动。伊斯兰教历十二月十日是穆斯林的宰牲节。伊斯兰教历的三月十二日是伊斯兰教的圣纪节，相传伊斯兰教的创始人穆罕默德的诞辰和逝世都在这一天，于是穆斯林在这天举行集会以示纪念。

回族很讲究礼节，见面都要互相问安。客人到家入座时，按辈份年龄入座，长者在前，晚辈在后，并不得在客人面前走动。陪客吃饭也很讲究，男客人由男主人陪同，女客人由女主人陪同，晚辈不能陪客用饭。吃饭时，先让客人吃，然后主人才动筷子。忌讳进食时出声音、喝茶用口吹或吸出声音。

回族禁食猪肉，不吃马肉、驴肉、骡肉、狗肉，也不食用自死的禽畜和畜血，一切凶猛禽兽的肉和没有鳞的鱼也都在禁食之列；非经阿訇念经宰杀的牲畜也禁止食用。凡供人饮用的水井、水塘等，一律不准牲畜饮水，也不许任何人在附近洗脸、洗澡或洗衣服；取水前要洗手；回族所用的水井或水塘非信伊斯兰教的人不能动手取水。

六、维吾尔族

维吾尔族主要分布在新疆维吾尔族自治区，尤以喀什、和田和阿克苏地区最为集中。维吾尔族主要从事农业，以种植棉花和瓜果闻名。维吾尔族的先民开垦了绿洲，修渠引水，发明了"坎儿井"这一独特的地下引水系统。吐鲁番盆地是中国面积最大的葡萄生产基地。

维吾尔族有自己的语言文字。"维吾尔"是维吾尔族自称"Uyghur"的音译，具有"团结"、"联合"的意思。维语属于阿尔泰语系，现在使用的维文是以阿拉伯字母为基础的拼音文字。古典民间音乐《十二木卡姆》是维吾尔族的大型音乐套曲，被誉为东方音乐的瑰宝，已被列为世界口头与非物质遗产。公元11世纪流传下来的叙事长诗《福乐智慧》是维吾尔族思想史和文学史上划时代的著作。民间故事《阿凡提的故事》流传甚广。

维吾尔族人十分讲究衣着打扮，男子喜欢穿被称为"袷袢"的长袍，右衽斜领，

不用纽扣，用腰带扎腰，黑长裤，脚穿套鞋；女子喜欢穿色彩绚丽、图案别致的宽袖连衣裙，外罩黑色金丝绒对襟坎肩。维吾尔族人喜戴小花帽，维吾尔语音译"朵帕"，选料精良，工艺精堪，有用黑白两色或彩色丝线绣成的民族风格图案，具有明显的地方特色。

维吾尔族素有"歌舞民族"之称，传统舞蹈有顶碗舞、大鼓舞、铁环舞等。赛乃姆是维吾尔族民间最普遍的一种歌舞形式，主要发源于从事农业生产的南疆绿洲，一般在喜庆佳节、婚礼和亲友欢聚时举行。它有"舞者不歌，歌者不舞"的讲究，没有固定的程式，可一人独舞、两人对舞或三五人同舞。

维吾尔族的传统建筑具有明显的干旱地区建筑特点。房屋一般为平顶，墙壁较厚，拱形门窗，窗户少而且小，天窗较大，用来采光。屋内砌土坑供起居坐卧，并有火墙、炉灶以取暖、做饭。住房多成方形院落。大门忌向西开，房前屋后种植果树、花木。有些住房还有较宽的前廊。

维吾尔族喜食面食，如馕、拉面、炒面等。馕和抓饭是维吾尔人平时的主食。馕在维吾尔人的生活中占有重要地位，流传着"宁可一日无菜，不可一日无馕"的说法。维吾尔人喜欢吃牛肉、羊肉，严禁吃猪肉、驴肉、狗肉、骡肉和自死的禽兽及动物的血；喜欢喝奶茶、吃水果，是全国人均吃水果最多的民族。羊肉串是维吾尔族的民族风味食品，如今已成为风靡全国的民族风味小吃。

维吾尔族古代曾信仰过萨满教、摩尼教、景教、祆教和佛教，从公元10世纪初开始改信伊斯兰教。维吾尔族的传统节日基本上都源于伊斯兰教，有肉孜节（开斋节）、古尔邦节（宰牲节）、圣纪节等。

维吾尔族人待人讲究礼貌，路上遇到尊长或朋友时，习惯于把右手按在前胸中央，身体前倾，躬身问好。如果在维吾尔人家中做客，吃馕时，须先由主人把整个馕掰开，客人方可动手；如果几个人一起吃一盘食物，要吃面对自己的一部分，不可随便拨弄盘中食物，一般不把食物剩在碗中，同时注意不让饭屑落地；忌对长者直呼其名，不能在其面前吸烟、饮酒；饭毕，如有长者领作"都瓦"，不能东张西望或起立；饭前饭后必须洗手，洗后只能用手帕或布擦干，忌讳顺手甩水。

七、壮族

壮族是中国少数民族中人口最多的一个民族，主要聚居在广西壮族自治区，其余分布在云南、广东、贵州、湖南等省。壮族族称，历代称谓有所不同。商周时称为"濮"，宋代称为"僮"，1965年10月12日，经广西僮族自治区人民委员会报请国务院批准，改族名为"壮族"。

壮族有自己的语言，属于汉藏语系壮侗语族，分为南壮和北壮两大方言区。20世

纪50年代创制了以拉丁字母为基础的壮文。壮族信仰多神，崇拜祖先，佛教、道教对壮族影响也很大。

壮族多用自织的土布做衣料，款式多种多样。壮族女子的服装一般为一身蓝黑，裤角稍宽，头上包青色或黑色绣花头巾，腰间系精致的围裙，节日或赶歌圩穿绣花鞋，戴耳环、手镯和项圈；小伙子多穿无领对襟上衣，腰间系一条腰带，包头巾，穿布鞋。

壮族喜欢依山傍水而居，传统民居为干栏式木楼，多为两层，楼上住人，楼下圈养牲畜或堆放杂物。屋内的生活以火塘为中心，每日三餐都在火塘边进行。

壮锦是壮族的传统纺织工艺品，主要产自广西，是壮族民间流传下来的一种独特的织锦艺术，已有一千多年的发展历史，与南京的云锦、成都的蜀锦、苏州的宋锦并称"中国四大名锦"。铜鼓是中国青铜文化中的一株奇葩，声音洪亮，在古代是传递信息、发布号令的重要工具，也是权力和财富的标志。2000多年前壮族先民创作的"花山崖壁画"是极为珍贵的人文景观。

大米、玉米是壮族的主食，喜食糯米。三月三吃五色饭，色彩鲜艳，用于祭祀和待客。每到春节和端午节，家家户户都要包"驼背粽"，作为节日馈赠的佳品。壮族喜欢吃腌制的酸食，以生鱼片为佳肴；男子喜欢饮酒，并以酒待客；妇女有嚼槟榔的习俗，结婚送聘礼，槟榔是必须送的东西。

主要节日有三月三歌节、春节、牛魂节、中秋节、青蛙节等。壮乡素有"歌海"之称，每逢农闲、节假日或婚丧嫁娶，壮族各地区都要举行对歌活动，壮族人称之为"歌圩"。规模最大、最隆重的就是三月三歌节，参与的青年男女都穿上节日盛装，人数多达上万人，期间会举行搭彩棚、摆歌台、抛绣球、碰红蛋、择佳偶、放花炮等系列活动。每年农历四月初八是壮族的牛魂节，又名"牛王节"或"开秧节"。壮族人民对田间的耕牛十分崇敬，每逢这一天，壮族的村村寨寨男女老少都要早早起床，准备佳肴、美酒来招待耕牛，走村串寨互祝耕牛的健康，在这天还进行集市贸易活动，过了这一天，便开始插秧了。

壮族人禁忌较多。忌讳农历正月初一这天杀牲。火塘、灶塘是壮族家庭最神圣的地方，禁止用脚踩踏火塘上的三脚架以及灶台。家有产妇，要在门上悬挂袖子枝条或插一把刀，以示禁忌。忌生孩子尚未满月的妇女到家里串门。壮族是稻作民族，以蛙为民族守护神，所以到壮族地区，严禁捕杀青蛙，也忌食蛙肉。

八、苗族

苗族是我国一个古老的人口众多的民族，人口数量在少数民族中仅次于壮、满、回，居第四位。苗族先民最先居住于黄河中下游地区，后迁徙至长江中下游，现在主要聚居在贵州、云南、河南、广西等省区。由于苗族地域分布广泛，服饰和习俗差异较大，故被世人称为"红苗"、"白苗"、"花苗"、"长裙苗"等。

苗族服饰种类繁多，色彩艳丽。苗族女装有百多种样式，堪称中国民族服装之最。妇女上身一般穿窄袖、大领、对襟短衣，下身着长短不一的百褶裙。便装时多在头上包头帕，上着大襟短衣，下着宽腿长裤，镶绣花边，系一幅绣花围腰。苗族女性喜带银饰，素有"花衣银装赛天仙"的美称。苗族男子的装束比较简单，上装多为对襟短衣或右衽长衫，肩披织有几何图案的羊毛毡，头裹青色包头，冬天腿上多缠裹腿。

苗族人民能歌善舞。苗族的"飞歌"高亢嘹亮，极富感染力；舞蹈有芦笙舞、板凳舞、铜鼓舞等，以芦笙舞最为普遍。芦笙舞在正月十五、三月三、重阳节等节日及建房、丰收、迎亲等日子里跳，舞姿多重下肢变化。

苗族民间工艺丰富，有蜡染、刺绣、银饰、织锦、挑花等多种类型。苗族的蜡染历史可以追溯到上古时代，是用蜡把花纹点绘在麻、丝、棉、毛等织物上，然后放入染料缸中浸染，有蜡的地方染不上颜色，除去蜡即现美丽花纹。苗家有"以钱为饰"的习俗，银饰被视为财富的象征，以大、重、多为美，有头饰、胸饰、背饰三大类型。

苗族的传统节日有苗年、龙舟节、芦笙节、吃新节、四月八、赶秋节等，其中以过苗年最为隆重。苗年是苗族人民庆祝丰收的节日，一般在秋后举行。每年农历正月十八至二十日，苗族人民都要欢聚在广场跳芦笙舞，故名芦笙节，是苗族人民祈祷和预祝丰收的重要节日。农历五月二十四至二十七日是苗族的龙舟节。

在苗家做客，切记不能去夹鸡头吃；客人一般也不能夹鸡肝、鸡杂和鸡腿，鸡胆、鸡杂要敬老年妇女，鸡腿则是留给小孩的。苗族人热情好客，客人到家有敬酒习俗，客人不论喝多喝少，都要接过酒杯，否则会被视为无礼。苗族妇女生了小孩后，忌讳外人进入，特别忌讳穿雨鞋进入和孕妇进入。苗族忌杀狗、打狗，不吃狗肉；不能坐在苗家祖先神位的地方，火炕上的三脚架不能用脚踩；不许在家或夜间吹口哨。

九、傣族

傣族主要聚居在云南省西双版纳傣族自治州、德宏傣族、景颇族自治州和耿马、孟连等地，是一个历史悠久的民族。远在公元1世纪，汉文史籍已有关于傣族的记载。通常人们把内地和边疆的傣族分别称为"旱傣"和"水傣"。前者因接近汉族，吸收汉文化较多，称为汉傣，讹传为"旱傣"，保持民族特点较多的西双版纳、孟连、瑞丽等地傣族称为"水傣"。

傣族有自己的语言文字。语言属汉藏语系壮傣语支。傣文来源于梵文字母的拼音文字，各地不尽相同，傣族人用它记载了丰富的历史传说、宗教经典和文学诗歌。傣族的灿烂文化中，以傣历、傣族医药和叙事长诗最富盛名。傣族信仰小乘佛教，它对傣族社会的政治、经济、文化艺术等方面都有极深刻的影响。

　　傣族男子一般上穿无领对襟袖衫，下穿长管裤，以白布或蓝布包头，有纹身的习俗。傣族妇女的服饰各地有较大差异，但基本上都以束发、筒裙和短衫为共同特征，如西双版纳的傣族妇女上着白色、绯色的无袖吊带对襟紧身内衣，外罩无领窄袖紧身短衫，下穿彩色筒裙，长及脚面，并用精美的银质腰带束裙。

　　傣族的民居有干栏式、土掌房和地面建筑三种。干栏式住房，俗称竹楼，以竹木建造，木材用作房架，竹材用于檩、椽、楼面、墙、梯等，用竹篾绑扎，一般分为上、下两层，上层住人，下层无遮拦，养牲畜家禽和堆放杂物。居住于红河流域的地区性的傣族则住土掌房，土木结构的平顶建筑，结实厚重。芒市等地的傣族居民，多为地面建筑，土墙平房，是一种受汉族影响的民居形式。傣族的建筑艺术别具一格，尤以寺塔和飞架于江河上的竹桥最为有名。

　　傣族人民普遍爱好歌舞，傣族的舞蹈形象生动，感情细腻，多为动物形态的模拟和美化，著名的有孔雀舞、象脚鼓舞等。

　　傣族人以大米和糯米为主食，通常是现春现吃。因民间认为粳米和糯米只有现吃现春，才不失其原有的色泽和香味，不食或少食用隔夜米，并习惯用手捏饭吃。菜肴及小吃以酸辣味为主，如酸笋、酸菜，酸豌豆粉、酸肉等，好吃鱼虾等水产。傣族地区潮湿炎热，昆虫种类繁多，用昆虫为原料制作各种风味菜肴和小吃，是傣族食物的重要部分，经常食用的昆虫有蝉、竹虫、蚂蚁蛋等。傣族人普遍有嚼槟榔的习俗。

　　傣族的重大节日有泼水节、关门节和开门节，均与佛教有关。泼水节傣语称"金比迈"，意为新年，是辞旧迎新的节日，也是傣族最盛大的节日，多在傣历六月（农历清明节后15天左右）。傣历新年期间，要举办各种丰富多彩的群众活动，有堆沙、浴佛、泼水、放高升等，尤以泼水意味深长、场面热烈、参加者最广泛，所以傣历年又称为泼水节。关门节是傣族、布朗族、德昂族和部分佤族的传统节日，时间在傣历九月十五日，来源于古印度佛教雨季安居的习惯。从关门节开始，傣家人关上爱情和婚姻之门，全力投入生产劳动，准备用辛勤的汗水去获取全年主要农作物的丰收。三个月的关门节日期满后，便举行开门节庆祝活动。

　　傣族人忌讳外人骑马、赶牛、挑担和蓬乱着头发进寨子；进入傣家竹楼，要把鞋脱在门外，而且在屋内走路要轻；不能坐在火塘上方或跨过火塘，不能进入主人内室，不能坐门槛；不能移动火塘上的三脚架，也不能用脚踏火；忌讳用衣服当枕头或坐枕头；晒衣服时，上衣要晒在高处，裤子和裙子要晒在低处；进佛寺要脱鞋，忌讳摸小和尚的头、佛像、旗幡等佛家圣物。"赶摆黄焖鸡"是西双版纳男女青年以食传言的特殊求爱方式。

十、白族

白族绝大部分居住在云南省大理白族自治州。早在新石器时代，白族先民已在洱海地区生息繁衍，白族共同体的形成是在大理国时期。

白语属汉藏语系，唐宋时代曾借用汉字创制了古白文，现实行拉丁字母白族文字方案。白族的宗教信仰主要是奉祀"本主"，信仰佛教。"本主"有的是自然神，有的是南诏、大理国的王子，有的是为民除害的英雄。部分人信仰天主教和基督教。

白族人崇尚白色。男子的包头、女子的帽箍，男女的上衣，甚至有些裤子，都喜用白色或接近白色的浅色面料制作。白族男子多穿白色黑领对襟上衣，外套坎肩，腰系绣花肚兜，以白布或蓝布包头，下穿黑色或蓝色长裤，打白色绑腿。女子服饰各地有所不同。大理一带多用绣花布或彩色毛巾缠头，穿白色上衣，外套黑色或紫色丝绒领褂，腰系绣花短围裙，下穿蓝色宽裤，脚踏绣花鞋，佩戴银饰。

白族住宅坝区多为院落式瓦房，"一坊一廊"、"两坊一耳"、"三坊一照壁"、"四合五天井"的院落式瓦房，山区多为垛木房与竹篾笆房。门楼和照壁是白族民居建筑中最富民族特色的部分。白族的著名古建筑有大理崇圣寺三塔等。

白族在艺术方面独树一帜，其建筑、雕刻、绘画艺术名扬古今中外。唐代建筑的大理崇圣寺三塔，主塔高近60米，分十六级，造作精巧，近似西安的小雁塔。剑川石宝山石窟，技术娴熟精巧，人像栩栩如生。白族的漆器，艺术造诣很高。在大理白族自治州这片艺术沃土上，流传至今的洞经古乐称得上是一块音乐的活化石，白族民间最为普及的一种演唱艺术是白族调，白族舞蹈主要有霸王鞭舞、八角鼓舞、龙狮舞等。

平坝地区的白族以稻米和小麦作主食，山区则以玉米、荞麦为主食。主食以蒸制为主，用大米制作的饵丝、饵块味道独特。白族人喜食酸、冷、辣等口味，善于腌制火腿、腊肉、香肠、弓鱼等，喜食"酸肝"，又爱吃一种别具风味的"生肉"或"生皮"，即将猪肉烤成半生半熟，切成肉丝，佐以姜、蒜、醋等拌而食之。"砂锅鱼"是大理著名佳肴。乳扇是白族独创的乳制品，状如扇，薄如纸，色泽淡黄，味道鲜美。白族人爱饮糯米酿造的甜酒，喜欢喝烤茶。著名的"三道茶"是待客上品，有"一苦、二甜、三回味"的特点。

白族人民主要节庆活动有三月街、绕三灵、火把节、耍海会等。三月街又名观音市，是白族一年一度最盛大的节日，已有上千年的历史，每年农历三月十五至二十一日在大理古城西侧点苍山下举行，最初是一种带有浓厚宗教色彩的民间活动，后来演变成白族人民的贸易集市和盛大传统节日。火把节是另一盛大节日，每年农历六月二十五日举行，是白族人民在秋收前预祝五谷丰登、人畜兴旺的活动。

白族人热情好客，但访友或探望病人不要在上午，以下午和晚间为宜。年节或正

月初一这天，不能到别家串门。新年新岁中，最忌讳与人发生口角争吵。家有产妇，忌外人上门。为客人斟茶，只斟半杯，喝完再续，若斟满杯则被认为不礼貌。白族人家的火塘是个神圣的地方，忌讳向火塘内吐口水，禁止从火塘上跨过。忌讳在门槛上坐人。男人所用的工具，忌妇女从上面跨过。

十一、纳西族

纳西族主要聚居于云南省丽江纳西族自治县，其余分布在中甸、宁蒗、维西、德钦和四川盐边、盐源、木里及西藏的芝康等地。1000多年前，纳西族创造了古老的原始象形文字——东巴文和音节文字——哥巴文。东巴文是目前世界上唯一仍然活着的象形文字，用这种文字写成的典籍称为《东巴经》。纳西族的灿烂民族文化遗存还有丽江古城、《创世纪》等史诗、丽江古乐和丽江壁画等。

纳西人因居住地区不同，婚姻习俗也各不相同，丽江等地已经有一夫一妻制父系家庭，部分地区仍有多种古代婚姻家庭形态的残余。居住在丽江宁蒗永宁地区（卢沽湖畔）纳西族的一个支系——摩梭人至今仍保留"男不娶、女不嫁"的"阿注"走婚习俗，是母系氏族社会的产物。男子夜间到女子家走访、住宿，白天回到母家，与母家成员一起生产与生活。男女双方不组织共同的家庭，所生子女归于女方，由女方负责教养。这种婚姻以感情为基础，结合自愿，解除自由，在经济上没有必然的联系。由于男女双方互称为"阿注"，这种婚姻关系也称为"阿注婚"。部分纳西族地区还存在着"抢婚"遗俗。

纳西族妇女上穿宽腰大袖上衣和坎肩，下着长裤，腰系黑、白、蓝棉布缝制的百褶裙，劳动或外出时还要披上羊皮披肩。纳西族的披肩制作精致，绣着日、月和七星，象征纳西族妇女"肩担日月、背负繁星"，整日起早贪黑辛勤劳动的美德。因此这种披肩被称为"披星戴月"或"七星披肩"。纳西族男子多穿黑色圆领对襟上衣，下身穿宽脚裤，裤长至膝。老人用黑布包头，青年用白布或花布包头。腰间系有用羊皮缝制的羊皮肚兜，用来放零星之物。

纳西族房屋多为土木结构，形式有"三坊一照壁"、"四合五天井"等，最常见的形式是"三坊一照壁"。这种形式的房屋由一坊比较高的正房、两边各为一坊稍低的厢房与次低的围墙（照壁）组成院落，其平面为长方形或正方形。丽江古城，又名大研镇，是融合纳西民族传统建筑及外来建筑特色的唯一城镇，始建于南宋末年。城中道路网不规则，没有森严的城墙。丽江古城是世界文化遗产，有"东方威尼斯"的美誉。

纳西族以玉米、大米和小麦为主食，宁蒗地区纳西人喜食青稞，爱喝浓茶，吃酸、辣、甜味食品。丽江的火腿粑粑、宁蒗的琵琶猪和泸沽湖的酸鱼、鱼干，是纳西族的特色食品。

纳西族的许多节日与汉族相同，如春节、清明、端午、中秋等，但是节日活动内容与汉族有所差异，带有鲜明的民族特色；此外，纳西族也有一些自己的传统节日，如三朵节、三月龙王庙会、棒棒节、七月骡马会等。三朵节是纳西族祭祀本民族的最大保护神"三朵神"的盛大节日，也是纳西族法定的民族节。每逢农历二月初八，各地纳西族都到丽江白沙三朵阁（俗称北岳庙）和各地三朵阁举行隆重祭拜仪式，并进行各种文娱活动。正月十五棒棒会和三月龙王庙会，都是盛大的物资交流会。

纳西族有着知书识礼、尊老爱幼的传统美德。骑马到寨前必须下马，也不能把马拴在祭天堂的地方；不能蹬踏架锅做饭用的三脚架，也不能翻弄灶里的灰；进入纳西人家时不能主动进入老人、女人的卧室和女孩的"花楼"，不能询问"阿夏"的情况；祭天堂、祖先、战神时忌外人观看。忌在门槛上坐和用刀斧在门槛上砍东西。不许杀耕牛、驮马和报晓的雄鸡；忌食狗肉。

十二、畲族

畲族是我国人口较少的民族之一，散居在我国东南部福建、浙江、江西、广东、安徽省境内，其中90%以上居住在福建、浙江广大山区。浙江景宁畲族自治县是全国唯一的畲族自治县。畲族自称"山哈"，"哈"畲语意为"客"，"山哈"即指居住在山里的客户。畲族的民歌和彩带编织技艺被列入了浙江省第二批非物质文化遗产。

畲族服饰崇尚青蓝色，衣料多为自织的麻布。过去男子一般穿着色麻布圆领大襟短衣，长裤，老年男子扎黑色头巾，外罩背褡。妇女服饰因居住地区不同而款式各异，以"凤凰装"最具特色。红头绳扎的长辫高盘于头顶，象征着凤凰髻；衣裳和围裙上用大红、桃红、杏黄及金银丝线镶绣出五彩缤纷的花边图案，象征着凤凰颈、腰和美丽的羽毛；后腰随风飘动的金色腰带，象征着凤凰尾巴；周身叮当作响的银器象征着凤凰的鸣叫。在福建东北沿海一带山区居住的畲族妇女，有头戴"三把刀"的习俗。

畲族是能歌善舞的民族，每逢婚丧嫁娶、生产劳动、待人接物时，都喜爱用歌声表达感情，因此畲乡有"歌的海洋"之誉。由于畲族人们上山劳动时经常以歌对话，畲歌又称为山歌。流传至今的山歌有1000多篇，其中最著名的是长篇叙事史诗《高皇歌》，又称《盘瓠王歌》，以朴素而深沉的民族感情追述了畲族的起源和历史，以及盘瓠不平凡的经历，被尊为畲族的史歌，用畲语传唱至今。

畲族日常饮食以番薯、大米为主，喜食番薯丝饭，即先把大米和番薯丝放在锅中煮涨，再捞出放在甑中蒸熟。景宁畲乡有"一甑煮三种饭"的习惯，煮白米饭招待客人，半米半番薯丝饭供老人小孩食用，占绝大部分的番薯丝饭给年轻人吃。畲族大都喜食热菜，一般家家都备有火锅。肉食以猪肉为主，竹笋是四季不断的蔬菜。粉丝是畲家招待客人、制作点心和菜肴的重要原料。茶是畲族日常饮食中必不可少的，景宁

惠明茶、广东凤凰茶、福建福安的红茶和武夷岩茶是畲族地区盛产的名茶。

畲族的节日与汉族大致相同，如春节、元宵节、清明节等，二月二、三月三、招兵节、封龙节是本民族特色的节日。农历三月三是畲族的乌饭节，这一天，畲族人都穿上盛装，家家都做乌米饭，全家共餐，馈赠亲友，同时还聚集一起对歌、跳舞。封龙节是畲族的传统节日，每年农历夏至后"辰"日举行。传说这一天玉皇大帝给畲山"封龙"，象征着风调雨顺，五谷丰收。这日，畲族人们禁用铁器，不事劳动，在预定地点举行赛歌会。

 课后任务 ▶▶▶

1. 总结自己家乡欢度各个传统节日所遵行的习俗。

2. 为什么国家要把清明节、端午节、中秋节等传统节日纳入国家法定假日？

3. 收集各大旅行社推出的与中国各民族的民俗旅游相关的游览线路，并分析其产品特色。

4. 信仰伊斯兰教的民族有哪些共同的节日？有哪些饮食上的禁忌？

5. 选择课本介绍以外的一个少数民族，收集该民族的节庆、服饰、歌舞、美食、建筑、礼仪禁忌等相关资料，制作 PPT 课件，并作专题讲解。

6. 在中国地图上分别标注中国各主要少数民族的聚居地。

第三章 钟灵毓秀——中国旅游景观

**知识目标**

- 了解旅游景观的概念、分类以及审美特征。
- 熟悉中国主要自然景观的构成、分类和典型景观。
- 了解中国主要人文景观的概念和类型。
- 熟悉世界遗产的产生原因、分类及分布情况。

能力目标

- 能够运用所学知识，根据旅游景观特点，选择最佳观赏地点和时间。
- 能够运用相关知识，进行导游词的再创作，形成自己的讲解风格。

我国幅员辽阔，各地理要素的区域性、差异性比较明显，在各地理要素的综合作用下，使得我国旅游景观具有地域性、综合性的特点。我国又是一个有着 5000 多年发展历史的文明古国，在人类发展过程中，勤劳的炎黄子孙创造和积累了极其丰富的精神文明，为后人留下了璀璨的文化瑰宝。

第一节 旅游景观概述

一、旅游景观

（一）旅游景观概念

旅游是一定社会经济条件下的一种人类社会经济活动，旅游者、旅游资源和旅游业构成旅游活动的三个基本要素。旅游者是旅游的主体，旅游资源是旅游的客体，旅

游业是旅游媒介。

旅游景观是指能吸引旅游者并可供旅游业开发利用的可视物像的总称。旅游景观是在旅游资源的基础上发展起来的，两者既有关联也有区别，不同之处在于旅游资源强调"各种事物和因素"，而旅游景观则强调"可视物象"。

（二）旅游景观的分类

根据旅游资源和旅游景观的本质属性，通常将旅游资源和旅游景观划分为自然旅游景观和人文旅游景观两种类型，如图3-1所示。

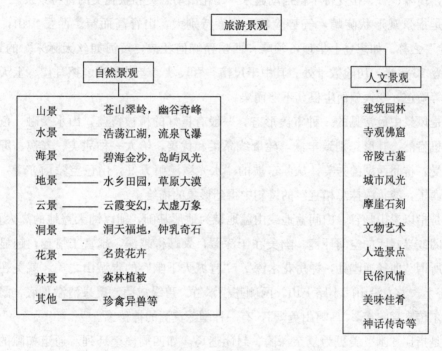

图3-1　旅游景观分类

二、中国旅游景观美学特征

（一）自然景观的美学特征

1. 形态美

我国自然景观的形态美概括为雄、奇、险、秀、幽、奥、旷、野等几种典型的风格特征。

雄是指一种壮观、雄伟，意味形象高大，人们常须用高仰角来观看，有压顶之势，是巨大力的展示，具有动人心魄的气势，如五岳之尊的泰山，以雄伟著称，有"泰山天下雄"的赞誉。其绝对高度为海拔1545米，相对高度达1360米，且骤然突起，山势陡峭，凌驾于齐鲁大地之上，具有通天拔地之势，给人以高大雄浑之感。杜甫《望岳》一诗中"会当凌绝顶，一览众山小"两句，形象地道出了泰山雄伟壮观的审美形象。

奇是指形态光怪陆离，奇异多变，往往给人一种巧夺天工而非人力所为的感叹。我国以奇为美的景观首推黄山。明代大旅行家徐霞客两登黄山，以"生平奇览"、"步步生奇"、"五岳归来不看山，黄山归来不看岳"等溢美之辞，盛赞"黄山天下奇"的独特景象。黄山"四奇"中，峰、石、松三者处于相对的静态，唯云海如锦似缎，变幻无穷，使峰、石、松变得丰富摇动起来，幻化出动态美和朦胧美的奇特景致。

险是指景观形状陡峭，气势险峻，坡度特别大，山脊高而窄。西岳华山，素有"天下险"之称。如想登上华顶，领略"西岳峥嵘何壮哉，黄河如丝天际来"的景象，就须攀登15千米，历险数十处。其中千尺幢、百尺峡、老君犁沟、擦耳崖、上天梯和苍龙岭等险道，令人望而生畏，不寒而栗。

秀是风景中最常见的一种审美形态，一般有良好的植被覆盖，山水交融，色彩葱茏，生机盎然。其形态别致丰满，轮廓线条柔和优美，给人一种甜美、安逸、舒适的审美感受。杭州西湖的秀美，从苏东坡的"水光潋滟晴方好，山色空蒙雨亦奇，欲把西湖比西子，淡妆浓抹总相宜"的诗句中得到形象的描绘。

幽是指以崇山幽谷、山间盆地或山麓地带为地形基础，辅以铺天盖地的高大乔木，构成封闭或半封闭的空间环境。幽美在于深藏，景藏得越深，越富于情趣，越显得幽美。正所谓"曲径通幽处，禅房花木深"。"青城天下幽"的青城山之美，就美在一个"幽"字上。游人沿山间小路上山，两侧苍松翠竹，碧绿成荫，溪泉清澈见底，潺潺入耳，偶尔传来鸟鸣声，"鸟鸣山更幽"，有一种幽深莫测的神秘感。

奥是指比"幽"美更为复杂深隐、封闭迷离。如四周崖壁环列、通道如隙的"一线天"式的景观；曲折而出、深奥如井的溶洞景观都属此类。号称"天下奥"的武陵山区，植被覆盖率高达90％以上，峰密森立，遮天蔽日，溶洞棋布，迷离神奇，对探幽访奥者具有极大的吸引力。

旷是指视域开阔宽广，形态坦荡，给人一种心旷神怡的审美感受。凡能称"旷"的，都为人们的视线没有阻隔、放眼四望茫无际涯的景色，如浩渺的水面、苍茫的原野、居高而望群峰等。从内蒙古大草原的"天苍苍，野茫茫，风吹草低见牛羊"，到登黄鹤楼的"唯见长江天际流"，各种旷景无不具有雄浑、博大、深沉、单纯之势。

野这类景观属于原始自然的产物，纯真古朴，富有野趣，一般未受人类干扰、雕饰或破坏。如"大漠孤烟直，长河落日圆"表现了大漠荒原之野；"芳树无人花自落，春山一路鸟空啼"是山林之野。近年来开辟的九寨沟、张家界和神龙架等景区，其山、水、石、林、

洞等仍处于原始状态，保持着荒洪自然的风貌，给人一种远离尘嚣的"野趣"神秘之感。

2. 色彩美

自然风景中的色彩美主要是由树木花草、江河湖海、烟岚云霞及阳光等构成，万象纷呈，极其丰富。五彩缤纷的自然色彩，最易于被人们直观地感受，给旅游者带来欢乐和幸福，带来赏心悦目的美感，乃至令人振奋和神往。"日出江花红似火，春来江水绿如蓝"；"西山红叶好，深秋色愈浓"……大自然中色彩之绚丽，令人着迷。

自然景观四季颜色变幻无穷，同样体现了色彩之魅力。如"苏堤春晓"、"居庸叠翠"、"西山红叶"、"西山晴雪"，故有"春翡夏翠秋金冬银"之说。

3. 动态美

自然景观的动态美主要由流水、飞瀑、飘雾和浮云等因素构成。

所谓"山得水则活"，是因为水的流动、跌宕、声响，打破山谷的沉寂，改变景观的形态，同时还给植物鸟兽提供滋养，给人一种生机勃勃的审美感受。闻名天下的三峡风景，若无汹涌奔腾的长江巨流，就不会给人以惊心动魄之感。

瀑布是动态景观的重要组成部分。山中近观飞瀑，或浪花四溅，或珠帘轻泻，或银河落天，或雷奔云卷。其形态多变，充满活力，气势动人，洗涤胸襟。贵州的黄果树瀑布、云南的大叠水瀑布、雁荡山的大龙湫，泰岳的黑龙潭、庐山的三叠泉等，都是典型的动态景观。李白的《望庐山瀑布》写道"日照香炉生紫烟，遥看瀑布挂前川。飞流直下三千尺，疑是银河落九天"，把庐山瀑布的动态美描绘得淋漓尽致。

构成动态美的内在动力是无形的风。风驱赶云雾，扬起波澜，摇拂垂柳，掀动松涛，使山水变活，景物生趣，造成"众象不定"的景观变化。

4. 听觉美

在众多自然景观中，瀑落深潭、惊涛拍岸、溪流山涧、泉泻清池、雨打芭蕉、风吹松涛、幽林鸟语、夏日蝉鸣、寂夜虫唱等自然音响，在特定的环境中，能给人以赏心悦目的音乐般的美感享受。凡名山名园，均设有诸如"松涛亭"、"听泉亭"、"留听阁"之类的景点。大千世界中听觉美有着丰富的内容，具有代表性的主要是鸟语、风声、钟声、水声。

5. 象征美

中国人喜欢荷花、兰花、竹子和松柏等植物景观，其根本原因不在于其外表好看，而在于其内在的品质，即作为人格的象征或精神意志的表现。荷花生长在池塘沼泽，"出淤泥而不染"，故象征高洁；兰花生于幽谷而不与芜草为伍，色洁、香纯、质朴，故象征清雅；竹子修直不弯，引发人们洒脱淡泊的联想，故象征高风亮节，素有"正人君子"之称；松柏不畏严寒，斗风傲雪，四季常青。因此，人们习惯于借用松柏的这种性格来喻示人类不屈的精神，象征坚忍不拔的品质。

另外，久居城市的人们，一旦深入山林，闻到芳草、花香，吸到新鲜空气，顿觉得肺腑清净，全身透亮，精神振奋，这些都是美，给人以审美享受。

（二）人文景观的审美特征

1. 形式美

我国众多的古建筑、园林、桥梁、佛像等人文景观随着其历史性和时间性的不断延长，原有的实用功能相对淡化，而观赏功能则更加突出。其宏伟、典雅和精巧的造型美吸引着越来越多的国内外游客。这些独特的造型与结构，应用了一系列形式美法则，其基本原理包括：

反复与整齐的互动原理。要求同一形式有规律地重复出现，组成整体结构上的整齐一致形态，给人以秩序感、条理感和节奏感。比如中式大屋顶建筑中形式一律的窗户与斗拱，佛塔上层的拱门与叠檐，桥体中连串的小拱或桥孔等。

对称与均衡的互动原理。对称要求物体或图形相对两边的各个部分在大小形状及排列上对应相当。对称法在中国古建筑的布局和结构上应用得十分广泛。沿北京故宫中轴线南北穿行游览，门洞、路基、台阶、大殿的立柱、左右的开间等，均遵守对称的规律，给人以法度严密、体态沉稳之感，如图 3-2 所示。

均衡是对称的某种变形。主要差异在于均衡要求物体或图形左右上下在形、量、力甚至色彩等方面大体接近，但不要求形体的一致或相等。如故宫的午门，由于巧妙地运用了对称与均衡相结合的手法，其造型通过大小、轻重、高低、上下的变化既保持了稳定而牢固的重心，又表现了庄重与严肃的气氛。

图 3-2　北京故宫

2. 和谐美

和谐美一般表现在物态形式和人文心理两方面因素。

物态形式因素是人文与自然景观和谐美的基础。人们通常以特定的自然环境为背景，遵循多样统一等美学原则，选择布局和谐的景点位置，并借助亭台楼阁等建筑形式，因地制宜地创造出景中之景，以协调和强化整体景观的审美效应。我国各大名山胜水，历经数千年经营，建筑布局与自然环境非常讲究风格上的和谐统一。

文化心理因素是指相关的神话传奇的辅助作用（渲染、烘托、引申和深化意境等），是观赏主体的审美心理活动。

中国名胜古迹山川河流的神话传说极丰富，有人将其比做一条彩链，能把自然景观和人文景观巧妙地联结起来，从而对游人产生更大的感染力。如借助于《阿诗玛的故事》，可从云南石林那块冰冷僵硬的石头中幻化出一位楚楚动人的妙龄少女；凭借《孟姜女哭长城》的传说，可从姜女庙后那块平淡无奇的"望夫石"中想象出一位凝愁带恨的善良少妇。所有这些，是假借神话传说的启迪，经由主体心理的活动，与自然景物的互动协和作用而生发出来的"象外之象，景外之景"。事实表明，此"象"此"景"所给人的历史、文化、伦理与审美等综合性体验，在内容与深度方面都超过纯风景观赏所获得的形式美感。

3. 风情美

风情美是民俗民风、生活方式与社会人文环境彼此协调而成的一种综合美。

我国地域辽阔，民族众多，文化习俗内容丰富，风土人情各具特色。其中一些主要的节日庆典活动，如汉族的春节、元宵节、端午节、团圆节，傣族的泼水节，蒙古族的那达慕节，回族的古尔邦节，形式各异的庙会、灯节与花市，以及风格不同的民俗歌舞等，在特定的生活环境和文化氛围中，最能反映出当地的风土人情之美。

4. 意境美

用象征手法和自然布局，将主观意趣、理想与客观感性形式、景象有机地融合起来，所生成的富有典型性特征的艺术境界，就是景观意境。如我国承德避暑山庄的景点全都"因地之势"，"度土之宜"，采取分散布局。其中最有代表性的要数艺术风格各异的"外八庙"。若登上棒锤山环顾四野，你会十分惊奇地发现，这些在当时为了联络满、藏、蒙、哈萨克等民族而建立的宗教庙宇，像众星捧月般地面向行宫，象征着各个民族心向中央，巧妙地借助建筑形式表现了"宇内一致"或"一统天下"的主题思想。

第二节　中国自然旅游景观

人们到自然景观中去游览、观光、度假、疗养，不仅能感到大自然的壮美、神奇、开阔视野，还能增长知识，丰富情感，身心得到积极的休憩。

一、地貌旅游景观

地貌是自然旅游资源最重要的组成部分，是各类自然风景资源形成的基础。在现实生活中，山地给人雄伟之势，丘陵给人陂陀之感，高原给人旷美之情，而平原则给人平远的意境。地貌对人文景观的形成也有一定影响，因为一切人文景观都植根于一定的地貌基础之上，并与之相协调。如我国南方多丘陵、平坝、河湖等纤巧秀丽的地貌，北方多山脉、高原、平原与盆地等雄浑博大的地貌。

（一）山地自然旅游景观

我国是一个多山的国家，广义的山地面积（包括崎岖的高原、山地、丘陵）占国土总面积的2/3以上，在地壳运动的内外营力的共同作用下，形成了各种类型的山地地貌，其景观千差万别。现代登山旅游一般分为运动登山和观赏娱乐登山两大类。

运动登山主要是面对体育登山、探险登山、科考登山这类特殊对象，我国兰州—昆明一线以西，绝大部分山地为高山、极高山，特别是青藏高原地区，很多高峰在6000米以上，主要有珠穆朗玛峰（海拔8844.43米，世界第一高峰）、乔戈里峰、希夏邦马峰都超过8000米，贡嘎山、慕士塔格峰、四姑娘山等亦都在6000米以上。这些山峰险峻峭拔，终年冰雪覆盖，冰川发育，山地气候多变，是开展体育登山旅游的探险旅游的最佳场所。

观赏娱乐登山是大众化登山的主要方式，这类山地类型很多，以自然景观为基础，成因为依据，将我国名山分为花岗岩景观、岩溶景观、丹霞景观、熔岩景观、石英砂岩景观、变质岩景观及其他成因名山和历史文化名山等类型。

（二）岩溶地貌景观

岩溶地貌又称喀斯特地貌。岩溶作用是指地表水和地下水对可溶性岩石的破坏和改造作用。在碳酸盐类岩石（包括石灰岩、白云岩等）地区，主要由于地表、地下水的溶融以及外力的崩坍、搬移作用形成的地貌称岩溶地貌，其地面景观具有玲珑精细、清秀俊逸、深邃奇特的特点。

我国岩溶地貌面积大、分布广、类型全，广西、贵州和云南东部是世界岩溶地貌

分布最典型的集中区，也是世界上面积最大的岩溶风光区。

1. 地表岩溶景观

主要包括溶沟、石芽、石林、岩溶漏斗、落水洞、天坑、岩溶洼地、岩溶盆地、干谷、盲谷、峰丛、峰林、孤峰等，最有观赏价值的景观主要是石林、峰丛、峰林、孤峰和天坑。

石林：地表水沿可溶性岩坡面流动，溶蚀的凹槽为溶沟，溶沟之间残存的石脊突起称石芽，大型的石芽称石林。石林高度较大，呈柱状、锥状、塔状、笋状、剑状、菌状等。昆明市石林县的石林是中国四大自然奇观之一，相对高度一般为 20 米，最高达 50 米，景观十分秀美，是世界上最具多样性的石林喀斯特形态。

峰林、峰丛、孤峰：岩溶区形成的山峰，按形态特征分峰林、峰丛和孤峰。峰林是指山峰的基部分离或微微相连的石灰岩山峰。峰丛是山峰基部相连的峰林，相对高差一般为 200～300 米。孤峰是孤立的碳酸盐岩石山峰，相对高数十米至百余米。桂林山水是指桂林到阳朔沿漓江一线的风光，两岸以峰丛和峰林为主，其间有孤峰点缀，如图 3-3 所示。

图 3-3　漓江

天坑：天坑是一种特殊的岩溶地貌，是地下暗河长期溶蚀碳酸盐岩层，而引起岩层及地下大厅垮塌的地质奇观。我国是世界上天坑规模最大和数量最多的国家，重庆奉节小寨天坑是世界迄今发现的最大天坑，被誉为"天下第一坑"。坑口直径622米，坑底直径522米，最大深度662米，坑底有一条巨大暗河，暗河的水来自一条被称为"地缝"的神秘峡谷，最窄处仅2米，是世界最典型的"一线天"峡谷景观。

2. 地下岩溶地貌景观

地下岩溶地貌景观主要包括地下河、地下溶洞和洞穴化学堆积物。地下岩溶最有观赏价值的石钟乳、石笋、石柱、石幔等。

石钟乳是指悬挂于洞顶的倒锥状碳酸钙沉积；石笋是指由洞底向上增高的锥状、塔状等碳酸钙沉积，形如竹笋；石柱是指石钟乳和石笋相对生长，二者相接形成的柱状碳酸钙沉积；石幔是指薄层水从洞顶或洞壁裂隙中漫流流出，产生的片状、波状、褶状沉积，形如帷幔。

我国著名的溶洞景观有贵州织金洞、桂林芦笛岩、江苏宜兴善卷洞、浙江桐庐瑶琳仙境、北京石花洞、辽宁本溪水洞等。

（三）丹霞地貌景观

丹霞地貌是在红色砂砾岩基础上发育而生的，因为在广东韶关仁化丹霞山被发现且最为典型，丹霞山因"色渥如丹、灿若明霞"，又称中国红石公园。我国地质学家将这一类地貌命名为"丹霞地貌"，并被国际学术界采用。丹霞地貌丹山碧水、精巧玲珑，具有奇险、奔放、绚丽、热烈的景观特点。著名的丹霞景观有福建武夷山、冠豸山、江西龙虎山、安徽齐云山、广东金鸡岭、承德棒锤峰、广东乐昌金鸡岭等。

（四）熔岩地貌景观

熔岩地貌景观是指地下岩浆喷发或溢流于地表冷凝后形成的各种地貌的总称。

1. 流纹岩景观

流纹岩是典型的酸性喷出岩，多灰白、粉红、浅紫、浅绿等色，常具流纹构造，线条轮廓曲折多变，造型景观富于变幻。景观特点是山峰形体多变、河流切割幽深、崖壁色彩斑斓。著名景观地有浙江雁荡山、天目山、西湖宝石山等。

2. 玄武岩景观

玄武岩是基性喷出岩，一般呈黑色和灰黑色，风化后多呈黄褐色和灰绿色。由于喷发后迅速冷凝，冷凝收缩时产生大量原生节理，呈六方柱状，形成拟人拟物景观。著名景观地有五大连池、峨眉山顶、长白山等。

（五）石英砂岩地貌景观

石英砂岩呈白色，砂质纯净，风化后可呈灰白、褐黄、黄白色，具有线条粗犷、

层理清晰、棱角明显、节奏感强的特点。湘西北张家界武陵源风景区砂岩厚度大、岩层平缓，水系沿节理及断层强烈下切，因此形成为方山（黄石寨、腰子寨等）和棋盘式沟谷（溪流几乎均呈直角转向）相互组合的高大砂岩峰林。另外，砂岩中页岩在风化作用下，使峰柱表面节节凹进，呈现出金鞭岩、定海神针、南天一柱等奇特景观。张家界是世界上最典型的石英砂岩峰林峡谷地貌，景区内有形态各异的数千座岩峰。该地降水丰沛、风小雾多，峰林在山间云雾配合下，虚无缥缈，宛如仙境。

（六）变质岩地貌景观

变质岩质地坚硬、棱角分明，具有山体浑厚雄健、峥嵘苍劲的特点。著名的变质岩景观地主要有山东泰山、云南苍山、山西五台山等。泰山古称岱山，是各种片麻岩、混合岩、混合花岗岩组成的泰山群变质岩名山。

岩石的知识

岩石是一种或多种矿物的集合体，它是构成地壳的基本部分。按其成因分为三大类，即岩浆岩、沉积岩和变质岩。

三大类岩石具有不同的形成条件和环境，沉积岩和岩浆岩可以通过变质作用形成变质岩。在地表常温、常压条件下，岩浆岩和变质岩又可以通过母岩的风化、剥蚀和一系列的沉积作用而形成沉积岩。当变质岩和沉积岩进入地下深处后，在高温高压条件下又会发生熔融形成岩浆，经结晶作用而变成岩浆岩。因此，在地球的岩石圈内，三大岩类处于不断演化过程之中。太阳能是岩石发生演变过程的能量来源之一，它控制着外动力地质作用的进行，包含在岩石内部的放射性能量是地球内力地质作用的能量来源。此外，地球重力能和地球旋转能在各种地质作用中也是不可忽视的重要方面。其中构造运动是地球内力作用重要的表现形式，它可使地下深处的侵入岩和变质岩上升到地表遭受破坏，也可使地表岩石发生强烈拗陷而产生变质，同时，构造运动对岩浆的形成和上升也有重要影响。

（七）其他地貌景观

1. 冰川地貌景观

冰川地貌景观主要指冰川侵蚀和堆积作用形成的地貌景观。高山及高纬度地区年均温度0℃以下，降雪积累大于消融，地表积雪逐年增厚，经一系列物理变化形成冰川冰，冰川冰在自身重力及压力作用下缓慢流动形成冰川。雪线指多年平均终年积雪的下限高度。雪线以上的地貌景观主要有角峰、刃脊和冰斗；雪线以下的地貌景观主要有冰川谷、羊背石、终碛堤、冰瀑、冰洞、冰桥、冰塔林等。

2. 荒漠地貌景观

大漠戈壁，人迹罕至，自古以来就充满神奇色彩。随着全球知识性、健身性、探险性旅游的大趋势，荒漠旅游越来越受到人们的青睐。

（1）雅丹景观。雅丹源于维吾尔语，意为"有陡壁的小丘序列"。雅丹也称风蚀垄槽，是指沉积层经风蚀作用形成的一系列平行的垅岗和风蚀沟槽的相间排列。新疆罗布泊的雅丹景观，面积达 3000 平方千米，长数百米至数千米，高 10 多米，排列有序的土阜岗丘鳞次栉比，如柱、塔、台、伞，似狮、虎、龙、城，逶迤起伏，十分雄伟壮观。克拉玛依乌尔禾雅丹也十分著名，大风狂吼时犹如神鬼哭号，故又称魔鬼城。

（2）沙漠、戈壁景观。沙漠是指地面覆盖大量流沙、发育各种沙丘的荒漠，也称沙质荒漠。我国开放的沙漠景观地主要有阳关沙漠森林公园、玉门关古遗址、敦煌鸣沙山月牙泉、内蒙古伊克昭盟响沙湾、宁夏沙坡头、吐鲁番艾丁湖和火焰山等。

我国戈壁景观地主要有哈密以南辽阔的噶顺戈壁、准噶尔盆地东部的诺明戈壁、哈密火焰山的山麓戈壁。

3. 海岸地貌景观

海岸地貌景观是指在海岸地带，由波浪、潮汐、海流等海洋动力作用所形成的地貌景观。最具观赏价值的主要是岩石海岸、生物海岸，其次是砂质堆积海岸。我国杭州湾以北，除山东半岛、辽东半岛为山地丘陵海岸外，均为海岸线平直、海岸带宽平的平原海岸；杭州湾以南，主要为海岸线曲折、海蚀地形复杂的山地丘陵海岸。此外，北回归线以南部分海区还发育有红树林和珊瑚礁海岸。

（八）主要名山

中国是世界上最早将山岳作为风景资源开发及旅游观光的国家。名山泛指有较高知名度的山，一般是经过历史筛选淘汰、约定俗成，为社会所公认的山。名山有自然风光秀丽、生态环境优良、景物景观奇特、地方特色鲜明的特点，具有极强的文化、科学、经济价值，可供游人欣赏、游览。

1. 五岳

五岳是我国五大名山的总称，是以中原地区为中心，居于东、西、南、北、中方位的五座大山：东岳山东泰山、西岳陕西华山、中岳河南嵩山、北岳山西恒山、南岳湖南衡山，其海拔在我国名山中并非最高，但它们各有特点。清代学者魏源赞美衡山"恒山如行，岱山如坐，华山如立，嵩山如卧，惟南岳独如飞"。在我国众多的名山中，五岳是

历史最悠久的五座名山，五岳的神圣和显赫地位，关健是"岳"之名由帝王封赐，是古代帝王登基后举行盛大的封禅大礼之地。封禅是一项政治色彩很浓的祭祀活动，天子到"岳"之山顶筑台祭天为封，到"岳"之山麓祭地为禅。相传夏、商、周三代君王就有封禅活动，但秦始皇始有正式记载，秦始皇是我国第一个实行封禅大典的皇帝。

2. 宗教名山

宗教名山是带有宗教色彩的名山。佛教四大名山是山西五台山、四川峨眉山、浙江普陀山、安徽九华山，并被附会为文殊、普贤、观音、地藏四大菩萨的道场，宣扬文殊的大智、普贤的大行、观音的大悲、地藏的大愿，因为这四座名山香火最盛，故知名度最高。佛教其他名山还有浙江天台山、云南鸡足山、福建鼓山、辽宁千山等。道教名山主要有湖北武当山、四川青城山、江西龙虎山、安徽齐云山、山东崂山、江西三清山、甘肃崆峒山等。

3. 风景名山

风景名山以优美的自然风光、良好的生态环境、奇特的地貌造型、稀有的动植物资源，成为社会公认的佼佼者，具有极高的审美价值。著名的主要有安徽黄山、四川九寨沟、黄龙、湖南武陵源、台湾阿里山、江西庐山等。黄山位于安徽南部，兼有泰山之雄伟、华山之险峻、衡山之云雾、庐山之飞瀑、峨眉之奇秀。明代徐霞客评价"五岳归来不看山，黄山归来不看岳"。黄山素以云海、奇松、怪石、温泉四绝驰名中外。九寨沟位于四川阿坝州，景观以 3 个沟 118 个五颜六色的海子为代表，包括 5 滩 12 瀑与 9 寨 12 峰联合组成的高山河谷自然景观，周边雪峰林立、原始森林遍布，加之藏族的木楼、经幡等人文景观，被誉为"美丽的童话世界"。

4. 历史文化名山

历史文化名山是因文化景观或历史遗迹众多而形成的名山，具有历史价值、文化价值等。如有"革命摇篮"之誉的井冈山，名闻寰宇的八达岭，因开凿石窟而传名的洛阳龙门山、大同武周山、甘肃鸣沙山，因《黄鹤楼》一诗而传名的武汉蛇山等。

二、水体景观

水是自然环境形成和发展中最恬跃的因素之一。它的存在形式多样，是地球上唯一以三种聚合态——液态、固态、气态共存于自然界的物质，如液态的海洋水、河流水、湖泊水，水库水、地下水、泉水、瀑布，固态的冰川水、积雪，气态的云雾等。

（一）江河景观

我国河流沿着大兴安岭—阴山—贺兰山—祁连山（东端）—巴颜喀拉山—冈底斯山一线可分为内流水域和外流水域两类。我国外流水系的河流分别流向北冰洋、太平洋和印度洋。流入太平洋的外流河主要有黑龙江、辽河、淮河、黄河、长江、珠江，澜沧江；流入印度洋的外流河主要有怒江、雅鲁藏布江；流入北冰洋的外流河有额尔齐斯河。我国内流河主要分布在西北部，新疆南部的塔里木河，是我国最长的内流河。

1. 长江

长江正源沱沱河，发源于唐古拉山主峰各拉丹冬雪山西南侧，流经青海、西藏、云南、四川、重庆、湖北、湖南、江西、安徽、江苏和上海市，注入东海，全长 6300 多千米，是我国第一长河，世界第三长河。

长江以湖北宜昌和江西湖口为上中下游分界。上游雄险多峡谷，水力资源丰富；中游沃野千里，经济发达，沿江景色秀丽，古遗迹、古战场等文化景观丰富；下游特别是三角洲地区，天水一色，湖荡棋布，城镇毗连，是有名的水乡泽国、鱼米之乡。

长江三峡，西起重庆市奉节白帝城，东止于湖北宜昌南津关，全长 200 余千米，由瞿塘峡、巫峡、西陵峡三段峡谷和宽谷相间组成。三峡景区保留着众多的历史名胜古迹：白帝城、古栈道遗迹、巴人悬棺、屈原故里、昭君故里、黄陵庙、三游洞，以及其他楚汉文化、三国遗迹等。此外，太宁河小三峡、神农溪等支流景观，也幽奇深邃，另有一番姿色。

2. 黄河

黄河正源发源于巴颜喀拉山北麓，全长 5464 千米，流经青海、四川、甘肃、宁夏、内蒙古、山西、陕西、河南、山东九省区，注入渤海。

黄河曾哺育了高度发达的中华原始文化，被誉为中华民族的母亲河。历史上，黄河流域长期是中国的政治、经济和文化中心，因而保留了众多的古代文化遗存，包括古人类遗址遗迹、古都城遗址、帝都园林、帝王陵墓、宗教圣地等。

3. 珠江

珠江是岭南地区的长河，以西江为主源，全长 2129 千米。支流众多，水量充沛而平稳，河水含沙量少，景色雄险而清秀。漓江是其支流桂江的一段，由桂林到阳朔 83 千米的水程，酷似青罗带，流转于奇峰之间，构成著名的漓江山水。

4. 黑龙江

黑龙江为中俄界河，在我国境内长 2965 千米。其支流松花江穿过哈尔滨市区，为该市造就了冬夏两季不同的观赏景观，提供了旅游活动场所。

5. 富春江

富春江是钱塘江上游富阳至淳安一段的别称。水似碧玉带，山如青螺髻，清秀雅洁。沿江有鹳山、桐君山、严子陵钓台、谢翱墓等古迹。

6. 京杭大运河

京杭大运河是世界上里程最长、工程最大、最古老的运河之一，与长城并称为中

国古代的两项伟大工程。大运河北起北京（涿郡），南到杭州（余杭），途经北京、天津两市及河北、山东、江苏、浙江四省，贯通海河、黄河、淮河、长江、钱塘江五大水系，全长约 1794 千米，开凿到现在已有 2500 多年的历史，其部分河段依旧具有通航功能。

此外，浙江楠溪江、东北的鸭绿江、云南瑞丽大盈江、西藏山南地区的雅隆河等，都是国家级重点风景名胜区。

（二）湖泊景观

湖泊是地面上的洼地积水而成的比较宽广的水域。湖泊按其成因分类，可分为构造湖，如滇池、洱海、青海潮、贝加尔湖等；火山口湖，如长白山天池；冰川湖，如新疆阿尔泰山的喀纳斯湖；堰塞湖，如五大连池等。

此外，还有由河流自行裁弯取直后分割而成的河迹湖，浅水海湾被沙堤或沙嘴分开形成的海迹湖，以及风蚀作用和溶蚀作用形成的风蚀湖和岩溶湖等。

按湖水所含的盐度分类。可分为淡水湖、咸水湖和盐湖。

1. 鄱阳湖

鄱阳湖位于江西省北部，为我国第一大淡水湖。湖西北为避暑游览胜地——庐山。

2. 洞庭湖

洞庭湖位于湖南省北部，为我国第二大淡水湖。登岳阳市岳阳楼俯瞰洞庭湖，可饱览"衔远山，吞长江，浩浩荡荡，横无际涯，朝晖夕阴，气象万千"的湖光胜景。

3. 西湖

西湖位于杭州市西，自古就有"西湖十景"（平湖秋月、苏堤春晓、断桥残雪、雷峰夕照、南屏晚钟、曲院风荷、花港观鱼、柳浪闻莺、三潭印月、双峰插云）和"钱塘十景"，步移景换，美不胜收，有"人间天堂"之美誉。

4. 太湖

太湖位于江苏无锡，风景名胜有鼋头渚，状如鼋头，是观赏太湖风光的佳地；蠡园，是以水饰景的名园；梅园，以清淡古雅为特色。新建的"三国城"、"水浒城"、"唐城"等为太湖增加了新的景观。

5. 滇池、洱海

滇池位于昆明市西南，南北狭长，面积约 300 平方千米，为高原断层湖。洱海，位于云南大理苍山东麓，状似人耳，故名。洱海中有三岛、四洲、五湖、九曲之景，山湖相映，素有"银苍玉洱"之誉。洱海观月是大理四景之一。

6. 千岛湖

千岛湖位于浙江省西北。原为钱塘江支流新安江，建立水库后成为湖泊风景区。

湖中有1078个岛屿，江水四季澄碧，绿荫苍翠，森林覆盖率达82%以上，岛上还放养猕猴、蛇、鸟等。

7. 日月潭

日月潭为台湾省阿里山和玉山之间的断裂盆地积水而成的天然湖。环湖重峦叠嶂，郁郁葱葱。湖面水平如镜，湖水湛蓝。潭中一小岛——光华岛将湖分为南北两部分，北半湖如日轮，南半湖似上弦月，故得此名。

8. 青海湖

青海湖（如图3-4所示）是我国第一大咸水湖，位于青藏高原西宁市西100千米处。湖面海拔3196米，湖西北鸟岛面积仅0.11平方千米，每年夏季有10多万只斑头雁、棕头鸥等候鸟栖息，到处是鸟巢、鸟蛋，鸟鸣鼎沸，声扬数里，形成一个鸟的王国，是我国重要的鸟类自然保护区。

图3-4 青海湖

此外，我国的湖泊风景区还有扬州瘦西湖，南京玄武湖、莫愁湖，济南大明湖，武汉东湖以及黑龙江镜泊湖等。

（三）泉景观

地下水的天然露头称为泉。一般按其化学成分、水的温度、水的渗透压、酸碱度以及理疗作用等进行分类。

1. 冷泉

历史上曾将镇江中冷泉、北京玉泉、济南趵突泉、江西庐山谷帘泉命名为天下第

一泉。此外，镇江金山泉、无锡惠山泉、杭州虎跑泉等，也均在名泉之列。济南号称有 72 泉，被誉为"泉城"。

2. 温泉

温度高于当地年平均气温的泉称为温泉，低于此温度的泉则称为冷泉。根据我国气候条件，习惯上可把南方水温达 25℃、北方水温达 20℃以上的泉水称为温泉。

我国的温泉资源十分丰富，最密集的地区属西藏、云南、广东、福建和台湾。西藏温泉数量居全国之冠，多达 630 余处；云南居第二，有温泉 480 多处；广东居第三位，有温泉 230 余处。台湾有温泉 100 余处，但以密度而论，应占第一。福州市区温泉群占地 5000 平方米，为市区面积的 1/7，是有名的温泉城。

3. 矿泉

矿泉是含有一定数量的特殊化学成分、有机物或气体，或具有较高水温，能影响人体生理作用的泉水。五大连池药泉，以其独特的理疗效用成为我国著名的矿泉理疗康复旅游区。

4. 观赏泉

观赏泉是景观奇特、具有观赏价值的泉。如云南大理蝴蝶泉。此外，杭州珍珠泉、济南珍珠泉、广西桂平乳泉、甘肃宕昌潮水泉、四川广元羞泉以及西藏的水热爆炸泉等，都是著名的观赏泉。

5. 间歇泉

间歇泉是一种定期或小定期喷发的泉水，都为高温泉。我国的间歇泉以西藏拉萨附近的羊八井地热田最为著名。

（四）瀑布景观

从河床陡坡或悬崖处倾泻而下的水流称瀑布。它是自然山水结合的产物，由溪流、跌水和深潭组成，具有形、声以及动态的景观特点。瀑布的大小、气势，主要取决于地势落差和水量。

1. 黄果树瀑布

黄果树瀑布位于贵州省镇宁布依族、苗族自治县的打帮河支流白水河上，又称"白水河瀑布"。落差 67 米，瀑布宽达 60 余米，是我国第一大瀑布，也是我国风景最优美的瀑布。

2. 黄河壶口瀑布

壶口瀑布是黄河上最大的瀑布，位于山西吉县以西。这里两岸山势陡峭，黄河在此切穿吕梁山，河床由 300 米宽骤然收缩为 50 米左右，形成巨大的壶口瀑布，故有"天下黄河一壶收"之说。

3. 吊水楼瀑布

吊水楼瀑布位于黑龙江省宁安县南部群山之中。火山溶岩阻塞牡丹江上游河床形成镜泊湖，湖水沿着断裂倾泻而下，形成落差约 20 米的瀑布。每到寒冬，东北长白山区成为林海雪原，瀑布也由水瀑凝成冰帘，别有一番景色。

4. 德天跨国瀑布

德天瀑布位于广西大新县归春河上游，距中越边境 53 号界碑约 50 米。主体瀑布宽 100 米，纵深 60 米，落差 70 米，与越南的板约瀑布连为一体，瀑布总宽 208 米，是东南亚最大的天然瀑布，也是世界第二大跨国瀑布。

此外，许多风景名山都有瀑布风景点。如雁荡山大龙湫瀑布，云南大叠水瀑布，黄山人字瀑、九龙瀑和百丈瀑；庐山有大小瀑布几十处，著名的有三叠泉瀑、香炉峰瀑布等；蛟龙瀑布是台湾最大的瀑布，瀑高 1000 米，远眺如玉柱擎天。

（五）海域景观

我国大陆海岸线北起鸭绿江口，南至北仑河口。全长 18000 千米，海域面积约为 300 万平方千米，沿海岛屿 6500 个。纵跨温带、亚热带、热带三个温度带，拥有丰富的海域旅游资源和景观。

1. 海域景观分类

海域景观大致可以分为海岸景观、海底风光与海潮景观。

（1）海岸景观。海岸是指现代海岸线以上的狭窄的陆上地带，按其形成及成因分为山地海岸、平原海岸及生物海岸三类。

①山地海岸。山地海岸是海水淹没基岩山地而形成的。这些由岩石组成的海岸在海浪与潮汐的侵蚀和堆积作用下，形成种种海蚀和海积风景。浙江普陀山的梵音洞和潮音洞是有名的海蚀穴，海南岛的南天一柱、广州东南郊外的七星岗保留了完整的古海蚀平台、海蚀崖、海蚀穴等海洋侵蚀遗迹。

②平原海岸。平原海岸是在河流、海流和波浪等动力作用下，由泥沙堆积而成的海岸。如上海崇明东海岸滩涂。

③生物海岸。在热带和亚热带地区有许多由珊瑚和红树林组成的海岸，叫生物海岸。我国的海南岛和雷州半岛沿岸、澎湖列岛和南海诸岛均有丰富的珊瑚礁旅游资源；我国海南岛文昌、三亚、雷州半岛、闽南和珠江口以及广西的北海、钦州市都有红树林分布。

（2）海底风光。潜水旅游就是在海岛上设立潜水中心，旅游者在潜水督导员的指引下，潜到水下去观赏鱼类、珊瑚等海生动物，或游览和考察海底地貌（海底山岭、海沟、陡坡、洞穴等），或去探寻水下的古迹沉船，还可以在游览中进行水下狩猎、摄

影和打捞活动。我国主要潜水基地在湛江和海南岛。

（3）海潮景观。地球在自转和公转中受月、日引力作用，引发海水每天反复涨退，白天涨水为潮，夜晚涨水为汐。我国古代就已将海滨观潮作为一种旅游资源，最著名的为浙江钱塘江观潮。

2. 我国著名的海洋和海滨风景区

（1）北戴河海滨风景区。位于河北省秦皇岛市，沙软潮平，背靠树木葱郁的联峰山，面临渤海，自然环境优美。北戴河海滩沙质比较好，坡度也比较平缓，是一个优良的天然海水浴场。

（2）大连旅顺海滨风景区。大连位于辽东半岛南端，是个港口城市，海岸线长 30 千米，山水相连，礁石错落，景观甚多。海滩坡度小，潮差不大，夏季水温 20℃以上，是优良的天然海滨浴场。旅顺地势险要，保留了许多战争遗迹。

（3）青岛海滨风景区。青岛海滨风景区位于青岛市区南部沿海一线，东西长约 25 千米，南北宽约 3 千米。主要风景点有栈桥、鲁迅公园、小青岛、小鱼山、百花苑、汇泉广场、五四广场、音乐广场、燕儿岛公园、第一、第二、第三、六海水浴场及海滨观光大道——东海路、香港路等。

（4）海南三亚海滨风景区。位于海南省三亚市，总面积约 212 平方千米，由海棠湾、亚龙湾度假区、大东海度假区、天涯海角游览区、落笔洞旅游区、大小洞天旅游区等景区组成。1994 年被定为国家重点风景名胜区。

（5）厦门海滨风景区。由厦门和鼓浪屿等组成。兼有山、海、岛之美。厦门岛丘陵起伏，五峰并列，高耸天际，构成“五老凌霄”胜景。南麓的南普陀寺是驰名中外的千年古刹。鼓浪屿位于厦门岛西南隅，与厦门市隔海相望，与厦门岛只隔一条宽 600 米的鹭江，面积 1.87 平方千米，为厦门市辖区。岛上海岸线蜿蜒曲折，坡缓沙细的天然海滨浴场环布四周，主要景点有日光岩、菽庄花园、皓月园、毓园等。最高峰日光岩是厦门的象征，岛上鸟语花香，空气清新。

（6）钱塘江观潮风景区。钱塘江大潮是天体引力和地球自转的离心作用，加上杭州湾喇叭口的特殊地形所造成的特大涌潮。每年农历八月十八，钱塘江涌潮最大，潮头可达数米。海潮来时，声如雷鸣，排山倒海，犹如万马奔腾，蔚为壮观，如图 3-5 所示。观潮始于汉魏（1 世纪至 6 世纪），盛于唐宋（7 世纪至 13 世纪），历经 2000 余年。

图 3-5　钱塘江大潮

距杭州 50 千米的海宁盐官镇是最佳观潮处。

（7）北海银滩风景区。北海银滩被誉为"中国第一滩"，有"南方北戴河"、"东方夏威夷"之美称，具有滩长平、沙细白、水温净、浪柔软的特点。

此外，山东胶东半岛的蓬莱、烟台海滨、江苏连云港海滨、浙江普陀岛、福建东山风洞石、深圳海上乐园、珠海海滨公园、汕头等海滨风光，都有很强的旅游吸引力。

三、生物旅游景观

生物资源中，具有旅游利用价值，能吸引游客为旅游业所利用，并产生经济、社会效益的部分，称为生物旅游景观。

（一）植物群落及其中的动物

1. 森林群落

中国有世界植物基因库之称。我国地理纬度南北跨度大，森林群落的水平地带类型丰富，几乎具有北半球全部森林类型。我国又受世界最大的两个季风系统，即东亚季风和南亚季风影响，因此森林群落垂直地带类型十分丰富，是世界山地垂直自然带最齐全、最完整的地方。

根据森林类型，全国林地分为寒温带针叶林带、温带针阔叶混交林带、暖温带落叶阔叶林带、北部亚热带常绿落叶阔叶混交林带、中部和南部亚热带常绿落叶阔叶林带、热带季雨林和雨林带、青藏高原东部针叶林带以及甘新山地针叶林带。

2. 草原群落

草原是内陆半干旱半湿润气候条件下所特有的一种自然生态系统类型。世界上的草原可分为温带草原与热带草原两大类。典型的热带草原群落及动物群在非洲，而典型的温带草原群落及动物群在中国。

我国内蒙古草原由东向西，随着降水的减少，先后出现草甸草原、典型草原（又称真草原、干草原）和荒漠草原三种不同类型。草甸草原处于草原向森林过渡地段，是草原群落中喜湿润类型，草原植被茂盛，是湖沼鲜花与牛马羊群的组合景观；典型草原为典型半干旱大陆性气候，旱生丛生禾草占绝对优势，为天然放牧牧场，是一望无际的低草鲜花与羊群的组合景观；荒漠草原是草原最干旱地区，植被低矮稀疏，也是良好牧场。

3. 湿地群落

湿地是许多野生生物的栖息地和滋生地，对于保护生物多样性，特别是禽类的生息和迁徙有重要作用，也是观鸟的最佳地。湿地群落主要以芦苇、菖蒲、荷花等植物为代表。

中国是世界湿地资源最丰富的国家之一。全国湿地总面积为3848.55万公顷（不含稻田湿地），其中自然湿地3620.05万公顷，占国土面积的3.77%。

（二）植物景观

植物具有美、特、稀、韵的特征，使之成为自然界最有吸引力的旅游资源之一。有的植物有较高美学观赏价值，故成为观赏植物；有的植物因世界上极其稀少，成为珍稀植物；有的植物是人们的某一精神的象征，因此称为风韵植物。

1. 珍稀植物及古树名木

（1）珍稀植物。珍稀植物是指原生地天然生长的珍贵植物，及原生地天然生长并具有重要经济、科学研究、文化价值的濒危和稀有植物。国务院1999年8月批准的《国家重点保护野生植物名录（第一批）》中，国家一级保护野生植物有珙桐、水杉、银杉、银杏、望天树等51种，国家二级保护野生植物有鹅掌楸、桫椤等203种。珙桐有中国鸽子树之称，是第三纪孑遗树种；银杉是中国特有孑遗树种，被誉为植物界的"大熊猫"；桫椤又名树蕨，是蕨类之冠，中生代曾广布地球；望天树是热带雨林巨树，对研究我国热带植物区系有重要意义。我国珍稀树种水杉、银杏、鹅掌楸被列为世界三大"活化石"植物。

（2）古树名木。古树是指树龄在100年以上的树木，名木是指国内外稀有的以及具有历史价值和纪念意义及重要科研价值的树木。

古树分为一级和二级。凡树龄在300年以上的称为一级古树；其余为二级古树。

一级古树由省、自治区、直辖市人民政府确认，报国务院建设行政主管部门备案；二级古树由城市人民政府确认，直辖市以外的城市报省、自治区建设行政主管部门备案。

著名的古树名木有北京天坛九龙柏、潭柘寺古银杏、戒台寺五大古松、黄帝陵轩辕柏、泰山五大夫松、孔庙孔子桧等。曲阜孔林是我国最大的古树园，北京是我国古树名木最多的城市。

2. 风韵植物

(1) 风韵植物，指植物的意境和寓意。许多花草树木都寓有一定的含义和意境，如茫茫的大草原使人胸怀开阔，林中小径和竹林使人有超凡脱俗之感。风韵植物有叶之风韵、花之风韵、果之风韵、树之风韵。叶之风韵有松、柏寓坚贞，松、竹寓高洁等；花之风韵有白菊寓真实、紫丁香寓初恋、百合花寓纯洁等；果之风韵有红豆寓思慕、桃李寓门生等；树之风韵有柳寓依恋等。植物组合之风韵有园中三杰的玫瑰、蔷薇、月季，花草四雅的兰草、菊花、水仙、菖蒲等。

(2) 国花与市花。花是人类最好的朋友，具有直观美和潜在美。花以特有的风韵吸引人们并赋予深刻的寓意，使花成为人格化的自然。由于对花的崇拜，各国人民把当地特别著名的花尊为国花和市花，作为国家和地方的荣誉象征。不同国家和民族对国花和市花选择不尽相同，但一般多为约定俗成，有的以法律形式确定。

根据 1994 年全国人大八届二次会议"关于尽快评定我国国花的建议"议案，1994年 9 月 2 日中国花协在人民大会堂召开新闻发布会，宣布在全国开展评选国花活动，全国国花评选领导小组一致同意牡丹为我国国花，兰花（春）、荷花（夏）、菊花（秋）、梅花（冬）为中国四季名花。

（三）国家保护动物

我国将大熊猫、金丝猴、长臂猿、白唇鹿、丹顶鹤、褐马鸡、牛羚、高鼻羚、野骆驼、亚洲象、绿孔雀、朱鹮、白鳍豚、扬子鳄、大鲵等古老或稀有动物划定为国家一类或二类保护动物。

四、气候和天象景观

（一）气候景观

气候，是指一定地区多年天气状况的综合。影响气候的因素复杂，同时，又通过一地的水体、土壤、生物等因素，形成不同的类型。我国各地气候状况差别很大，气候类型多种多样，这种气候的地域分异现象是引发旅游者出游动机的自然基础。

康乐气候，是指人体感觉舒适的气候条件，一般指气温在 10℃～22℃。气候学上

用候均温来划分四季：候均温低于 10℃ 为冬季；高于 22℃ 为夏季；10℃～22℃ 为春、秋季，是旅游的黄金季节。山地气温随高度上升而递减，而且空气中含有大量的负氧离子，具有疗养、避暑的康乐气候环境。

我国东北地区，冬季漫长而严寒，是观赏冰雪、开展冰上活动的旅游地。闽粤南部、海南岛、台湾以及南海诸岛等地，长夏无冬，春秋相连，终年适于游览。四季分明的中部地区，春秋最适于旅游活动。内陆干旱地区，秋季是旅游的最佳季节。

（二）天气景观

1. 云海景观

云雾是大气中一种水汽凝结景象。当气温下降时，空气中所含的水蒸气凝结成小水滴，浮在靠近地面的空气中称为雾。云雾在名山胜景中极为奇妙，它与山景相映成趣，使群山富于生命，使游人心潮起伏。我国长江流域四大云海是黄山云海、庐山云海、峨眉云海、衡山云海。

2. 雾凇、雨凇景观

雾凇俗称树挂，是雾气在低于 0℃ 时，附着在物体上而直接凝华生成的白色絮状凝结物。它集聚包裹在附着物外围，漫挂于树枝、树丛等景物上。我国雾凇出现最多的是吉林省吉林市。江城树挂是吉林胜景，也是中国的四大自然奇观之一。

雨凇是在低温条件下，小雨滴附着于景物之上冻结的半透明、透明的冰层与冰块。我国峨眉山雨凇最多，庐山雨凇誉称"玻璃世界"。其他还有衡山、九华山等。

3. 冰雪景观

冰雪是高寒地区或寒冷季节才能见到的气象景观。我国江南在冬季寒潮来临之际才可能降雪，断桥残雪是西湖胜景之一。降雪往往使大自然形成银装素裹的冰雪世界，如果配以高山、森林等自然景观，可构成奇异的冰雪风光，如东北"林海雪原"、关中"太白积雪"、长沙"江天暮雪"等。冰雪运动有"白色旅游"之称。素有"冰城"之称的哈尔滨和齐齐哈尔，每年冰雪节都举行大型冰雕、冰灯的展出活动。冰雪艺术景观，是人类用冰雪雕塑成各种造型的景观。世界三大冰雪艺术景观是加拿大魁北克雪雕、日本札幌冰雪雕和我国哈尔滨冰雪雕。

4. 烟雨景观

烟雨俗称毛毛雨，是指从层积云和层云中降落的大量小雨滴或极小雪花组成的降水，降水强度小于 0.25 毫米/小时。降雨极为平常，但在特定地理环境和人们的心境下，观赏和品味降雨过程，也有无穷韵味。我国著名雨景有江南烟雨、巴山夜雨等。江南烟雨是指东南沿海和四川盆地秋季降落的丝丝细雨，呈细雨霏霏、烟雾缭绕景观。巴山夜雨是指川陕交界大巴山地的山间谷地，气温高、湿度大，谷地中湿热空气不易扩散，夜间降温后出现的皓月当空、细雨蒙蒙的景观。

5. 佛光景观

佛光是在光线衍射作用下产生的一种特殊自然景观。佛光一般出现于中、低纬度地区及高山茫茫云海之中，阳光在斜射条件下，由云滴雾珠发生的衍射分光现象。水汽丰富的高峻山地，半山腰漫布白茫茫的云海，人站在山上，若光线从背后射来，由于光线衍射作用，会在前面云幕上出现人影或头影，人影外围绕彩色光环，似佛像头上的光圈，故称佛光。

峨眉山佛光出现次数最多，因峨眉山多云雾，且湿度大、风速小，故峨眉山佛光最精彩，有"峨眉宝光"、"金顶祥光"之誉。著名佛光景观地还有庐山、泰山、黄山、五台山等。

6. 蜃景景观

蜃景也称海市或海市蜃楼，意为海底神仙住所，蜃为蛟龙之属，能吐气为楼，故称海市蜃楼。蜃景成因是由于气温在垂直方向剧烈变化，使空气密度在垂向上出现显著差异，从而产生光线折射和全反射现象，导致远处景物在眼前呈现出奇幻景观，一般出现在海滨与沙漠地区。山东蓬莱蜃景出现次数最多，其他观景地有浙江普陀山、连云港海州湾、北戴河联峰山、庐山五老峰、塔克拉玛干沙漠等。

（三）天象景观

1. 日出、日落景观

著名观景地有泰山日观峰、黄山翠屏楼、庐山汉阳峰、峨眉山金顶、北戴河鹰角亭等。日出、日落均有霞景相伴，霞景有朝霞和晚霞。霞是指太阳斜射天空中，由于空气层的散射作用，使天空的云层呈现出赤、橙、黄、绿、青、蓝、紫的自然景象。霞和霞光常与水汽、云雾相伴随，可形成霞海奇观。"夕阳无限好"也是美好享受，如西湖"雷峰夕照"、泰山"晚霞夕照"、庐山天池亭是夕阳景观最佳观赏之地。

2. 月色景观

在我国诗词歌赋中，对月亮的描写不胜枚举，无论中秋圆月，还是弯弯残月，文人雅士都赋予它生命。如西湖十景中的"平湖秋月"、"三潭印月"，岳阳的"洞庭秋月"，避暑山庄的"梨花伴月"，无锡的"二泉映月"，都以月亮为主题，除让游人欣赏月色迷人的自然美景外，还反映造园者寄情山水日月之情，故有"人有悲欢离合，月有阴晴圆缺"的名句。"千里共婵娟"寓意团圆之意，"月到中秋分外明"已成为海内外华人中秋赏月的传统习俗。

3. 极光景观

极光是太阳发出的高速带电微粒子流，受地球磁场影响，从高纬度进入地球高空

稀薄大气层时，使高层空气分子或原子被激发而造成的发光现象，多呈带状、弧形等。北半球在距地磁极 22°～27°处有一极光带，是吸引游客的主要景观之一。我国在黑龙江漠河和新疆阿尔泰，每年也能看到极光。

4. 日食、月食

日食和月食都是罕见的天象奇观，引起了人们普遍的关注。日食是月球遮掩太阳的一种天象。只有朔日，地球才可能位于月球的背日方向，因之日食只发生于朔。1996 年 5 月黑龙江一带发生的日环食，吸引了成千上万的天文爱好者及旅客。月食是地球遮掩太阳后，月球因没有可被反射的阳光而失去光明的一种天象。只有望日，月球才可能位于地球的背日方向，因之月食只发生于望。

第三节　中国人文旅游景观

人文景观是自人类出现之日起，由人类活动所产生，经过开发达到引起旅游者兴趣和滞留目的的一切景物。人文景观概念的内涵和外延比文化景观概念要宽泛，文化景观是人类的文化留在地球表面的印记。如街头的艺术表演是人文景观而不是文化景观。

人文景观包括的范围很广，类型多样，可分为历史文物古迹、古代与现代建筑、宗教建筑及遗存、文化艺术等。它们具有很强的历史性、时代性、民族风格和地方特色。

北京周口店猿人遗址，都江堰风景名胜区，北京故宫，北京八达岭长城，曲阜孔庙、孔府、孔林，平遥古城，丽江古城，凤凰古城，福建土楼，敦煌莫高窟，大同云岗石窟，洛阳龙门石窟，天水麦积山石窟，江南水乡乌镇、周庄、同里，湖北黄鹤楼，湖南岳阳楼，江西滕王阁、清东陵等均是典型的人文景观。截至 2006 年，全国重点文物保护单位已达 2351 处，这是历史遗存的精华，是中华民族的宝贵财富，也是人类的共同财富。

人文景观的历史文化价值，可以使游人汲取教益，丰富文化生活，提高文化素养。人文景观在陶冶人的情操和精神文明建设中起到了积极作用。

第四节　中国世界遗产

世界文化遗产和自然遗产是人类祖先和大自然的杰作，有效保护世界文化遗产和自然遗产，就是保护人类文明和人类赖以生存的环境。

一、世界遗产概述

(一) 世界遗产公约产生

第二次世界大战以后，世界范围的工业化，使人类遗产越来越受到破坏和威胁，一方面因年久腐变所致，同时变化中的社会和经济条件使情况恶化，造成更加难以恢复的损害或破坏现象。伴随着现代化的发展，原始自然景观、传统文化景观迅速消亡，自然和文化遗产保护需大量现代科技、资金及法律文件的制约。为确定、保护和恢复全人类的共同遗产，1972 年 11 月在巴黎召开了联合国科教文组织第十七届大会，通过了《保护世界文化和自然遗产公约》（简称《世界遗产公约》），同时决定建立《世界文化与自然遗产名录》（简称《世界遗产名录》）。1976 年为落实《世界遗产公约》一系列规定，联合国科教文组织成立了"世界遗产委员会"。

《世界遗产公约》的宗旨，是依照现代科学方法，建立一个永久性的有效制度，共同保护具有杰出和普遍价值的文化和自然遗产。凡被通过加入《世界遗产公约》的缔约国，其国家级文化和自然遗产均可申请列入《世界遗产名录》，一经列入，则在充分尊重遗产所在国主权的前提下承认这些遗产是世界遗产的一部分，成为全人类的共同遗产并得到保护。第一批世界遗产 1978 年公布，截至 2011 年 6 月，《世界遗产名录》收录的全球世界遗产总数已增至 936 项，全球共有 725 项世界文化遗产（含文化景观遗产），183 项自然遗产，28 项文化与自然双遗产。

(二) 世界遗产标志

世界遗产标志（如图 3-6 所示），蕴涵着世界文化和自然遗产及两种遗产之间的相互关系。标志中央的正方形状代表人类创造；正方形的外部圆圈代表大自然；方形与圆形相互连通，表示人类与自然相互依存关系。标志呈圆形整体，既象征世界，也象征人类对世界遗产的保护。保护世界遗产免受损害，是世界遗产标志的精髓。

图3-6　世界遗产标志

二、世界遗产分类

世界遗产共分为两大类，即物质遗产和人类口述与非物质遗产。物质遗产又可分为世界文化遗产、世界自然遗产、世界文化与自然双重遗产、世界文化景观遗产四种类型。

（一）世界文化遗产

文物指从历史、艺术或科学的角度看，具有突出普遍价值的建筑物、雕刻和绘画，具有考古意义的成分和结构、铭文、洞穴及各类文物组合体；建筑群指从历史、艺术或科学角度看，在建筑形式、同一性及景观中的地位，具有突出普遍价值的独立或相互联系的建筑群；遗址指从历史、美学、人种学或人类学角度看，具有显著普遍价值的人造工程或人与自然的共同杰作，及考古遗址地带。

（二）世界自然遗产

从美学或科学的角度看，具有突出普遍价值的由地质和生物结构，或这类结构群组成的自然面貌；从科学或保护的角度看，具有突出普遍价值的地质和自然地理结构，及明确划为濒危动物和植物生境区；从科学、保护或自然美的角度看，具有突出普遍价值的天然名胜或明确划定的自然区域。

（三）世界文化和自然遗产双重遗产

同时具备世界文化遗产及自然遗产的定义。

(四) 世界文化景观遗产

1972 年《世界遗产公约》只确定了文化遗产、自然遗产、文化和自然遗产双重遗产三种类型。1992 年 12 月在美国圣菲召开联合国科教文组织"世界遗产委员会"会议，决定增加文化景观进入《世界遗产名录》，它主要反映自然与人类的和谐，比前三类更强调可持续发展理念，主要包括人类有意设计和建筑的景观、有机进化的景观、关联性的文化景观，以表达人和自然相互作用产生的共同作品。

 小知识

世界遗产申报的十项标准

(1) 表现人类创造力的经典之作。

(2) 在某期间或某种文化圈里对建筑、技术、纪念性艺术、城镇规划、景观设计之发展有巨大影响，促进人类价值的交流。

(3) 呈现有关现存或者已经消失的文化传统、文明的独特或稀有之证据。

(4) 关于呈现人类历史重要阶段的建筑类型，或者建筑及技术的组合，或者景观上的卓越典范。

(5) 代表某一个或数个文化的人类传统聚落或土地使用，提供出色的典范——特别是因为难以抗拒的历史潮流而处于消灭危机的场合。

(6) 具有显著普遍价值的事件、活的传统、理念、信仰、艺术及文学作品，有直接或实质的联结（世界遗产委员会认为该基准应最好与其他基准共同使用）。

(7) 包含出色的自然美景与美学重要性的自然现象或地区。

(8) 代表生命进化的记录、重要且持续的地质发展过程、具有意义的地形学或地文学特色等的地球历史主要发展阶段的显著例子。

(9) 在陆上、淡水、沿海及海洋生态系统及动植物群的演化与发展上，代表持续进行中的生态学及生物学过程的显著例子。

(10) 拥有最重要及显著的多元性生物自然生态栖息地，包含从保育或科学的角度来看，符合普世价值的濒临绝种动物种。

三、中国的世界遗产

(一)《世界遗产名录》

1985 年全国人大常务委员会批准我国加入《世界遗产公约》缔约国，1991 年当选为《世界遗产委员会》委员组成国，1992 年当选为《世界遗产委员会》副主席。截止到 2011 年 6 月，中国被批准列入《世界遗产名录》的世界遗产项目已达 41 项（如图 3-7 所示），其中文化遗产 26 项，自然遗产 8 项，文化和自然双重遗产 4 项，文化景观遗产 3 项，世界遗产总量位居世界第三，仅次于意大利（47 项）和西班牙（43 项）。

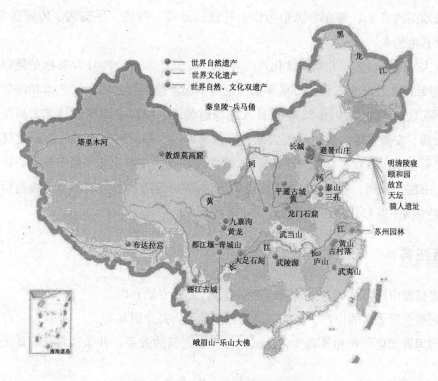

图 3-7　中国世界遗产分布

我国世界遗产项目总体特征是：世界遗产数目居世界第三位，仅次于西班牙和意大利；在全世界是唯一拥有世界遗产全部类别的国家，拥有双重遗产项目数量在全世界最多；文化遗产项目时间跨度上下几十万年；遗产项目空间分布东密西疏；自然与人文融为一体；北京是全世界遗产数目最多的城市。

(二)《人类口头与非物质文化遗产名录》

联合国科教文组织认为，非物质遗产保护比物质遗产保护更严峻，许多传统和民间文化面临严重威胁，甚至濒临消亡。联合国教科文组织1989年第二十五届大会通过了《保护民间创作建议案》，2003年10月17日在第三十二届大会通过了《保护非物质文化遗产国际公约》，产生了世界遗产的一个新类别，即人类口头与非物质文化遗产（简称非物质文化遗产，又称无形遗产），是相对于有形遗产（物质遗产）而划分的。

非物质文化遗产是指传统民间文化，它来自某一文化社区的全部创作，其创作以传统为依据，由某一群体或一些个体所表达，并符合社区期望，作为社区文化和特性的表达形式、准则和价值，通过模仿或其他方式可口头传承。形式包括各种语言、口头文学、民族民间音乐、舞蹈、风俗习惯、礼仪、游戏、神话、手工艺、传统医学、建筑艺术及其他艺术。

我国列入《人类口头与非物质文化遗产名录》有27个项目：2001年首批是昆曲艺术；2003年第二批是古琴艺术；2005年第三批是中国新疆维吾尔木卡姆艺术和内蒙古蒙古族长调民歌；2009年中国22个项目入选非遗名录，中国蚕桑丝织技艺、福建南音、南京云锦、安徽宣纸、贵州侗族大歌、广东粤剧、《格萨尔》史诗、浙江龙泉青瓷、青海热贡艺术、藏戏、新疆《玛纳斯》、蒙古族呼麦、甘肃花儿、西安鼓乐、朝鲜族农乐舞、书法、篆刻、剪纸、雕版印刷、传统木结构营造技艺、端午节、妈祖信俗等；2010年中国中医和针灸两个项目入选非遗名录。

课后任务 ▶▶▶

1. 收集整理中国自然、人文景观的典型代表，进行专题介绍。

2. 试列举中国著名的山岳、江河、湖泊自然景观，并介绍其特点。

3. 如何理解文化景观和景观文化，试区分二者之间的关系，并谈谈自己对此的认识和见解。

4. 参观当地具有代表性的自然、人文景观，分析其景观特点及审美方式。

5. 分组收集中国世界遗产资料制作PPT，分组进行介绍。

6. 思考：如何更好地保护和开发我国的世界遗产？

7. 收集相关资料并结合实地考察，对当地的自然旅游资源进行归类整理，并尝试撰写当地旅游资源调查报告。

第四章 天人合一——中国园林文化

知识目标

● 了解中国古代园林的发展历史。

● 掌握我国古代园林不同类型及其特色。

● 熟悉中国古典园林的造景手法及构成要素。

● 了解中国古代园林的文化内涵。

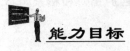

能力目标

● 能够收集中国皇家及私家园林的相关资料，进行园林专题介绍。

● 能够运用中国古典园林的相关知识，进行导游词的创作。

中国古典园林艺术是人类文明的重要遗产。它历史悠久，文化含量丰富，个性特征鲜明，而又多采多姿，极具艺术魅力，为世界三大园林体系之最，其造园手法已被西方国家所推崇和摹仿。中国的造园艺术，以追求自然精神境界为最终和最高目的，从而达到"虽由人作，宛自天开"的审美旨趣。它深浸着中国文化的内蕴，是中国五千年文化史造就的宝贵艺术财富，也是我们今天需要继承与发展的瑰丽事业。

第一节 中国古代园林发展概述

一、中国园林发展历史

（一）园林萌芽

我国古代园林建造历史可上溯到 3000 多年前的商周时期。最早的园林萌芽形式称

囿，指在圈定的范围内，利用原地形地貌，加少许台式建筑，供帝王游猎和畜养禽兽的地方。

（二）园林的初始

秦汉时，出现以宫室建筑为中心的宫苑。秦始皇建兰池宫，并在池中筑蓬莱山。汉武帝在建章宫的太液池中建蓬莱、方丈、瀛洲三岛，首开"一池三山"模式之先河，大量修建宫观亭台楼阁，集居住、娱乐等功能于一体。但园中仍圈养动物，尚未脱离狩猎等功能。

（三）园林艺术的形成

魏晋南北朝时期社会动荡，佛教传入，老庄哲学流行，文人崇尚清谈，玄学之风盛行。在此影响下，文人雅士寄情山水成为风尚，对自然美的欣赏促使我国园林开始转向崇尚自然，开创了我国园林的艺术风格，初步确立了再现自然山水的基本原则，称"写实山水园"，为我国山水园林奠定了基础。这一时期除皇家园林（集中于洛阳、南京，如洛阳北魏华林园等）之外，还出现一批寺庙园林（江西庐山）和私家园林（西晋石崇金谷园）。

（四）园林艺术的成熟

隋唐五代时期，文人参与造园和文人园林的涌现，把造园艺术与山水诗、山水画相联系，创造出诗情画意的写意山水园。园林艺术快速发展，趋于成熟，皇家园林极为兴盛，私家园林也日趋繁荣，如隋东京洛阳西苑、唐长安曲江池芙蓉园等皇家园林，以及辋川别业等私家园林。

（五）园林艺术的高峰

两宋辽金时期，继隋唐五代之后，中国首次进入造园的高峰时期。由于私家园林大量修建，文人及画家自建或参加造园，将诗画融入造园之中。在园林布局与造景之中，伴随文学和绘画艺术的发展，对自然美认识深化，特别是山水画理论著作的出现，对造园艺术产生了深远的影响。

北宋文风很盛，园林艺术有较大的发展，主要集中在东京开封、西京洛阳两地。开封有艮岳、金明池、琼林苑等，洛阳有百余座名园。

南宋南迁，将园林文化南移。南宋造园之风盛于临安（杭州）、吴兴和苏州。南宋临安继续开发西湖，扬州、苏州、吴兴私家园林兴盛，广东岭南园林开始出现。

北方辽代开发了陪都南京城东北的广寒宫（今北海）等园林。金代定都中都城以

后，将开封艮岳太湖石北运，扩建辽广寒宫。在西山玉泉山一带开发园林，建大觉寺、金山寺等，使"西山晴雪"成为"燕京八景"之一。

（六）园林艺术的鼎盛

明清园林艺术进入精深发展的鼎盛阶段，在设计和建造上均达到了前所未有的最高峰。由于文人与画家积极投身造园活动，各种造园论著及专职匠师相继出现。明末计成的《园冶》是我国的造园名著，造园手法仍是近现代园林艺术家所遵循的主要原则。明清形成了以北京为中心的北方园林、以苏州为中心的江南园林、以珠江三角洲为中心的岭南园林等不同风格，造园手法已达"意境高超、笔法简练"的高度。

明代在北京建西苑（中海、南海、北海）等皇家园林，以及天坛、地坛、日坛、月坛、太庙等坛庙园林，海淀一带还大量涌现私家园林。随着经济的发展，江南园林十分兴旺，尤以扬州为最，岭南园林日趋成熟，设计理论、建造等都达精深水平。明末苏州园林大兴。

清代康熙开始拓建河北承德避暑山庄和北京海淀一带的三山五园。又由于康熙、乾隆巡视江南，促江南园林艺术手法向北传播。保留至今的大量古园林佳作为清代作品。明清时中国园林开始影响欧洲。

二、中国古代园林的基本类型

中国古代园林，依据不同方法有多种分类，但主要有以下两种分类方法。按园林性质的从属关系划分，主要分为皇家园林、私家园林（第宅园林）、坛庙园林、寺观园林。按地域和园林艺术风格划分，主要分为北方园林、江南园林和岭南园林三种。北方园林以皇家园林为代表；私家园林以江南园林、岭南园林为代表，江南园林以苏州园林为代表，岭南园林以广东四大名园为代表。

三、各类园林的基本特征

（一）皇家园林

1. 规模宏大，真山真水

皇家园林占地面积广阔、规模宏大，一般多选择真山真水，建筑单体规模保持皇家宫殿规制，因此园林整体规模和单体规模均属最大。承德避暑山庄占地约560公顷、圆明园占地约350公顷、颐和园占地290公顷、北海占地71公顷。颐和园由瓮山和瓮山泊改造而成，以广阔的湖、山、堤、岛自然风光为背景，将殿堂宫室、馆轩廊榭、台亭楼阁、塔桥坊关等富丽精致的建筑置于其中，显示了规模宏大的皇家园林风格。

承德避暑山庄建于山间盆地之中，利用复杂地形、开阔湖沼和溪流建园，更为世界绝无仅有的孤例。如图4-1所示为承德避暑山庄导游图。

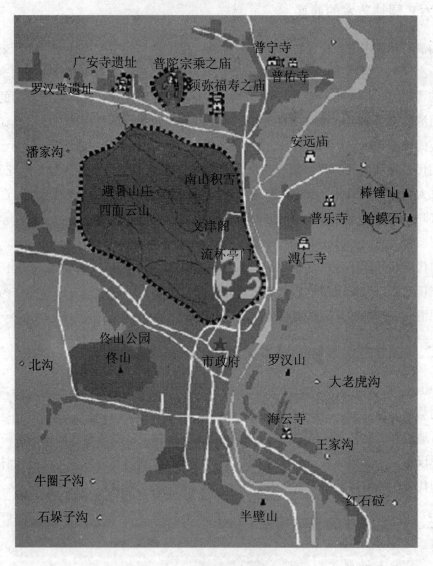

图4-1　承德避暑山庄导游图

2. 南北景色，兼收并蓄

皇家园林汇天下美景于一园，既有北方皇家园林的磅礴气势，又有江南私家园林的小巧雅致。承德避暑山庄是具有江南山水、北国风光、民族风格特点的皇家园林，是皇家园林的艺术精品，有"园林博物馆"之美称。颐和园谐趣园仿无锡寄畅园建造，西堤六桥仿杭州苏堤六桥建造。还有具有少数民族风格的皇家园林，如北海的藏式白

塔；更有吸收西方著名皇家宫苑的皇家园林，如圆明园万春园的西洋楼。

3. 理水模式，一池三山

从秦始皇建兰池宫，并在池中筑蓬莱山起，汉武帝建章宫太液池筑蓬莱、方丈、瀛洲三岛，开"一池三山"模式之先河。隋炀帝在东都洛阳建西苑，沿习秦汉的模式，在水中筑有蓬莱、方丈、瀛洲三岛。明清在北京所建皇家园林，均继承了这一模式。由于蓬莱、方丈、瀛洲是神仙世界，居者可长生不老，于是"一池三山"成为皇家造园的理水模式。

 小知识

东海三仙山传说

传说中的三仙山不同时间应有不同所指。从《史记》《汉书》的描写看，古代渤海沿岸的人民，看到渤海中的海市蜃楼，不明白它的科学成因，以为海中真的有这样一些岛屿。他们便到海中寻找，果然发现一些原来不了解的新岛屿。从蓬莱、方丈、瀛洲这些名称看，应是古代东莱人所寻找的地方。蓬莱犹风莱，为风夷、莱夷所居之地。方丈之方为风音所转，丈即场字，方丈即风族也即是莱夷所居之地。瀛洲之瀛即嬴，为嬴族所居海中之陆地。蓬莱、方丈、瀛洲都是莱夷在海中居住的海岛。

到了战国时期，神仙学说盛行，方士们便把海市蜃楼现象加以渲染，说成是海中的神山，山上有长生不死药。传说三仙山上，禽兽及万物都是白色，宫阙为黄金白银所砌，不老药是巨枣大如瓜。徐福对秦始皇称海中有鲛鱼阻止，不能到达神山。秦始皇相信了徐福的话，批准徐福两次入海寻仙。

三仙山的传说在民间流传很广，在很多文学著作中得到淋漓尽致的体现。这都反映出古人对美好神仙生活的无比向往。也正是基于这种向往，人们在生活中创造出如此众多的美妙神话，成为留给后人的一笔巨大的精神财富。

4. 象征皇权，功能齐全

皇家园林集处理政务、朝贺、居住、看戏、祈祷、游园及观赏于一体，甚至还设有"市肆"——买卖街，以及寺庙。园林中很多景点和摆设象征"天下一统"、"六合太平"等，各种建筑，以至家具、服饰都饰有各种姿态的龙的图案，狮、象、麒麟等鸟兽则被认为是龙的侍卫者，它们或在屋顶，或蹲门前，或在路边，以衬托龙的威严。此外，建筑中还有动物造型，如铜牛镇海、鹿为吉祥、鹤祝长寿、门兽避邪等，因为园林也必然集中反映皇权意识，体现皇权至尊观念。

5. 厚实稳重，色彩浓丽

由于皇家园林建在北方，为防寒保暖，故台基、墙体、屋顶均很厚实稳重，同时在色彩上保持着皇家建筑特有的风格，在艺术上既有北方的粗犷，又有富丽堂皇的帝王气派。皇家园林主题建筑均十分突出鲜明，一般以主体建筑作为构图中心统率全园，如颐和园的佛香阁、北海的白塔等，反映了皇权的高大至尊。但是，承德避暑山庄宫殿区用小式建筑，不施彩绘，以朴素淡雅为基本风格，显示了康熙、乾隆祖孙较高的审美情趣与境界。

6. 三区分工，模式固定

皇家园林是帝王生活环境的一个重要组成部分，在园林结构上保持着固定模式，既有娱乐环境的特色，又有皇家尊严的本色。皇家园林分区明确，均由处理政务的宫殿区、生活区和游览区三部分组成。宫殿区和生活区平面布局严整，构图近乎宫殿式。园林中有轴线对称，但随意布置较多，保持皇家的园林规制。

7. 开阔封闭，因地制宜

皇家园林采用大分散、小集中，大空间开阔、小空间封闭、园中有园、大中见小、小中见大的布局方式。园中分成若干景区，大景区中又有小景区，小景区中又有若干景点。景点之间多用山石、林木、廊墙、桥堤、园路分隔与联系，达到隔而不断、联而又隔的艺术效果。

（二）私家园林

私家园林多建于城内，与住宅结合，是城市宅院山水园林。园林规模较小，由于私家园林空间有限，故景致高度概括集中，小中见大再现自然美景。私家园林主题鲜明、个性突出、风格朴实、精致亲切，造园手法满足寄情山水雅逸，达到"不出城郭而获山水之怡，身居闹市有林泉之趣"的意境。

1. 江南园林

江南园林主要分布在长江三角洲一带，集中于苏州、扬州、无锡、杭州等地，形成以小桥流水为特色的江南园林风格。

（1）园林规模较小，个性主题突出。江南园林占地面积较小，多者达十亩左右，小者仅一至二亩。每处园林因地制宜，构园风格因人而异，力图表现个性主题，或以水取胜，或以山石取胜，或以林木取胜，或以花卉取胜，或几者兼得，方寸之地包容山水、花木、建筑等，创造出步移景随的个性主题。如拙政园（如图 4-2 所示）因突出水的主题闻名，留园以建筑精湛典雅而著称，环秀山庄则是山型齐全逼真绝佳。

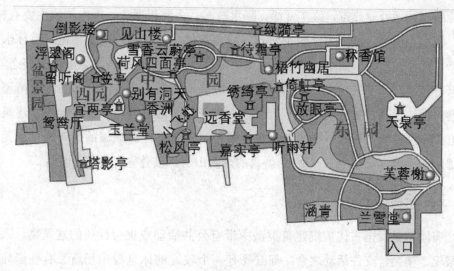

图 4-2　拙政园导游图

（2）园林小巧别致，色彩朴素淡雅。在全园布局上，多以水为中心，景物环水而设，院落层层相串，或小路迂回彼此连接，或曲折小桥相互勾通；空间疏密相间、主次分明，时而开阔、时而曲折、时而幽深，构成庭院深邃的韵味。在一切造园要素上，山水、花木、建筑均精心设计，且布局灵活、虚实相间、玲珑淡雅。建筑物体量虽小，但轻巧通透、开敞深邃，飞檐翘角给人轻盈欲升之感，廊、墙、脊曲给人欢快之情，建筑参差错落富于变化。建筑整体色调淡雅，一般青瓦素墙，基调多白色粉墙，配黑灰色瓦顶、褐色门窗、栗色梁柱和栏杆，色调素净明快。内装修多淡黄或木纹本色。建筑和器物雕刻也十分精致。

（3）寄情山水园林，满足诗画雅逸。江南园林以诗为造园理想，以画为造景蓝图，一园一区、一景一石都经过精心设计，或藏或露，或深或浅，虚中有实，实中有虚。衡量园林的标准，不是规模大小，而是画意和诗情是否达到了融合的意境。如网师园"竹外一枝轩"，此轩取宋代苏轼"江头千树春欲暗，竹外一枝斜更好"诗意而得名，"一枝"指梅花，"暗"指枝叶茂盛，此轩翠竹环绕，与南岸"小山丛桂轩"的丹桂飘香遥相呼应。网师园"五峰书屋"幽静雅致，曾是园主藏书读书处，取李白"庐山东南五老峰，青天秀出金芙蓉"诗意而命名。触景生情、融情入景，在园林有限的空间中享受无限的意境，是我国江南诗画山水园林的独特魅力。

2. 岭南园林

岭南园林以庭院式为主，较江南园林宽敞。主要位于珠江三角洲，并影响到潮汕、福建、广西和台湾等地。岭南园林集北方园林和江南园林之所长，并吸收近代西方造园手法，结合本地自然与文化特点建造，具有多元性、兼容性和开放性的特色。

岭南园林地处亚热带，终年常绿，降水较多，多河川溪流，园内植物主要有榕树、棕榈、藤本、蕉类、蕨类等，四季繁花、绿荫葱郁，具有热带风光特色。园林水景风格独特，崖瀑、石潭、曲水、湖池、水庭、船厅、廊桥等运用较多，叠山多姿态嶙峋、皴折繁密包镶。由于气候炎热，园林建筑物较高而宽敞，建筑组合多为连房博厦和高墙冷巷，单体多高柱础、宽檐廊、青瓦顶、翘正脊，通透开敞，自然流畅。建筑还采用西方式彩色玻璃及花砖，亭的做法很不规范、千奇百怪。顺德的清晖园、东莞的可园、佛山的梁园（又名十二石斋）、番禺的余荫山房，被誉称广东四大名园。

（三）坛庙园林

坛庙园林是我国古代传统建筑类型中带有公共活动或集会性质的建筑物，人们在进行祭祀、集会、交往活动之余，都需要有一个较好的休息游乐场所。有些坛庙建筑本身就要求大片的林木、山水来营造起肃穆、安静的体形与文化环境。于是坛庙祠馆造园应运而生。如天坛、孔庙等，不仅有假山、亭榭，而且还有大片林木，是城市风景的重要组成部分，对净化空气，改善环境也起着重要作用。

（四）宗教寺观园林

宗教园林附属于寺观，以烘托宗教主体建筑的庄严、肃穆和神秘为宗旨，有超脱尘俗和精神审美的功能。寺观园林具有一定的公共性，对香客、游人、信徒开放，不同于皇家园林和私家园林的私有性，是宗教建筑与园林相结合的产物。宗教寺观园林选址多远离城市，园内主要种植松柏，依据不同的地理环境，创造出具有宗教文化内涵的特色园林。

寺观园林主要有两种不同风格，一种以自然为主，另一种以建筑为主。自然为主的寺观园林大多选择远离城市的名山大川，环境容量大，融真山真水于一体，将静穆、朴实的优美环境完全融于自然山水之中。建筑为主的寺观园林多位于城市，魏晋南北朝盛行"舍宅为寺"的风气，贵族、官僚等将自己的住宅捐献成为佛寺，因此格局与私家园林宅院相似，但寺观园林比较严整，而私家园林曲折幽深。

第二节　中国古典园林欣赏

一、古代园林构成

我国古代园林，以再现自然山水为特点，是人工模山范水创造的第二自然。它由山、水、花木、建筑四个重要部分组成。此外，还有起点睛之笔的匾额、楹联、刻石

等。对这些基本要素的分析和理解是造园与赏园的核心。

（一）叠山

我国古典园林中的"山"虽然有真山，但多为假山，包括土山、石山及土石山。能够在世界造园史上独树一帜的假山，主要是指石山，是中国古代园林的一个突出标志。为表现自然，叠山是造园最主要的要素之一。山景要有峰、谷、洞、石等形态组合，园林设计可选择不同造型、色泽、纹理的块石，创造小尺度自然的峰、峦、岭、洞、谷、悬崖、峭壁等景观。在堆积章法和构图上，要体现天然山岳的构成规律及风貌，尽量减少人工拼叠的痕迹。因此，成功的假山是真山的抽象化、典型化的缩写，是在小地段内展现出的咫尺山林和千岩万壑。

（二）理水

园林中的各种水体，是对自然界中河湖、溪涧、泉瀑、渊潭的艺术概括。理水是按水体运动的规律，经人为抽象概括，再现自然的水景。水是园林中的血液，为万物生长之本。水体给人以明净清澈的感受，起到调节精神的作用；同时能改善土壤和空气湿度，使花木茂盛；还可与园林其他要素协调对比，产生湖光山色、波光倒影，使景色更丰富生动。水景组织要顺其自然，静态与动态序列布局，古代理水之法有掩、隔、破，以建筑和植被将曲折池岸加以掩，架桥、垒堤、浮廊、置石分割水面加以隔，水面很小时用怪石、林木、野藤加以破。

（三）建筑

建筑是园林艺术的重要组成部分，其美学与观赏价值远远超过本身的价值，因此园林建筑规划设计和创新思想独具风格：一是园林建筑"点景"的布置，往往是入画的重点，在一定范围内形成构图的中心，也是园林的主要景观，多布置在临水的观赏区；二是园林建筑"观景"的布置也是入画的主题，其位置、大小、朝向、高低、虚实、开敞，决定观赏者是否取得最佳观赏效果，如轩多建于高敞处，便于观赏者观赏四周的景色；三是园林建筑"观赏路线"的穿插布置也很重要，具有导景、观景及连接建筑的组织作用，如廊和桥是连接两个景点或景区的景观线，也是观赏的重要景点，并起到分割空间、增加景深的作用。

1. 厅堂

厅堂指局部轴线上的正房，体量较大，内部空间宽大、视野开阔的建筑。造型简洁精美，朝向较好，是院落的主体建筑。主要功能有社交会客、宴会、观赏、起居。厅堂多建于临近水面开阔处，居于园林中最重要的位置，多为园林主体建筑和构图中

心。园林中著名的有颐和园的乐寿堂、拙政园的远香堂、狮子林的荷花厅、留园的涵碧山房等。

2. 馆轩

馆指建筑规模较小的待客与休息的园居。有时也作为一个建筑群的称呼。馆多建于高敞之处，便于远眺、观赏风景，也可以听戏、宴饮。园林中著名的有留园的五峰仙馆，颐和园的听鹂馆、宜芸馆等。

轩原指大型房屋出廊的部分，后来一般指建于高旷之处、以敞朗为特点的房屋。它小巧玲珑、高爽开敞、简洁雅致，给人以轻巧、轩昂之感。主要用于远眺观景，或供主人读书。园林中著名的有北海的甕画轩，颐和园的写秋轩、养云轩，拙政园的听雨轩等。

3. 亭台

亭是周围开敞的小型点式建筑，由屋顶、柱身、台基三部分组成。有顶（攒尖顶）、有柱、无墙，主要用于休憩、观景、纳凉、避雨，也可存放石碑等，是园林中不可缺少的点景建筑，有"无亭不园"之说。亭可大可小、通透灵活，独立轻巧，应用广泛，种类丰富。可山上建亭、临水建亭、平地建亭。平面造型有圆形、正方形、多边形、组合式、半亭式等；立体造型有单檐、双檐、多檐等。我国北方亭的檐角翘起较持重平缓，南方则轻巧雅逸。著名的亭有颐和园的廊如亭、景山的五亭、北海的五龙亭、拙政园的绣绮亭等。

台是一种露天、表面较为平整的开放性建筑。它的上面可以没有屋宇建筑，也可有屋宇建筑，边缘多有短墙、矮栏。主要用于休憩、眺望、娱乐等，是园林常用的一种建筑形式。建在山顶高处的台称天台，建在山坡的台称叠落台，建在悬崖陡壁或突出巨石上的台称挑台，建在水边的台称飘台。园林中最著名的台是颐和园佛香阁的叠落台。

4. 楼阁

楼阁指两层或两层以上的高层建筑，全虚为楼，上虚下实为阁。楼阁建筑体量较大，造型丰富，四周开窗，每层设围廊，有挑出的平座。由于体量、高度远超过周围一般建筑，因此是园林中最重要的主体和点景建筑，主要用于观景，也可供佛、贮藏书画等。皇家园林多大型楼阁；江南园林楼阁多小巧，一般为歇山或硬山顶。按功能分，园林中有观景楼、藏楼、钟楼、鼓楼、戏楼等。著名的楼阁有承德避暑山庄的烟雨楼、嘉兴南湖的烟雨楼、昆明的大观楼、颐和园的佛香阁等。

5. 榭舫

榭又名水榭，是指突露出岸、架临水上观赏水景的单体建筑。通常为长方形，四周由低平栏杆围绕，单体建筑四面开敞通透或置设落地门窗。主要用于休憩、观赏水

景。多为单层建筑，整体轮廓、门窗栏杆均以水平线条为主。岭南园林中的水厅、船厅，其形式实际上是水榭。园林中著名榭有拙政园的芙蓉榭，耦园的山水间，北海的濠濮涧，颐和园的谐趣园"洗秋"、"饮绿"等榭。

舫是指建于水边的仿船形建筑。主要用于观赏水景、游玩饮宴。前半部三面临水，船首设有平桥与岸相连，形状独特新颖，登舫有行船之感。通常下部为石砌，分前、中、后三部分，后部高、中间低，近与水面平，一般两层、两侧开窗。著名的舫有颐和园的清晏舫，苏州拙政园的香洲、怡园的画舫斋等。

6. 桥廊

桥指横跨水面的建筑，是园林水景中重要的组成要素之一。主要功能是分隔水面空间、点缀水景、联系景点之间水陆交通等。著名的园林桥有颐和园的玉带桥、瘦西湖的五亭桥、拙政园的小飞虹廊桥等。南方园林多为小巧曲折和弧度大的拱桥，北方多规模较大的石拱桥，如昆明湖的十七孔桥、北海的堆云积翠桥。

廊是联系建筑物及景物景区游览线的带形建筑。通常置于两个建筑物或两个观景点之间，既有空间联系，又有空间分隔，具有划分空间、增加景深、便于观赏的效果。主要用于休憩观景、遮风避雨、交通联系等。它随形而弯曲、随势而起伏、富于变化，可使较单调的空间步移景异，辗转于园林之中。廊有顶、有柱，或单墙通檐，或通连通脊。整体造型有直廊、曲廊、回廊、爬山廊、桥廊等。园林中著名的廊有颐和园长廊、北海琼华岛临湖北岸的延楼等。

7. 房斋

房斋一般指书屋性质的建筑物。分布于偏僻幽静处，环境清幽隐蔽、建筑式样简朴、色彩淡泊雅致并附以小院。它相对独立，与外界隔离，有利于修身养性。主要用于休憩、静养、读书、绘画、藏书等。园林中著名的斋有北海的静心斋、画舫斋、网师园五峰书屋等。

（四）植物

古代园林中的植被以树木为其主调，不讲究成行排列，也不以多取胜，往往三五株，或丛集，或孤立，或片状，或带形。物种选择要有地方特色，既有独特个性，又适应区域的生态条件。强调花木的多样性，主要是指乔木、灌木、草丛、攀缘、水生、花卉等，并注重物种和群落的自然配合，提倡物种的多变和不对称的均衡。生物自然生长有明暗、疏密、枝叶、花形、果形、色香、高低等生态变化，应构建出乔灌木草不同季节的景观特色。设计顺应自然规律、适宜地方气候，取自然之理，得自然之趣，通过改造提炼，使人们身在其境，联想到大自然风华繁茂的生态环境。

小知识

个园之竹

　　个园（如图4-3所示）由清代嘉庆年间两淮盐业总商黄至筠在明代"寿芝园"的旧址上扩建而成。从住宅进入园林，首先映入眼帘的是月洞形园门。门上石额书写"个园"二字，"个"者，竹叶之形，主人名"至筠"，"筠"亦借指竹，以为名"个园"，点明主题。园门两侧各种竹子枝叶扶疏，"月映竹成千个字"，与门额相辉映；白果峰穿插其间，如一根根茁壮的春笋。主人以春景作为游园的开篇，想是有"一年之计在于春"的含意吧！透过春景后的园门和两旁典雅的一排漏窗，又可瞥见园内景色，楼台、花树映现其间，引人入胜。进入园门向西拐，是与春景相接的一大片竹林。竹林茂密、幽深，呈现生机勃勃的春天景象。

图4-3　个园

（五）匾额、楹联、刻石

　　匾额和楹联是我国古代园林独到的造园要素，它渗透着语言的思想性和文学性，

蕴涵着创作者的思想感情、道德情操和艺术追求，精辟地概括了园林景致的意境，起到画龙点睛的作用，具有很强的实用性和社会价值。

刻石包括摩崖石刻、岩画、石碑、经幢等。我国古代园林刻石多为园林历史的记载，景物景致的题咏、名人轶事的源流、诗赋画图的表达等，是一部园林史和美学史书，也是一部引导观赏者赏景的导游书稿，同时还是园林景观的重要组成部分。

二、古典园林造景方法

中国古代园林欣赏离不开对园林构景方法、园林建筑、园林构成要素的理解。中国古代园林构景基本手法有借景、添景、框景、漏景、对景、抑景、障景等，其手法因园林性质、规模，因地而宜、因时而宜。中国古典园林通过叠山、理水，种植花草树木，营建亭台楼阁，将中国文化发扬光大。

（一）添景

添景是在空间较空旷、景观较单调、景深层次缺乏之地，添置某景以改变此状况的构景手法。山和塔在远处，如没有中景作过渡，就显得虚空没有层次，若添置树木、花卉等补充点缀，画面会更加完美。昆明湖是前景，万寿山是后景，它们之间由于添置了长廊，画面顿时显得生动活泼、完美和谐。

（二）借景

借景是将园外之景巧妙地组合于园内，使景深增加、层次丰富，形成有限的空间、无限的景色，使园内、园外景观融为一体。借景有远借（如远山）、邻借（如大树）、仰借（如楼阁）、俯借（如池鱼）、应时而借（如花草）。借景能使园林空间范围扩大、画面生动，景观层次丰富，因此在我国造园艺术中占有极重要的位置。明代著名造园家计成在《园冶》中称"巧于因借，精在体宜"。承德避暑山庄借天然山色和外八庙来映托山庄的气氛，构成园外有园、景外有景的效果。

（三）框景

框景（如图4-4所示）是用有限的空间框架，采收外部空间画面的一种构景方法。可采用门框、窗框、洞框、廊柱框、乔木枝干抱合框等，框景可将散漫的景色集中，起到画龙点睛的作用，还可步移景换达到画境，实属自然美和艺术美的集合。颐和园昆明湖畔古亭门框是框景最典型的佳作，透过一门可观远处的玉峰孤塔，凡到此的游客无不立足远观，体会"淡妆浓抹总相宜"的山水画韵味。

图 4-4　框景（颐和园）

（四）漏景

漏景（如图 4-5 所示）是通过花墙、廊壁各种造型的花窗、漏屏风、树枝叶隙、林木间隙等，将院内外、廊壁内外、林隙内外的美景组合，构建一种若隐若现、雅致迷离景致的手法。

图 4-5　漏景

（五）抑景

抑景是把园林中最好的景致暂时隐藏起来，然后再展现出来的构景方法。"先藏后

露"、"欲扬先抑"是抑景手法的主导思想，可产生豁然开朗的艺术效果。我国古代园林多用假山、树木、建筑物等作抑景，把主景和最美的景致遮挡起来，不使其一览无余，在游人渐达佳境时突然展现，提高艺术感染力，获得最美的享受。如游人由颐和园东宫门进入，出仁寿殿沿玉澜堂四合院东南侧小路南行，此时一座土山横在前方，顺路前行转一弯，突然眼前豁然开朗，昆明湖、万寿山、佛香阁、龙王庙、西堤六桥等尽收眼前。这座土山，很好地诠释了古典园林造景中的抑景手法。

（六）对景

对景（如图4-6所示）是指两个彼此相对的景致，能够相互观赏的构景方法。我国园林中应用甚多，因我国是自然山水式园林，习惯于将水面布于全园主要部位，这样平坦的水面就构成一个较好的对视空间。环水的山、树、竹、石、亭桥、楼阁、厅堂、廊榭等景致自然就形成彼此的对景。

图4-6 对景（颐和园）

（七）障景

障景是用假山、树木、建筑物等设置屏障，既遮挡不利于表现园林景观美的景物，同时又为园林增加景致的设计性屏障景观。前方如有不雅场地、建筑、器物等影响园林景致，多建造富有韵味的遮挡性景物，用来遮挡视线，同时增加园景。如园路前方的照壁、园路两侧栽种的密闭松墙等。

第三节　中国园林文化内涵

西方园林追求的是人工几何美，重在表现人为力量，称几何规则式园林（如图4-7所示）。中国园林追求的是淳朴的自然美，重在表现大自然山水的景色美，处处显

示人与自然的和谐与共融，称自然山水式园林，中国造园的基本法则是"有定法、无定式"，利用山、水、植物为素材，经人为改造、调整、加工、剪裁，从而表现出精练化的自然、典型化的自然。

图4-7　几何规则式园林

一、中国园林文化内涵

在园林设计中，中国园林要达到"虽为人作，宛自天开"的效果，符合自然之理，体现"天人合一"的文化内涵。

(一) 造园艺术"师法自然"

"师法自然"在造园艺术上包括两方面。首先是总体布局要合乎自然。"师法自然"是山水总体布局，艺术素材的提炼与组合，要合乎自然界地形生成分布的客观规律。我国园林是自然山水式园林，山水景观的设计与营造，必须以自然为蓝本，以自然本原为依据，即"以真为假"来塑造园林地貌，做到景观地貌"做假成真"，使之"源于自然、高于自然"。第二是指每个细节素材的景观组合，要符合自然和谐、相互依存的规律。造园艺术如同音乐中的曲谱，必须对自然山水进行艺术取舍和高度概括，在有限的空间内创造出无穷意境。

（二）园林建筑"融于自然"

园林建筑"融于自然"，是指建筑的布局、造型、规模、色彩，要与自然环境相和谐，使建筑美与自然美融于一体。建筑的形与神，既要与天空、地面、自然环境吻合，又要与园林内各部分景观相衔接，使园林体现自然、恬静、含蓄的艺术特色，达到渐入佳境、情景交融的效果。

（三）花木配置"顺应自然"

植物是园林设计中最富有生命力的素材，在花木选择搭配上，可以创造充满生机的绿色环境。可以与山石、水面、建筑有机结合，点化主题、互为组景。花木在全园的营造上要顺应自然，物种配置上要仿效自然，不求整齐，但求意境。

（四）意境情趣"表现自然"

园林创造的最终目的是表现自然之美。意境是理想美，是理念与生活、感情与景物的结合，也是中国园林的精髓，造园者把自己的感情、理念融于园林景物之中，从而引发鉴赏者类似的情感、理念和联想。中国山水园林的意境，往往借助山水、建筑、花木来传达，通过园名、景题、刻石、匾额、楹联等文字形式来深化意境的内涵。

中国园林就像是一幅概括和升华大自然的山水画，以空间的形式展现在人们的现实生活之中。园林布置在于成景，景就是诗情画意，诗是语言艺术，画是造型艺术，而园林则是诗情画意的综合性艺术。

二、中国园林文化特色

中国园林讲究"三境"，即生境、画境和意境。生境就是自然美，园林的叠山理水，要达到"虽由人作，宛若天成"的境界，模山范水，取局部之景而非缩小。山贵有脉，水贵有源，脉源相通，全园生动。所谓画境就是艺术美，我国自唐宋以来，诗情画意就是园林设计思想的主流，明清时代尤甚。园林将时间和空间相结合，使山、池、房屋、假山的设置排布，有开有合，互相穿插，以增加各景区的联系和风景的层次，达到移步换景的效果，给人以"柳暗花明又一村"的印象。意境即理想美，它是指园林主人通过园林所表达出的某种意思或理想。这种意境往往以构景、命名、楹联、题额和花木等来表达。这样，游人在园中不仅感受到了自然美、艺术美，而且领悟到造园者所要表现的情感和理想。

（一）自然美

中国园林被称为是"自然式"的，特别重视遵循大自然自由多变的法则，同时又给予典型化的提炼加工，使之既源于自然又高于自然，达到"虽由人作，宛自天开"的境界，体现了中国人尊重自然并与自然相亲相近的观念。

中国园林的自然美主要表现在布局师法自然、构景融于自然、建筑顺应自然、花木表现自然。

1. 造园艺术，师法自然

山与水的关系以及假山中峰、涧、坡、洞各景象因素的组合，要符合自然界山水生成的客观规律，尽量减少人工拼叠的痕迹。水池常作自然曲折、高下起伏状。花木布置应是疏密相间，形态天然。乔木灌木也是错杂相间，追求天然野趣。

2. 分隔空间，融于自然

中国古代园林用种种办法来分隔空间，其中主要是用建筑来围蔽和分隔空间。分隔空间力求从视角上突破园林实体的有限空间的局限性，使之融于自然，表现自然。比如漏窗的运用，使空间流通、视觉流畅，因而隔而不绝，在空间上起互相渗透的作用。在漏窗内看，玲珑剔透的花饰、丰富多彩的图案，有浓厚的民族风味和美学价值。透过漏窗，竹树迷离摇曳，亭台楼阁时隐时现，远空蓝天白云飞游，造成幽深宽广的空间境界和意趣。

3. 园林建筑，顺应自然

人工的山，石纹、石洞、石阶、石峰等都显示自然的美色。人工的水，岸边曲折自如，水中波纹层层递进，也都显示自然的风光。所有建筑，其形与神都与天空、地下自然环境吻合，同时又使园内各部分自然相接，以使园林体现自然、淡泊、恬静、含蓄的艺术特色，并收到移步换景、渐入佳境、小中见大等观赏效果。树木花卉，表现自然。松柏高耸入云，柳枝婀娜垂岸，桃花数里盛开，乃至于树枝弯曲自如，花朵迎面扑香，其形与神，其意与境都十分重在表现自然。

（二）艺术美

中国的园林是一件艺术品。作为具有浓重文人风格的中国园林，它塑造的是一个抒情寄志的生活空间。因此园林的总体布局以及山水、花木、建筑必须优雅和谐，富有诗情画意，达到情景交融的境界，从而创造出一个展现艺术美的精神生活的空间。

园林艺术美的表现要素较多，如整体布局、主题形式、造园意境、章法韵律之美，点缀与装饰美，还有植物、色彩、光、点、线、面等。

1. 整体布局美

通过规划设计，合理处理园林空间、景观序列以及造园要素的配置，无论从结构、造型、空间的处理，到建筑的整体布局，都是一种巧妙而和谐的安排，它的布局与整体之间是有机地联系在一起的，使之产生园林整体布局美。

2. 主题形式美

园林的主题形式美，反映了园林的个性特征，它渗透着种种社会环境的客观因素，同时也反映了设计者的表现意图。主题形式美与造园者的人格因素、审美理想、审美素养有密切的联系。如北京颐和园万寿山前高阁凌空，殿宇壮观，气势非凡，结构严谨对称，表现出一种庄严肃穆的气氛。其后山却是小径盘旋，山脚下小河迂回曲折，河边苏州街沿街一系列建筑与整个环境吻合，反映了一派江南水乡风貌。可见根据需要而表现了设计者两种不同主题的形式美，都收到了较好的效果。

3. 章法韵律美

园林中的韵律使得园林空间充满了生机勃勃的动势，从而表现出园林艺术中生动的章法，表现出园林空间内在的自然秩序，反映了自然科学的内在合理性和自然美。空间因其规模大小和内在秩序的不同而在审美效应上存在着较大的差异。一个人在狭小的空间中会感到压抑烦躁和郁闷，而这个人若在空空荡荡的环境中，会因感到自身微不足道而产生一种卑微恐惧的感觉。组成空间的生动的韵律与章法能赋予园林以生气与活跃感，同时又能吸引游赏者的注意力，表现出一定的情趣和速度感，并且可以创造出园林的远景、中景和近景，加深园林内涵的深度与广度。

4. 造园意境美

追求意境美是中国园林的一个显著特点。意境的基本特征是以有形表现无形、以物质表现精神、以有限表现无限、以实境表现虚境，使有限的具体形象和想象中无限丰富的形象相统一，这样寓情于景就使景物倾注了人格灵性，产生情景交融的感人艺术效果。造园者把自己的情趣意向倾注于园林之中，运用不同的材料，通过美学规律剪取自然界的四季、昼夜、光景、鸟虫等混合成听觉、视觉、嗅觉、触觉等结合的效果，唤起人们共鸣、联想与感受，产生出意境。园林的意境是按自然山水的内在规律，用写意的方法创造出来的，它可通过规划布局产生意境美，也可通过审美主体的接受形成意境美。

5. 点缀装饰美

以匾额、楹联作为点缀与装饰来构成园林美，能深化园林美的审美情趣，给人以游目骋怀的美感，是中国园林必不可少的要素。如济南大明湖的"四面荷花三面柳，一城山色半城湖"等。

（三）理想美

我国园林，尤其是私家园林，往往表现或寄托着园林主人的感情、抱负、人格和情操，显示出对理想的执著追求。

我国古典园林十分强调意境，品评一个园林好坏，首先就要看这个园林意境的表达。为此，无论叠山、理水、筑屋、铺路、架桥、砌墙、植花木、蓄鸟兽，其形式、规模、用料、装修、体量、色彩、种类等都有种种讲究，甚至对方位、光线、风向等也能巧妙利用；再通过缜密、灵活的整体布局，往往采用多种构景手法，使各景区既自成一体又相互连通，以取"步移景异"之妙，组织成为一个包括起承转合，有序幕、有高潮、有结束的建筑乐章。由"形"体现"神"，由"静"产生"动"，从而用具体的形象将诗情画意体现出来，"是凝固了的绘画与文学"，使游人在园中不仅感受到了自然美、艺术美，而且领悟到造园者所要表现的情感和理想。

课后任务 ▶▶▶

1. 收集整理中国私家园林、皇家园林的典型代表，进行专题介绍。

2. 参观当地园林及公园，总结其建筑类型，分析其构成要素。

3. 用园林造景方法解读当地园林或公园，并进行导游讲解。

4. 参观当地宗教寺庙，体会宗教寺庙园林特色和蕴涵的美感。

5. 参观考察当地的园林景观，以小组为单位拍摄能体现园林构景手段的照片并撰写说明。

6. 比较世界造园艺术的三大体系，谈谈中国古典园林具有哪些突出的特点。

第五章　玉宇人间——中国建筑文化

知识目标

- 了解中国古代建筑的发展历史。
- 熟悉中国古代建筑的结构、特点及主要的建筑类型。
- 了解中国古代建筑文化象征意义。

能力目标

- 能够辨认古建筑的基本构件名称，并结合当地的景点进行导游讲解。
- 能够运用建筑和民俗知识，进行关于建筑景点导游词的创作。

　　我国是一个历史悠久的文明古国，我国古代劳动人民在漫长的历史进程中，在神州大地上创造了丰富多彩的文化类型，其中保存至今的各类古代建筑已经成为我们今天重要的人文旅游资源。中国古代建筑凝结着中华民族的智慧和创造力，它们以丰富的文化内涵、高度的鉴赏价值和浓厚的艺术魅力吸引着广大的中外游客。学习中国古建筑的基本知识、了解建筑文化、展示建筑魅力是导游人员的重要工作内容。

第一节　中国古代建筑概述

一、中国古建筑的发展概述

（一）原始社会至秦汉时期

　　在原始社会，先民从利用自然洞窟开始，逐步掌握了地面房屋的修建技术，并对后世建筑风格产生了深远的影响。《易·系辞下》中记载："上古穴居而野处。"说明原

始人类在早期是以天然洞穴为自己和家族最宜居的"家"的。在我国的北京、辽宁、贵州、广东等地都有穴居遗址的发现，可见洞穴成为我国最早的"建筑"。

进入新石器时代，出现了农业和畜牧业，人们开始了定居生活，也必然导致了人工营造屋室的出现，其中最有代表性的房屋有两种：一种是黄河流域由穴居发展而来的木骨泥墙房屋；一种是长江流域多水地区由巢居发展而来的干栏式建筑。

进入奴隶社会，这一时期的建筑开创了中国宫殿建筑的先河，并出现了"前堂后室"的划分，建造工艺中的夯土技术、高台建筑也趋于成熟。在商代，已出现规模相当大的宫室和陵墓。西周及春秋时期，以宫殿为中心的城市的格局直接影响了后世都城的分布格局，以小城作宫城，以大城（郭城）划分里坊的封闭型都城格局已具雏形。

秦汉是中国古代建筑的第一个高峰期，秦始皇陵、阿房宫、长城等几项浩大的工程，对后世建筑产生了重大的影响。这一时期建筑以木构架结构为主，高台建筑盛行，砖瓦大量运用于建筑上，明显地提高了建筑的质量。最富有特色的为各种纹饰的瓦当，主要起保护屋檐不被风雨侵蚀的作用，同时具有装饰作用，使建筑更加富丽辉煌。

（二）魏晋南北朝时期

这一时期是中国古建筑体系的发展时期，伴随着佛教的发展，佛教建筑繁荣一时。大量木塔的建造，显示了木结构技术的提高。砖结构被也大规模地应用到地面建筑，河南登封嵩岳寺塔，是我国最古老的砖砌佛塔。这个时期还有石窟寺的出现，如大同的云冈石窟、敦煌的莫高窟、天水麦积山石窟、洛阳的龙门石窟、太原的天龙山石窟等，凿岩造寺之风遍及全国，这些石窟寺的建筑及其精美的雕刻、壁画，都是我国古代文化的一份财产。

（三）隋唐、五代时期

隋唐时期是中国古建筑体系的成熟时期。隋朝建造了规划严整的大兴城，开凿了南北大运河，修建了世界上最早的敞肩桥——赵州桥。唐朝有当时世界上规模宏大、气魄雄浑的长安城；建有奇丽壮观的宫殿群，如大明宫；因山而筑的唐乾陵。这一时期遗存下来的殿堂、陵墓、石窟、塔、桥及城市宫殿的遗址，无论布局或造型都具有较高的艺术和技术水平，雕塑和壁画尤为精美，是中国封建社会前期建筑的高峰。五台山南禅寺和佛光寺部分建筑为我国现存的唐朝木结构建筑。

（四）宋元时期

宋代建筑的规模一般比唐朝小，但比唐朝更加秀丽而富于变化。形体复杂的楼阁、

精美的装修和华丽的彩画，是宋代建筑的显著特征。建筑结构和造型趋于定型化，砖石和木构高层建筑的发展，表明建筑技术的提高。宋代建筑构件、建筑方法和工料估算在唐代的基础上进一步标准化、规范化，并且出现了总结这些经验的书籍——《营造法式》和《木经》。现存宋代的建筑有山西太原晋祠圣母殿、福建泉州清净寺、河北正定隆兴寺和浙江宁波保国寺等。

元代由于各民族间文化的交流与相互影响，为我国建筑创作的繁荣奠定了基础。元代时，各种宗教得到一定的发展，因此，元代宗教建筑物数量之多，质量之高，都是空前的。尼泊尔匠师阿尼哥设计了元朝最早的喇嘛塔——北京妙应寺白塔，从此，这种融合有尼泊尔风格的塔，成为了我国佛塔的一种重要类型。元大都是自唐长安城以来又一个规模巨大、规划完整的都城。现存元代建筑有山西芮城永乐宫、洪洞广胜寺。

（五）明清时期

明清时期是中国古建筑体系的最后一个高峰时期。明清建筑突出梁、柱、檩的直接结合，减少了斗拱这个中间层次的作用。这不仅简化了结构，还节省了大量的木材，还获得了更大建筑空间的效果。明朝时，由于制砖工艺的发展和大力生产，大部分城墙和一部分规模巨大的长城都用砖包砌，地方建筑大量使用砖瓦。清朝于1723年颁布了《工部工程做法则例》，统一了官式建筑的模数和用料标准，使官式建筑更加定型化、标准化。这一时期重要建筑有：世界建筑奇迹——万里长城、我国现存规模最大、最完整的宫廷建筑群——故宫、庞大的祭祀建筑群——天坛、最有建筑成就代表的各类园林。

二、中国古建筑基本构件

（一）台基

中国古代木构建筑的单体构成，一般都由三个部分组成，从下向上依次为台基、屋身、屋顶。

台基，又称基座。由两部分构成：基身和台阶。基身直接承托屋身，台阶供人上下。台基用以承托建筑物，并有防潮、防腐功能，同时可弥补中国古建筑单体建筑不够高大雄伟的弱点，大致可分为四个等级，从低至高级是：普通台基、较高级台基、更高级台基、最高级台基。其中，最高级台基常用于最高级建筑，如故宫三大殿和山东曲阜孔庙大成殿。如图5-1所示为故宫太和殿台基。

图 5-1　故宫太和殿台基

（二）斗拱

斗拱（如图 5-2 所示）是中国古代木构架建筑特有的结构件，也是最具典型特征的部分。主要集中在古代高等级建筑的柱顶、额枋与屋顶之间，主要由斗形木块和弓形短木纵横交错层叠而成，能将屋盖的荷载传递到立柱上。在古代社会上，斗拱越高，斗拱层数越多的建筑，建筑的等级也越高。

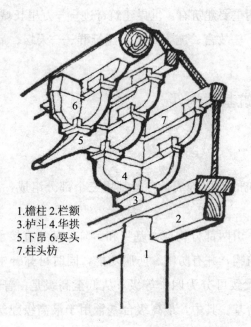

1.檐柱 2.栏额
3.栌斗 4.华拱
5.下昂 6.耍头
7.柱头枋

图 5-2　斗拱

（三）雀替

雀替的位置是在竖材（柱）与横材（梁、枋）的交接处。雀替的功能是可以缩短梁枋的净跨度，以增强梁枋的荷载力。雀替的制作材料由该建筑所用的主要建筑材料决定。如木建筑上用木制雀替，石建筑上用石制雀替。因极富有装饰性，于明代后广为运用。如图5-3所示为龙门雀替。

（四）屋顶

中国的大屋顶为整个建筑的美丽冠冕，其样式之特殊、种类之繁多，为西方各流派建筑所不见。其中以重檐庑殿顶、重檐歇山顶为级别最高，其次为单檐庑殿顶、单檐歇山顶。

图 5-3　龙门雀替

1. 庑殿顶

特点：四面斜坡，有一条正脊和四条斜脊，可分为单檐庑殿顶（如图5-4所示）和重檐庑殿顶（如图5-5所示），一般用于皇宫、庙宇中最主要的大殿。

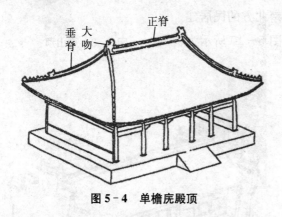

图5-4　单檐庑殿顶

图5-5　重檐庑殿顶

2. 歇山顶

特点：由四个倾斜的屋面、一条正脊、四条垂脊、四条戗脊和两侧倾斜屋面上部转折成垂直的三角形墙面组成。这种屋顶多用于建筑性质较为重要、体量较大的建筑上。如图5-6、图5-7所示，分别为单檐歇山顶和重檐歇山顶。

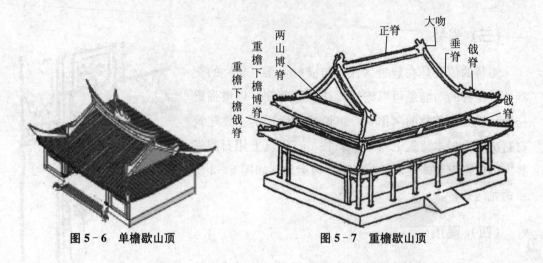

图 5-6　单檐歇山顶

图 5-7　重檐歇山顶

3. 悬山顶

特点：屋面双坡、两侧伸出山墙之外。屋面有一条正脊和四条垂脊。是我国一般建筑中最常见的形式（如图 5-8 所示）。

4. 硬山顶

特点：屋面双坡，两侧山墙同屋面齐平或略高于屋面。明清以来，此屋顶式样在我国南北方的民居建筑中应用很广（如图 5-9 所示）。如图 5-10 所示为封火山墙硬山顶。

图 5-8　悬山顶

图 5-9　硬山顶

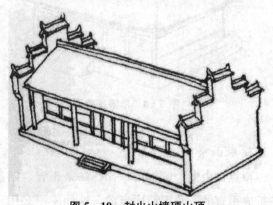

图 5-10　封火山墙硬山顶

5. 攒尖顶

特点：屋面较陡，无正脊，数条垂脊交合于顶部，上再覆以宝顶（如图 5-11、图

5－12所示）。多用于面积不大的亭、塔。

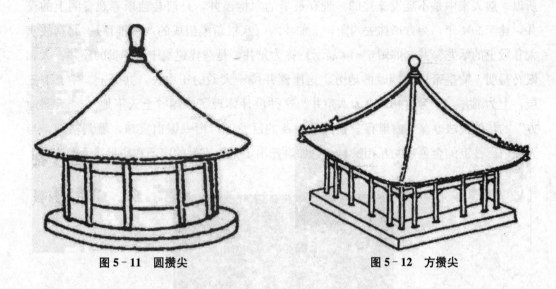

图5－11　圆攒尖　　　　　　　　图5－12　方攒尖

6. 卷棚顶

特点：没有明显正脊的屋顶。两坡的斜屋面的过度为圆弧状，给人的感觉较柔和，为古典园林中常用的屋顶式样。

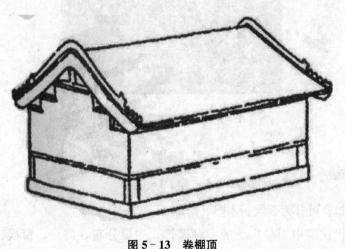

图5－13　卷棚顶

（五）藻井

中国古代高等级建筑内天花板中心处的一种装饰，名为"藻井"，含有五行以水克火，预防火灾之义。一般做成向上隆起的井状，有方形、多边形或圆形凹面，周围饰以各种花藻井纹、雕刻和彩绘。多用在宫殿、寺庙中的宝座、佛坛上方最重要的部位。所以一般人家中是不准设藻井的。现存最早的木构藻井，是蓟县独乐寺观音阁上的藻井，建于984年，为方形抹去四角，上加斗八（八根角梁组成的八棱锥顶）。北京故宫太和殿上的蟠龙藻井（如图5-14所示）称为龙井，是清代建筑中最华贵的藻井。太和殿乃是明、清皇帝处理朝政的地方。这座藻井位于大殿的正中央，共分上、中、下三层，上为圆井，下为方井，中为八角井。这种设计体现了中国"上天下地"、"天圆地方"的传统说法。藻井内雕有一条俯首下视的巨龙，口衔一银白宝珠，雕刻精细，与大殿内巨柱上的金色蟠龙互相映衬，更加烘托出了帝王宫阙的庄严和华贵。

图5-14　故宫太和殿里藻井

（六）雕饰

雕饰，依材料可分为石雕、木雕、砖雕。

木雕是古代建筑中用最广泛的一种雕饰，主要分布在门户、窗棂、隔扇、屏风、挂落、匾额、垂柱、栏杆、雀替、梁枋等建筑构件上。

砖雕是以砖为材料的装饰，用雕刻的形式施于砖面上，形成丰富的图案。民居中的砖雕尤以门楼用得最多，其刚柔结合、质朴清秀的风格，深受百姓的欢迎。

石雕是在石材上用刀刻的方式进行的装饰。石雕主要分布在柱础石、门贴石、挑檐、泄水口、上马石、栓马石以及用于观赏的石狮、碑碣等部位上，构图精美、形象逼真、具有较高的使用价值和欣赏价值。

小知识

为什么古建筑用石狮子做装饰

在古建筑上用石狮子作为装饰主要是由于佛教传播作用。狮子被佛教推崇，认为它能给人们带来尊严。佛为人中狮子，狮子是最高贵的"灵兽"，也是万兽之王。所以人们对狮子产生一种崇敬的心理，便把狮子塑在大门两旁，或主要建筑的前端。凡是我国的宫殿、庙宇、寺院、陵墓、住宅、会馆、牌楼都会有狮子的出现，用它作为装饰和对建筑物的陪衬，使建筑增添气势和美观。

三、中国古代建筑的总体特点

（一）古代建筑以木架构为主

中国古代建筑多用木材，便于就地取材和加工制作。古代黄河中游森林茂密，木材较之砖石更便于加工取得。古代建筑最普遍的是采用木架构结构，此结构方式主要是地面上立柱，柱上架梁，梁上安檩，各结构之间用榫卯相连，构成富有弹性的木结构框架。

中国古代木架构有抬梁、穿斗、井干三种不同的结构方式。

抬梁式（如图5-15所示）也称叠梁式，是在立柱上架梁，梁上安短柱，短柱上又抬梁的结构。它可以扩大室内空间、增加房间的纵深感，因此是宫殿、坛庙、寺院等大型建筑物中所采用的主要结构方式。

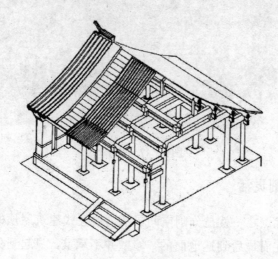

图5-15　抬梁式

穿斗式（如图5－16所示），是用穿枋把一排排的柱子穿连成排架，然后用枋、檩斗接而成，结构简易，便于施工，多用于民居和较小的建筑物。

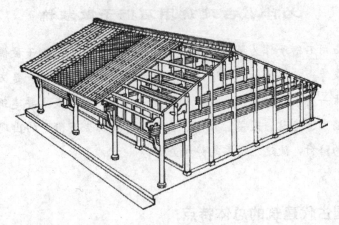

图5－16　穿斗式

井干式（如图5－17所示），是一种原始而简单的结构，是用木材交叉堆叠而成的，因以木头四边重叠结构如井字形而得名，现在除少数森林地区外已很少使用。

图5－17　井干式

（二）空间分割灵活

梁柱式结构的优点之一就是分割空间灵活。梁柱式建筑屋顶的全部重量，是通过椽、檩、梁传到立柱而最后到达地面的，墙壁并不承重，只起到分割空间的作用，外墙则起到遮挡阳光、隔热防寒的作用。墙壁的位置可以按室内空间的大小安排，并可

以随时按需要而改动。墙壁不承重，门窗的安排就很灵活，可多可少，可大可小，甚至可以开成天窗、敞厅或凉亭。

（三）抗震性能优越

"墙倒屋不倒"这句话恰好能说明梁柱式结构具有抗震性能强的特点。因为木材建造的梁柱式结构，是一个富有弹性的框架，架构中所用的斗拱和榫卯又都有若干伸缩的余地，所以能使巨大的震动能消失在这些具有弹性的结点上，在一定程度上减少了地震引起的危害。

（四）独特的单体造型

中国古代建筑的单体，大致可以分为屋基、屋身、屋顶三个部分。凡是重要建筑物都建在基座台基之上，一般台基为一层，大的殿堂如北京明清故宫太和殿，建在高大的三重台基之上。单体建筑的平面形式多为长方形、正方形、六角形、八角形、圆形。这些不同的平面形式，对构成建筑物单体的立面形象起着重要作用。由于采用木构架结构，屋身的处理得以十分灵活，门窗柱墙往往依据用材与部位的不同而加以处置与装饰，极大地丰富了屋身的形象。

中国古建筑在造型上别具一格，这一特点尤以屋顶造型最为突出，无论是庑殿顶还是歇山顶、悬山顶，都是大屋顶，显得庄严稳重。直线和曲线巧妙地组合于屋顶，形成向上微翘的飞檐，不但扩大了顶下的采光面，还有利于排泄雨水而且赋予了建筑物轻快飞扬的动感美。

（五）中轴对称的平面布局

中国古代建筑多以众多的单体建筑组合而成为一组建筑群体，大到宫殿，小到宅院，莫不如此。它的布局形式有严格的方向性，常为南北向，只有少数建筑群因受地形地势限制采取变通形式，也有由于宗教信仰或风水思想的影响而变异方向的。

中国古代建筑群的布置总要以一条主要的纵轴线为主，将主要建筑物布置在主轴线上，次要建筑物则布置在主要建筑物前的两侧，东西对峙，组成为一个方形或长方形院落。这种院落布局既满足了安全与向阳防风寒的生活需要，也符合中国古代社会宗法和礼教的制度。当一组庭院不能满足需要时，可在主要建筑前后延伸布置多进院落，组成各种形式的组群。

就单座建筑而言，以长方形平面最为普遍。此外，还有圆形、正方形、十字形等几何形状平面。民居和风景园林多采用"因天时、就地利"的灵活布局方式。

第二节　中国古代建筑类型

一、宫殿建筑

宫殿是帝王居住和处理朝政的地方，在中国古代建筑中，宫殿是形制最高、最富丽堂皇的建筑类型，因而最能反映中国古代建筑高超的技艺和独特的风格。具有代表性的著名宫殿有北京故宫、沈阳故宫。

（一）北京故宫

北京故宫，明永乐五年（1407年），朝廷从全国征调30万人，在元大都的废址上，建起了这组辉煌的殿宇。清朝统治者入主中原后，仍沿用旧宫，只做了部分重建和改建。城的四角建有形制华丽的角楼，城墙外侧围以护城河，故也叫紫禁城，是世界上现存规模最大、最完整的古代木构建筑群。

紫禁城分为外朝和内廷两大部分。外朝主体建筑有太和、中和和保和三座大殿。太和殿是皇帝举行登基、朝会、庆寿、颁诏等大典的地方，平面十一间，是我国现存最大的木构大殿。中和殿是皇帝大朝前休息之处，为三间，攒尖顶殿宇。保和殿为九间重檐歇山顶，是皇帝举行殿试的地方。文渊阁是收藏四库全书的地方。武英殿是皇帝与臣僚议政之处。

内廷是皇帝日常处理政务和帝王、嫔妃、皇子公主居住、游玩、奉神之处。以乾清宫、交泰殿、坤宁宫为主体，两侧有东西六宫，为嫔妃的住所。东侧有太上皇居住的宁寿宫，西侧有皇太后居住的慈宁宫，内廷有三座花园——宁寿宫、慈宁花园和御花园。

 小知识

故宫的午门

故宫的外朝前部空间包括午门、太和门以及这两幢建筑之间的广场。广场上有一条金水河，上面设有五座金水桥。午门是紫禁城的四门中最为宏伟雄浑的，午门的墩台上建有五座楼，因此又称五凤楼。

午门的门扇是朱红色的，上设金钉、金铺首，金钉有九排，每排有九颗钉，是门扇装饰的最高等级。

我们常在小说或评书中看到或听到"午门"一词，其中最多的也许是"待到午时三刻将犯人推至午门外斩首"。仿佛午门是进入阎王殿的大门，但明、清宫城的午门是皇帝颁发历书和战争后举行献俘仪式的地方。每年冬至在午门颁发皇历，表示皇帝对农业的重视。另外，如有出征者胜利归来，便将战争中抓到的重要战俘押解在午门外向皇帝报功请赏。

故宫的午门虽然不是专门的杀人之处，但在明朝时，这里却是廷杖冒犯皇帝的官员的地方，部分受责官员也有可能被打死在午门外。

（二）宫殿的布局特点

1. 前朝后寝
"前朝"为帝王上朝治政、举行大典之处。"后寝"是帝王与后妃生活居住的地方。

2. 中轴对称
中国皇家宫殿建筑因敬天祀祖的礼制思想和捍卫皇权的统治需要，特别讲究平分中轴的公允中庸之道。宫殿建筑采用中轴对称的布局方式，以表现君权受命于天和以皇权为核心的等级观念。高大华丽的建筑修建在中轴线上，轴线两侧的建筑则低小简单。

3. 左祖右社
"左祖"是指在宫殿左前方设祖庙。祖庙是帝王祭祀祖先的地方，因为是天子的祖庙，故称太庙。"右社"是指在宫殿右前方设社稷坛，社稷坛是帝王祭祀土地神、粮食神的地方。

4. 三朝五门
三朝五门的门殿制度是封建社会宫殿建制的典型方式。《周礼》明确规定，作为天子的宫殿应该是"三朝五门"。

周礼中的"三朝"是指：前面是外朝，中间是治朝，最里面是燕朝，也叫内朝。外朝是商议国事、公布法令、举行大典的场所；治朝是日常君臣讨论问题、国家大事的地方；燕朝是皇后起居的地方。故宫的三大殿就是比附"三朝"。

"五门"为紫禁城中轴线上的天安门、端门、午门、乾清门、神武门。

二、礼制建筑

中国的礼制集中在如下几点：一是崇尚自然，认为"天"是至高主宰，对日月、天地各种神予以崇拜；二是崇尚祖先，祖先留下的一切，包括生命、土地、农艺种种都是神圣的，并庇佑后代。礼制建筑，便是体现后人对天与祖先的崇拜。代表建筑：北京天坛、地坛、北京社稷坛、祭祀祖先的祠堂。

（一）天坛

北京天坛是我国和世界上现存最大的古代祭祀性建筑群，始建于明永乐十八年，是明清皇帝祭天祈谷的场所。每年孟春祈谷、孟夏祈雨、孟冬祀天。天坛由四组建筑组成：祭天的圜丘坛、祈求丰收的祈年殿、皇帝斋宿的斋宫、储放神牌的皇穹宇。

1. 祈年殿

祈年殿（如图 5-18 所示）是天坛的主体建筑，呈圆形，直径 32 米，高 38 米，是一座三重檐蓝色鎏金宝顶的圆形大殿，蓝色象征天，寓意此处是专门祭天的地方。祈年殿殿体没有墙壁，清一色朱红门窗，殿内由二十八根巨大的木柱支撑。柱子的数目与天象对应，如中央有四根金色通天柱，象征一年四季；外围十二根金柱，象征一年十二月；再外围十二根柱子，象征一天十二个时辰。

图 5-18　祈年殿

2. 圜丘坛

圜丘坛（如图 5-19 所示）又称祭天台、拜天台、祭台，是一座露天的三层圆形石坛，为皇帝冬至祭天的地方。坛周长 534 米，坛高 5.2 米，分上、中、下三层，各层栏板望柱及台阶数目均用阳数（九的倍数），符"九五"之尊。圜丘坛有外方内圆两重矮墙，象征天圆地方。站在最上层中央的圆石上面虽小声说话，却显得十分洪亮，这是因为坛面光滑，声波得以快速地向四面八方传播，碰到周围的石栏，反射回来与原声回合，故音量加倍。

图 5 - 19 圜丘坛

3. 皇穹宇

皇穹宇是供奉"昊天上帝"牌位的地方，为圆形攒尖顶大殿，并且檐下的墙体、门窗也组合成圆形，其中后、左、右部分为墙体，正面 1/3 为朱红色门窗，墙体是磨砖对缝的砖结构。整个建筑就像一把红柄的蓝色宝伞，立在高高的白色底座上，红、白、蓝三色相映。

（二）地坛

北京地坛坐落在京城安定门外，是明、清两代皇帝祭祀地祇的所在。地坛分为内坛和外坛，以祭祀为中心，周围建有皇祇室、斋宫、神库、神厨、宰牲亭、钟楼等。

在古代中国，"天圆地方"的观念源远流长，因此作为祭祀地祇场所的地坛建筑，最突出的就是以象征大地的正方形为几何母题而重复运用。方泽坛的建筑色彩只用了黄、红、灰、白四色，祭台侧面贴黄色琉璃面砖，既表明其皇家建筑规格，又是地祇的象征。

（三）祠堂

祠堂最初是祭祀祖先的地方，后来演化成具有设私塾、置义田、修族谱、宗族议事、审断族人犯事、执法以及族人举行各种礼仪活动等多种功能的场所，是代表宗族权力的神圣场所。通过祠堂的建筑形象以及装饰装修，能够显示宗族在当地的社会地位和权势。著名的规模宏大、装饰华丽的祠堂有：广东的陈家祠、安徽的胡氏宗祠以及江苏的瞿氏宗祠。

三、陵墓建筑

中国几千年来一直盛行着厚葬的制度，因此古人修建了工程浩大的坟墓，同时把大量的财富带到地下去，为我们今天留下了大量的文物。特别是帝王陵墓，更重视陵寝建筑，追求墓葬防盗耐久、讲究风水择吉等，因而陵寝建筑规模宏大，文物丰富。

汉代陵墓都以覆斗型为主，如汉武帝陵、汉文帝陵墓规模都是相当巨大的，至今犹存。唐代陵墓因山为陵，选地极佳，利用地形进行建筑，十分豪壮。代表陵墓有昭陵、乾陵。明代自朱棣迁都北京后，连续十三个皇帝均葬于北京昌平的天寿山下，共计十三座陵寝，俗称十三陵。清代帝陵在东北有三座，统一全国后皇帝在北京建有东西两大陵，一座在河北易县，称清西陵；另一座位于河北遵化，称东陵，其规模亦很庞大。

陵园的地上建筑布局主要有三个区域：祭祀建筑区、护陵监、神道。帝王陵寝的地下布局则充分反映出中国古代帝王"事死如事生"的思想观念，中国古人认为，帝王的"阳宅"和"阴宅"一样重要，关系着"龙脉"。以明定陵为例，定陵地宫于1956—1958年被科学家发掘，现已修建成定陵博物馆，定陵的地宫平面布局基本上采用"前朝后寝"的制度。地宫的主体由分别代表"正殿"、"后殿"等宫殿的墓室组成，全部为石结构。地宫的前殿没有任何摆设，相当于"宫前广场"；中殿（正殿）有三个用汉白玉雕成的"宝座"，呈"品"字形排列，相当于前朝宫殿的正殿；地宫的后殿也称玄堂，相当于宫殿建筑中的寝殿，这里停放着三口棺椁，中间特别大的棺椁是万历皇帝朱翊钧的，两边的棺椁是朱翊钧的两位皇后。

（一）秦始皇陵

秦始皇陵是中国历史上第一个皇帝嬴政的陵墓，位于中国北部陕西临潼县城东五千米处的骊山北麓。据《史记》记载，秦始皇13岁即位秦王，即位后不久，就在骊山开始营建陵墓。统一天下后，又从全国征发来70多万人参加修筑。直至秦始皇50岁死时还未竣工，秦二世又接着修筑了两年，前后费时近40年，真可谓工程浩大。

1974年，在秦始皇陵发现了秦兵马俑坑，先后发掘了三处。1号坑面积为14620平方米，出土武士俑500余个，战车4辆，马24匹。2号坑面积达6000平方米，由骑兵、战车、步卒、射手混编而成，有兵马俑千余件，还配备各种实战武器。3号坑面积500平方米，内有战车1乘，卫士俑68个。武士俑高约1.8米，面目各异，神态威严，再现了秦始皇威震四海、统一六国的雄伟军容。秦始俑形态逼真、栩栩如生、阵容浩大、气势磅礴。秦始皇陵及兵马俑充分显示了我国先秦人杰出的智慧和创造能力，被誉为"世界第八奇迹"，1987年被列入《世界遗产名录》。

（二）唐昭陵

昭陵是唐王李世民的陵墓，是陕西关中"唐十八陵"中规模最大的一座，位于礼泉县城东北二十多千米处。据说，昭陵是由唐代著名画家、工艺家阎立德、阎立本兄弟设计的，工程浩繁，建筑辉煌。昭陵共有 160 座陪葬墓，墓区总面积达 30 万亩，比当时的长安城几乎大一倍。

昭陵依九嵕山峰，凿山建陵，开创了唐代封建帝王依山为陵的先例。据说是因贞观十年文德皇后临死时给唐太宗说要殓葬："请因山而葬，不需起坟。"后唐太宗在文德皇后的碑文上写"王者以天下为家，何必物在陵中，乃为几有。今因九嵕山为陵，不藏金玉、人马、器皿，用土木刑具而已，庶几好盗息心，存没无累"。这里所说的因山为陵，不藏金玉，与其说是为了殓薄，不如说是为了"好盗息心"更恰当些。因此，唐初依山为陵无非是为了利用山岳雄伟形势防盗掘而已。

（三）长陵

明十三陵中规模最大、最宏伟的是长陵，是明朝第三个皇帝明成祖朱棣的陵墓。主要建筑祾恩殿，和故宫中的太和殿一样大，总面积达 1956 平方米。它有一点比太和殿更突出，这就是它的柱、梁、檩、椽和檐头全部使用楠木，殿内的 32 根巨柱，都是用整根金丝楠木制成的。据说，当时光是从产地将这些巨大的楠木运用到陵园就用了五六年时间。这样粗大的楠木，这样宏伟的楠木建筑物，在全国是绝无仅有的，所以这座殿就显得特别珍贵。朱棣当了 22 年皇帝，在他称帝的第 6 年就开始营建陵墓，共用了 5 年。

四、城防建筑

中国古代城防建筑主要是指长城建筑和城市城垣建筑，作为一种古老的防御工事，尤其能反映各个时期的军事、经济、科技、文化状况，是中华建筑文化的一种独特的物质载体。中国古代城防建筑，主要由城墙建筑、城关建筑和护城河组成。

（一）城墙建筑、城关建筑、护城河

城墙建筑、城关建筑是指建筑于城墙边的一种方周形墙体防御工事，墙体上窄下宽，呈梯形，墙体上建有城楼、角楼、马面、垛口、宇墙，整体形成完整的城防体系。护城河，是指在城墙防御工事前挖掘出的一道人工水壕，水壕充满水和一些荆棘性阻碍设施，水道两边用吊桥与城门相连，将吊桥拉起时，城就成了一座被水壕包围的封闭性区域。中国最著名的古城墙遗存有西安古城墙、南京古城墙、平遥古城墙、赣州古城墙和丽江古城墙。

1. 平遥古城

平遥城墙位于山西平遥县，是我国保持最完整的明初县治砖城，也是现存完好的四座古城之一，建于明洪武三年（公元1370年）。南城墙随中都河蜿蜒而筑，其余三面皆直列砌筑，周长6.4千米，墙高12米，平均宽3.5米。城外表全部用青砖筑砌，内墙为土筑。东西门外又筑瓮城，以利防守。城门上原有建有高数丈的城门楼，四角各筑角楼，每隔50米筑台一座，连同角楼，共计94座，今大多已残余。城外有护城河，城内街道、市楼、商店等均保留原有形制，是研究我国明代县城建制的实物资料。1997年平遥古城被列入《世界遗产名录》。

2. 丽江古城

丽江古城（如图5-20所示）位于云南西北部，是融合纳西民族传统建置及外来建筑特色的唯一城镇，始建于南宋末年，具有800多年的历史的丽江古城，面积约3.8平方千米，是元代丽江路宣抚司，明代丽江军民府和清代丽江府驻地。

丽江古城未受中原建城礼制的影响，没有森严的城墙，城中道路网不规则，街道不拘于工整而自由分布，主街傍水，小巷临渠，300多座古石桥与河水、绿树、古巷、古屋相依相映，形成了"家家门前绕水流，户户屋后垂杨柳"的诗意图景。1997年丽江古城被列入《世界遗产名录》。

图5-20　丽江古城

（二）万里长城

长城以2000多年的历史、6350千米的万里防线、雄伟的规模，展示了泱泱中华大国的气势，被誉为世界第七大奇迹。明万里长城是中国历史上修筑的规模最大、历时

最长、工程最坚固、设备最完善的最后一道长城。明朝因为一直面临着北方瓦剌、鞑靼及女真的威胁，所以在其 277 年的统治期间，大部分时间都忙于长城的修筑。明代长城东起鸭绿江畔、西止嘉峪关旁，沿线保存了众多雄关隘口。

1. 八达岭

八达岭，位于北京延庆县南部军都山脉的岭脊之上，是北京通往塞外高原的唯一通道，也是关沟内数道关隘中最重要的一个。八达岭居高临下，地势非常险要，有所谓"居庸之险，不在关城而在八达岭"之说。站在八达岭长城上，远眺巍峨起伏的长城，如巨龙腾空在高山之巅，其恢弘壮观的景象在各段长城中居首。

作为居庸关的外关，八达岭防守非常严密，城墙每隔半里到一里，就建有一个高出墙顶的方形城台，一旦八达岭被攻破，"则居庸不可保矣"。

2. 嘉峪关

素有"大漠雄关"之称的嘉峪关位于甘肃嘉峪关市西南，地处河西走廊的西口，南面是终年积雪的祁连山，北面是瀚海沙漠。关内是一片绿洲，关外是一片戈壁。它是扼住河西走廊通道的重要关隘。

3. 山海关

山海关位于河北秦皇岛市东北 15 千米。北依燕山，南临渤海，是锁住华北与东北交通咽喉要冲的重要关隘，始建于明洪武十四年（公元 1381 年），徐达主持修筑。山海关有"天下第一关"之称。城楼上"天下第一关"几个字，为明代著名书法家萧显所书，相传，最后的"一"字不是一起写上去，而是书者将蘸满墨汁的笔抛向空中点上去的。

第三节　中国古代建筑文化象征

一、中国古建筑的文化特点

中国古建筑不论大小均以"间"为单位，这是它的第一个特点。古代建造房屋以木结构为主，人们将大树砍倒作为建筑材料，每棵树高 7～8 米，如果用其 1/2 作为横梁，只有 3.5～4 米，故房间的开间（面阔）定为 4 米左右，进深定为 6～7 米，所以建造单间房屋用一株大树就可以了。这个尺度的来源是根据大树成材尺寸来确定的，时间久了就成了习惯尺度。

在西方，大的建筑组群多数是以栋建筑为一个单体，而中国古建筑多数以各单体房屋之间有机联系的大建筑群组出现，向横平方向发展，这是中国古建筑的第二个特征。

中国古建筑的第三个特征是礼制文化贯穿其中。自西周以来，在建造房屋时就做出礼制的约束。在单体建筑或大型建筑，乃至城市规划中，都贯穿中轴线，主要建筑都安排在中轴线上，中轴线左右建筑对称，左祖右社，前朝后寝，这样一来，对各个建筑就产生了一套规定。时间久了，便成为后人必然遵守的一种礼制。

第四，古建筑反映封闭保守、防御思想。中国古代生活以家族为中心，因此在建筑上也反映出家庭观念。每人都固守其家，把自家的房屋用高墙包围起来，这样一方面为了防卫，另一方面为了安全。其实，这恰好反映出民众的封建性，闭关自守，不愿敞开往来。同时，中国古代城池、宫廷、庙宇、陵墓、民居等类型建筑都体现出一种军事防卫思想。因为在封建社会中，统治阶级与被统治阶级的矛盾使整个社会处于"国无宁日，家无静时"的状态，这种思想必然会体现在各种建筑中。在民居建筑中也是如此，每户大宅都筑高墙、修炮台、设望楼、安设水井、开设后门。

第五，古建筑反映鲜明的等级观念。虽然建筑的形式语言很抽象，我们常用雄伟、高大、轻巧、秀丽等来形容它们，但是先人们赋予其很多人为的文化寓意和阶级思想。例如，从建筑的屋顶上看，只有宫殿、庙宇才能用庑殿顶、歇山顶；从建筑装饰上看，彩画可分为三个等级，只有皇家建筑才能用最高级的和玺彩画；从建筑的颜色上看，明清时期规定朱、黄为至尊至贵之色，一般百姓人家不能使用。

第六，古建筑反映了天人协调的精神。中国的传统理论始终认为人是自然的有机组成部分，天、地、人是一个整体，强调"天人合一"的宇宙观。中国古代建筑和自然环境是相融合的，并借助自然环境以构成视野广阔、富有生气的画面。中国古建筑喜用木构而不用石材，这并不是技术问题，而是一种社会文化现象。五行"金、木、水、火、土"中，"木"象征春天、绿色、生命，所以用于给生者建造房屋；而"土"即是砖、石，多用于为死者修建陵墓、墓室。

 小知识

宫殿的门钉

宫殿建筑的重要大门用的是一种木板门，上面有一排排的门钉，这些门钉最初是用来固定木板的钉子头，后来逐渐演变为一种装饰，并成为区分建筑等级的一种标志。明代规定，皇宫建筑的大门用红门金钉，官吏根据级别大小分别使用绿门、黑门，用铜钉、铁钉。门钉数量上也有等级的规定。皇宫大门的钉最多，9 路 9 排共 81 枚钉；往下依次是 7 路 7 排 49 枚钉；5 路 5 排 25 枚钉。一副简单的板门记载着专制社会的等级制度，社会思想如此明显地反映在建筑装饰中，实在令人为之一叹。

二、各式反映礼制文化的古建筑小品

（一）脊兽

脊兽常见于飞檐翘角上或是殿脊两端，也叫鸱吻，是安放在正脊两端的兽形装饰物。明清时，鸱吻已演变成龙形了，主要以龙头为主，龙口大开咬住屋脊，名称变为正吻或大吻。鸱吻所安放之处恰是屋顶与山墙的枢纽所在，运用脊兽于此恰是封堵雨水渗透的最好办法。

古代木构件建筑最大的威胁是火灾，信奉神灵的古人急切需要一种灵物能灭火消灾，保佑平安，于是将寓意能喷水降雨的雨神脊兽安放在屋顶正脊两端。宫殿里关于建筑上神兽的使用，清朝有明确的规定，仙人后面的走兽应为单数，按三、五、七、九排列设置，建筑等级越高，走兽的数量越多。但太和殿是一个特例，有十个（如图5-21所示）。按顺序分别是仙人、龙、凤、狮子、天马、海马、狻猊、押鱼、獬豸、斗牛、行什。龙生于水行于天，又是天子的象征；凤是百鸟之王，美丽非凡；天马、海马一个能飞天一个可入海，也是吉祥的骏兽；狮子和狻猊勇猛、威武，可镇妖辟邪；斗牛、押鱼可兴云降雨、灭火保平安；行什只有太和殿才有，是能飞的猴子，可以通风报信，显示了太和殿在紫禁城中的最高最尊贵的地位。

图5-21　故宫太和殿脊兽

（二）华表

华表又名恒表、表术，是一种古代设在宫殿、城垣、桥梁、陵墓前作为标志和装饰用的大柱，一般为石质。华表通常竖立于皇宫和帝王陵园之前，设在陵墓前的又称墓表，是皇家建筑的特殊标志。

华表（如图5-22所示）柱身多雕刻云龙等图案，上部横插着雕花的石板，称云板。云板一头大一头小。柱顶蹲着一尊异兽，俗称"望天犼"。据说，此蹲兽性喜望。头向外表示外出的君王不要迷恋山光水色，尽快回宫处理政事，名曰"望君归"；头向内则表示希望君王不要沉湎于酒色声娱之中，要经常外出走走，体察民情，因而名曰"望君出"。

图 5-22　华表

（三）牌坊

牌坊又叫牌楼，是一种门洞式纪念性建筑物，是封建社会为表彰功勋、科第、德政以及忠孝节义而立。牌坊又是祠堂的附属建筑物，昭示家族先人的高尚美德和丰功伟绩，兼有祭祖的功能。牌坊建筑具有明显而浓郁的中国风情，现今仍有很多海外的"唐人街"把牌坊建筑作为标志。

最初的牌坊建筑呈门楼形式，也就是在两个望柱之间连以额枋、上书名称，后来演变为里坊大门，作为建筑的入口性建筑物。此后逐渐形成一种旌门制度，具有门第高低的标志作用。唐以后，坊门变成牌坊，演绎成街头、巷口一个上方悬挂坊名匾额的标志性建筑。

中国的牌坊大体分南、北两派。南派牌坊秀丽精巧，尤其是苏（州）式牌坊，淑女气十足；北派牌坊多为宫廷建筑，显得凝重粗犷。

从牌坊的主要建筑材料上看，有石牌坊、木牌坊、砖牌坊、琉璃牌坊、砖石木合造牌坊等。

在中国封建社会特别是明清时期，立牌坊是一件极为隆重、极不容易的事，是由各级官府乃至最高统治者控制的一种官方行为。建筑牌坊的规格也有严格的等级限制。能获得皇帝降旨建造牌坊，对一个人、一个家族乃至一个地方来说，都是一种至高无上、无与伦比的殊荣。

中国最大的古牌坊群在安徽歙县棠樾村。该牌坊群（如图5-23所示）是棠樾村鲍氏家族经明、清两代而建成。"棠"是棠梨树，"樾"为两树交荫之下，"棠樾"意为棠荫之处，村名由此而来。该村是一个以"孝悌"为核心，严格奉行封建礼教、倡导儒家伦理道德的家族。该家族不单出了许多忠臣孝子和节妇，还出现了"上交天子，藏镪百万"，号称江南首富、显赫一时的大徽商鲍志道。显赫的家族创造了显赫的牌坊，牌坊按"忠、孝、节、义"顺序排列，勾勒出封建社会"忠孝节义"伦理道德的概貌，包含了封建礼教的全部内容。

图5-23 棠樾村牌坊

（四）彩画

中国古建筑从宫殿到民宅，木构架是主要的材质和结构方式，在木构架上绘彩不仅是一种美化建筑的装饰艺术手法，同时也是保护木材的一种有效措施。清代彩画由高至低可分为三个等级：和玺彩画、旋子彩画和苏式彩画。

和玺彩画（如图5-24所示），用于皇家建筑的重要殿堂。特点是画面由各种不同的龙或凤的图案组成，间补以花卉图案，沥粉贴金，因此金碧辉煌。

图5-24　和玺彩画

旋子彩画（如图5-25所示），主要用于宫殿的次要建筑和衙署、庙宇等建筑物上，一般居民是不准用的。画面用简化形式的涡卷瓣旋花，有时也可画龙凤。

图5-25　旋子彩画

苏式彩画（如图5-26所示），主要用于等级较低的建筑，如宫苑园林等。多位于檐下及室内的梁、枋、斗拱、天花及柱头上。其特点是中心处画一半圆形的"包袱"，"包袱"内描绘的内容有很大的自由度，风景、花卉、动物、人物甚至世俗故事等无所不包。

图 5-26　苏式彩画

 **课后任务 ▶▶▶**

1. 以中国历史的某一朝代为例，简述其主要建筑文化内容。

2. 结合古建筑基本构件知识，用 PPT 制作课件，展示本地或知名的旅游景点里的建筑构件实例。

3. 请模拟导游设计北京故宫游览路线图，结合建筑知识和历史知识，进行故宫导游词创作。

4. 请用实例说明并归纳哪些建筑装饰或构件可以反映古代社会等级观念。

5. 收集你所在省市的著名古代建筑工程，说明它们有什么特点。

6. 考察你所在地区的古代民居建筑实例，分析其中蕴涵的文化思想。

第六章 圣殿梵音——中国宗教文化

知识目标

- 了解中国各民族宗教信仰情况及宗教政策。
- 掌握中国四大宗教发展历史、主要教义思想和派系特点。
- 掌握中国四大宗教的宗教礼仪、节日和主要禁忌。
- 熟悉中国宗教旅游资源及文化内涵。

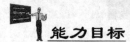

能力目标

- 能根据建筑或服饰的外观区别不同宗教信徒。
- 能根据宗教胜迹，设计合理可行的宗教旅游路线，并作导游讲解。

千百年来，宗教文化作为我国传统文化的重要组成部分，在漫长的发展历程中，形成了浩繁的书籍、绘画、建筑等宝贵财产。宗教文化是人类传统文化的重要组成部分，它影响到人们的思想意识、生活习俗等方面，并渗透到文学艺术、天文地理等各个领域，是旅游资源的重要组成部分。旅游业的发展，对于宗教文化的继承、传播、交流和研究都起到积极的促进作用。

第一节 中国宗教文化

一、宗教的起源和特征

原始人类面对险恶的自然环境和无法抗拒的大自然的威力充满了恐惧和惊异，力图去认识解释周围世界，由于其实践范围有限，思维能力低下，只能运用最简单的类比判断，由已知的东西去推想未知的东西，用幻想去解释世界。因为人类自己是有意

识的、有意志的，所以推想统治人类的大自然、自然界的一切也是有意识、有意志的。它们威力无穷，能够随意给人类带来灾难或幸福。人们对此无能为力，只能敬之畏之。从宗教的产生、发展的历史过程来看，它大致经历了两个大的发展阶段：一是原始宗教阶段。这是在原始社会中出现的一种较低级的宗教，或称作自然宗教；二是社会宗教。这是指原始宗教进入阶级社会后演变成的宗教。

对超自然的神灵和来世的信仰，是宗教最基本的特征。它是指一种关于超自然物的观念，是对超自然现象的实在性的信仰。无论什么宗教，都是对现实幻想的反映，都离不开对神灵和永生的信仰。不同之处在于，各个教派信奉的神灵不同。如基督教信仰的是上帝基督，伊斯兰教信仰的是真主安拉，佛教徒信仰的是佛祖等。

二、中国宗教的特点

在漫长的历史长河中，构成我国宗教文化的有佛教文化、道教文化、伊斯兰教文化、基督教文化（含天主教文化）和少数民族地区的原始宗教文化等，诸多的宗教文化多姿多彩，林林总总，成为中国传统文化的一道亮丽的风景线。

（一）多样性和包容性

中国社会对各种不同的宗教信仰都相当宽容。各种宗教及其分支教派都能够在这片土地上正常存在和发展，相互和平共处，人们可以选择信奉各种不同的宗教。许多外国宗教以和平方式，通过正常的文化交流途径传入中国，其中以印度佛教的传入与中国化最为成功。中国人在理解、消化和改造佛学上，态度之认真，思索之深密，耗时之持久，都是相当惊人的。唐、宋、元、明、清诸朝，陆续传入景教、伊斯兰教、摩尼教、祆教、犹太教和近代西方天主教、基督教（新教），除了鸦片战争以后天主教、基督教的传教与西方列强对中国的侵略有联系外，其他宗教，包括明末利玛窦传入天主教，都是以和平的正常的方式传入中国。中国的各教之间未曾发生大规模流血冲突，更没有西方宗教史上长期的宗教战争。

（二）外来宗教都经中国化进程

目前中国社会的五大宗教，除道教为本土宗教外，其他四大宗教（佛教、天主教、基督教、伊斯兰教）都是从国外传入而后成为中国人的重要信仰。儒家思想和道家思想成为中国人吸收外来宗教的重要心理文化背景，没有这样一个背景，中国人不仅不能消化吸收外来宗教，还有可能被外来宗教所同化，从而丧失自己民族的文化特色。但是由于中国固有的传统文化根基深厚，其结果是吸收外来文化和同化外来文化同时并存，外来文化的进入丰富了中国文化，却并不丧失中国文化特有的本色。一切外来

宗教一旦进入中国，便开始了中国化的进程，中国化的程度越高，它在中国的影响便越大。中国把印度传入的佛教理论发展到一个新的高峰，不过是按照中国人的方式发展的，所以它是中国文化的一部分。

三、中国各民族的宗教信仰状况

（一）道教

道教是本土宗教，部分汉族人信仰它，其他如佛教、基督教、伊斯兰教等为外来宗教，都被部分汉族人接受。

（二）佛教

佛教传入中国后，在漫长的发展过程中，逐渐形成汉传佛教、藏传佛教、南传上座部佛教三大系统，在我国少数民族中拥有较多的信仰者。其中，信仰汉传佛教的少数民族有白族、彝族、纳西族、拉祜族等；信仰藏传佛教的少数民族，大致是西藏自治区、青海省、内蒙古自治区、四川省、甘肃省等地的藏族、蒙古族、裕固族、珞巴族等；信仰南传上座部佛教的少数民族有傣族、德昂族、阿昌族、布朗族、佤族等。

（三）伊斯兰教

伊斯兰教于公元 7 世纪中叶和平传入中国，逐渐成为回族、维吾尔族、哈萨克族、东乡族、撒拉族、保安族、乌兹别克族、柯尔克孜族、塔吉克族、塔塔尔族等十个少数民族信仰的宗教，主要分布在新疆、宁夏、甘肃、青海、陕西、云南、河南、山东、河北、北京等省、自治区、直辖市。

（四）基督教

基督教、天主教近代传入中国，利用开医院、办学校、给少数民族创制文字等手段进行传教活动，逐渐影响云南、贵州和东北等边境地区的少数民族，有朝鲜族、俄罗斯族、羌族、彝族、白族、哈尼族、景颇族、傈僳族、独龙族、拉祜族、佤族、怒族、苗族、高山族等少数民族的部分群众信仰。

四、中国的宗教政策

尊重和保护宗教信仰自由，是中国政府对待宗教问题的一项长期的基本政策。宗教信仰自由作为公民的一项权利，得到了宪法和法律的保障。

中国法律规定，公民在享有宗教信仰自由权利的同时，必须承担法律所规定的义

务。在中国，任何人、任何团体，包括任何宗教，都应当维护人民利益，维护法律尊严，维护民族团结，维护国家统一。这与联合国人权文书和公约的有关内容是一致的。

国家在保护正常的宗教活动的同时，要坚决打击在宗教外衣掩盖下的违法犯罪活动和反革命活动，以及各种不属于宗教范围的危害社会秩序和人民生命财产的迷信活动。

第二节　佛教文化知识

一、佛教的起源与发展

佛教约创立于公元前 6 世纪，创始人释迦牟尼出生于古印度北部的迦毗罗卫国，本是国王净饭王的太子。释迦牟尼 29 岁时，有感于人生的种种痛苦，毅然出家寻求解脱之道，35 岁时成为彻底觉悟者——佛。

佛教在印度的发展经历了五个时期，依次为创始期、承传期、部派期、大乘期、密教期。12 世纪末至 13 世纪初，随着伊斯兰教的传入，佛教基本被逐出印度国境。佛教东传是佛教发展的重要历程。公元前 273 年，古印度孔雀王朝第三代国王阿育王即位。他派遣高僧四处传播佛教。其中一条路线是向东传入中国新疆并进入内地。

公元 64 年，最早来中国传法的是西域高僧摄摩腾和竺法兰。汉明帝请他们到洛阳白马寺翻译佛经，最先译好的佛经是《四十二章经》，这是中国第一部汉文佛经。伟大的唐代高僧玄奘是前往印度取经的最重要的人物。他于贞观三年（629）离开长安西行取经。他西行求法 17 年，行程 5 万里，到过 138 个国家，带回大小乘经论 657 部。玄奘回到长安后，用了 20 年时间，译出 75 部佛经，1335 卷，成为中国四大译经家之一。

二、佛教的经典和标志

（一）经典

大乘佛教和小乘佛教的经典，包括经藏（释迦牟尼说法的言论汇编）、律藏（佛教戒律和规章制度的汇编）、论藏（释迦牟尼后来弟子对其理论、思想的阐述汇编），故称三藏经。三藏皆分大小乘，即有大乘经、小乘经，大乘律、小乘律，大乘论、小乘论。藏传佛教大藏经称为《甘珠尔》（佛语部）和《丹珠尔》（论部）。

（二）标志

佛教的旗帜或佛像的胸前，往往有"卍"的标记，此标记在唐武则天时定音为

"万"，意为太阳光芒四射或燃烧的火。后用作佛教吉祥的标志，以表示吉祥万德。佛教的另一标志为法轮，法轮原为印度一种无坚不摧的战车，佛教用以比喻佛法。有两种说法，一说佛法能摧破众生烦恼邪恶，如佛法摧破山岳岩石一样；另一说是佛法如车轮一样辗转不停。

三、佛教的主要教派

公元一世纪前后，从早期佛教中分化出一个派别，佛教的这个新起教派自称"摩诃衍那"，汉语意为"大乘"。大乘佛教贬抑原教派为"小乘"，但后者却并不接受这个称号，而自称上座部佛教。

（一）大乘佛教

大乘佛教把释迦牟尼看成是大慈大悲、法力无边的众神之主，同时又宣扬佛有许多化身，说三世十方有无数佛，造出各种菩萨来。积极宣传只要虔诚信仰，则众生皆能成佛。主张救赎一切众生，宣扬大慈大悲，建立西方极乐世界，将成佛度世、建立佛国净土作为最高目标。

（二）小乘佛教

小乘佛教着重伦理教诲，不拜偶像，认为宇宙中没有什么最高主宰，释迦牟尼也只是教主而不是神。强调主张众生自救，佛只指出途径，修行能入涅槃，但不能人人成佛。追求个人的自我解脱，进入不再轮回的涅槃，小乘佛教信徒所追求的最高果位是阿罗汉。

四、佛教的信奉对象

佛教信奉的对象较多，加上佛教各个宗派不同，因此形成了较为复杂的信仰系统。

（一）佛

佛就是由梵语音译为浮屠、佛陀等，佛是佛陀的简称。即自觉、觉他（使众生觉悟）和觉行圆满者。

1. 三身佛

据天台宗说法，佛有三身，即法身佛毗卢遮那佛，代表佛教真理（佛法）凝聚所成的佛身；报身佛卢舍那佛，指以法身为因，经过修习得到佛果、享有佛国（净土）之身；应身佛（又称化身佛）指佛为超度众生，来到众生之中，随缘应机而呈现的各种化身，特指释迦牟尼之身。

2. 三世佛

（1）横三世佛，又称三方佛，即西方极乐世界（净土）教主阿弥陀佛、东方净琉璃世界（净土）教主药师佛、娑婆世界（即我们人类现住的"秽土"）教主释迦牟尼佛。

（2）竖三世佛，从时间上体现佛的传承关系，表示佛法永存，世代不息。正中为现在世佛，即释迦牟尼佛；左侧为过去世佛，以燃灯佛为代表；右侧为未来世佛，即弥勒佛。

3. 弥勒

弥勒佛音译慈氏，相传继释迦牟尼之后为佛。寺院中弥勒造像有佛像、菩萨像（天冠弥勒）和化身像（大肚弥勒）三种。其中大肚弥勒的化身像（如图6-1所示）来自五代时期明州（宁波）奉化地区的契此和尚的传说。

图6-1 大肚弥勒像

（二）菩萨

所谓菩萨，是"菩提萨埵"的略称，即指自觉、觉他者，是指按大乘佛教修行，将来可以成就佛果的修行者。

1. 文殊菩萨

即文殊师利菩萨，是释迦牟尼佛的左协侍，象征智慧的菩萨，经常协同释迦牟尼佛宣说佛法。顶结五髻，手持宝剑（或宝卷），象征智慧锐利；身骑狮子，象征智慧威猛，人称大智菩萨。相传其道场在山西五台山。

2. 普贤菩萨

他掌管诸佛的理德、行德，代表"德"与"行"。据说他有延命之德，发过十种广大心愿，决心要为佛教做弘法工作。手持如意棒，身骑六牙大象（表示六度），人称大行菩萨。相传其道场在四川峨眉山。

3. 观音菩萨

又称作观世音菩萨、观自在菩萨等，以大慈大悲为德性，人若有难，只要诵其名号，"菩萨即时观其声音，前往拯救解脱"，可示现三十二应身，是四大菩萨之一。在佛教中，同大势至菩萨一起，是阿弥陀佛身边的协侍菩萨，并称"西方三圣"。左手持净瓶，右手持杨柳，也称大悲菩萨。相传其道场在浙江普陀山。唐代以后为避唐皇李世民讳，遂改为"观音菩萨"。

4. 地藏菩萨

因其"安忍不动，犹如大地，静虑深密，犹如秘藏"而得名。他曾发宏愿："众生度尽，方证菩提，地狱未空，誓不成佛。"手持锡杖，或手捧如意珠，也称大愿菩萨。相传其道场在安徽九华山。

（三）罗汉

全称为阿罗汉，即自觉者。达到这一果位者，身心六根清净，无明烦恼已断，受诸天人尊敬供养，永远进入涅槃境界，不再生死轮回，并弘扬佛法。寺院中有十六罗汉、十八罗汉、五百罗汉。民间传说的济公，也列在罗汉之中。

（四）护法天神

1. 四大天王

东方持国天王，身白色，手持琵琶；南方增长天王，身青色，手握宝剑；西方广目天王，身红色，手缠龙或蛇，有的另一手持宝珠（取龙戏珠之意）；北方多闻天王，身绿色，右手持宝伞，有时左手握神鼠。四大天王的形象寓意着他们分别掌管风调雨顺，护国安民，在天王殿内大肚弥勒像的东西两侧。

2. 韦驮

汉化韦驮为身穿甲胄的少年武将形象，手持法器金刚杵，通常置于天王殿大肚弥勒像背后，脸朝大雄宝殿。我国佛教寺院中一般以韦陀手中金刚杵的拿法表示该寺院是否为接待寺：如果是托在手上或者抗在肩膀上，表示此处是十方丛林，可以接受外来僧人挂单，最多三天，如果想在此常驻，要去找当家师商量申请；如果金刚杵是杵在地上的，则表示此为家庙，不接受挂单。

五、佛教文化要义

（一）佛教基本教义

1. 苦谛

苦谛是把社会人生判定为"苦"，全无幸福欢乐可言。认为人生有"生"、"老"、"病"、"死"等多种苦，还有 108 种烦恼。如佛教成语愁眉苦脸、生老病死、苦海无边，回头是岸等，均可反映这些思想。

2. 集谛

集谛是对造成痛苦与烦恼原因的分析，大体可概括为"五阴聚合说"、"十二因缘说"和"业报轮回说"等。

3. 灭谛

提出了佛教出世间的最高理想——涅槃。"涅槃"是梵文的音译，意译作"灭度"、"圆寂"等。涅槃的根本特点是达到熄灭一切"烦恼"、超越时空、超越生死轮回的境界。

4. 道谛

即解脱之路，通向涅槃之路。被总结为"八正道"，从身、口、意三个方面规范佛徒的日常思想行为。又被归纳为戒、定、慧三学。

 小知识

"四大皆空"是空无所有吗？

在提到"四大皆空"这个名词的时候，许多人往往会说："出家人四大皆空。"在世人心目中，出家人看破了名利，看破了世事，这就叫做"四大皆空"。但是很多人对"四大皆空"的究竟内涵并不知道。

"四大"本是指"地、水、火、风"这四种组成物质世界的元素。佛教主张世界万物与人之身体皆由地、水、火、风这四大元素和合而成。说人的身体是由"四大"组成，是说人身中的发毛、牙齿、皮肉、筋骨等与"地"的性质相同，故称为地大；人身中的唾涕、脓血、津液、痰泪、大小便等都足以润湿为性，与"水"的性质相同，所以称为水大；人身中之暖气、温度等都是以燥热为性，与"火"的性质相同，所以称为火大；人身中之出入息如风之好动，与"风"的性质相同，所以称为风大。说人身的"四大皆空"，是说人的身体随着年龄的增大、岁月的变换，发毛、牙齿有脱落，体重有增减，发毛、牙齿、皮肉没有一样是属于实在的"我"，所以说是"地空"；而血液、痰、泪等都在不断地新陈代谢，所以说是"水空"；人的身体虽说都在 37 度左右，但随着春暖秋凉、夏暑冬寒，人的体温也在不断地变化，从来不恒实不变，所以说是"火空"；而人随着呼吸不断地更换着身体中的气息，以增加身体的氧气的需要，所有的这一切动作只是完全身体中的二氧化碳与氧气的更换，说明白一点，只是帮助空气中气息流通而已，没有一份氧气或二氧化碳是实实在在属于"我"的，所以说"风"空。这是从一个有生命体的人来说明"四大皆空"，若是说得更彻底一点，当一个人撒手之后，他的身体、一切都留下了，身体、毛发、血液、体温、气息，没有一点是不还给这个大自然的，这四大本来属于这个大自然，一切皆不是"我"的，所以说"四大皆空"。

（二）主要仪轨和节日

1. 汉传佛教主要仪轨和节日

（1）传接和受戒。成为在家正式佛教徒，必须三皈五戒。三皈是皈依佛、皈依法、皈依僧；五戒是五种禁绝之事：一戒杀，二戒盗，三戒邪淫，四戒妄语，五戒饮酒。

（2）水陆法会和瑜伽焰口。水陆法会是为普济水陆一切鬼神而举行的佛事活动，其内容主要为设斋诵经、礼忏施食。瑜伽焰口简称放焰口，是中国流行很广的一种佛教仪式。放焰口的宗教目的是超度亡灵。水陆法会和瑜伽焰口都是集文学、唱诵、音乐、手印、法事于一体的宗教仪式。

（3）浴佛节，即佛诞日。浴佛节是在释迦牟尼佛诞辰日举行的大法会。汉传佛教浴佛节在每年的农历四月初八日，信徒用小勺舀水从太子佛像头顶淋下，为佛洗浴。

（4）盂兰盆法会。每逢农历七月十五日，佛教徒为追荐祖先而举行"盂兰盆会"。《盂兰花经》上讲，目连随佛听法得道，通了天眼、天耳，看到他的母亲处地狱饿鬼之中，吃不到饭，骨瘦如柴，目连马上用钵盛了饭，送给母亲。母亲得到饭后，用手抓饭，饭还没吃到口就变成了团火。目连感到很悲哀。佛说他的母亲罪孽深重，目连虽得了道，却不能救他的母亲，应当依靠十方僧众之力才能解脱，并要求目连在农历七月十五众僧忏悔、检讨时，准备百味百果等供奉众僧，然后众僧念动咒语，才能使母亲得救。佛教根据传说兴起了盂兰盆会。

（5）成道节。释迦牟尼成佛之前，曾苦修多年，饿得骨瘦如柴，决定放弃苦行。此时遇见一牧女送他乳糜，食后体力恢复，后端坐菩提树下沉思，于十二月初八"成道"。为纪念此事，中国佛教徒于农历十二月初八，以米和果品煮粥供佛，称为"腊八粥"。后来吃腊八粥演变成中国民间的习俗。

2. 藏传佛教主要仪轨与节日

（1）活佛转世。藏传佛教认为，修行成佛的僧人圆寂后，他得肉体已毁，但精神与佛性仍然存在，精神与佛性可以投胎转世，即转世灵童，继续前生的弘法事业。这过程叫做活佛转世。在清代顺治、康熙年间，清政府先后正式册封宗喀巴的再传弟子为达赖喇嘛和班禅额尔德尼，从此正式形成两大活佛转世制度。历代转世，须经中央政府批准。

（2）天葬与塔葬。藏传佛教有两种独特的丧葬仪式，一为天葬，一为塔葬。

天葬是将尸身碎后喂秃鹰，秃鹰一群有二三十只或更多。秃鹰消化力惊人，可以连同骨头消化，一点不剩。食后，秃鹰将粪便排于高空，随风而去，一切皆空。藏传佛教信仰者认为秃鹰可以把死者灵魂带入天堂。因此，采取这种丧葬形式的藏人很多。

塔葬源于古印度。佛教传入西藏后，塔葬的习俗也传到西藏。藏区最早出现塔葬是 8—11 世纪，塔葬只葬僧人。五世达赖喇嘛圆寂后，弟子为他建了一座肉身灵塔。肉身灵塔一般只安奉活佛肉身。

（3）雪顿节。藏历七月一日，为藏传佛教夏安居结束日。这天，佛教徒出寺下山，藏族百姓向喇嘛们施舍酸奶子，节日至七月初五结束。每年拉萨雪顿节期间，哲蚌寺要举行隆重的展佛仪式。藏历六月三十日，哲蚌寺的僧人们要在根培乌孜山上挂出一副高 30 米、宽 20 米的巨大释迦牟尼像供人们瞻仰，信徒们争相以最虔诚的方式表示对佛的顶礼膜拜。

（4）燃灯节。每年藏历十月二十五日举行燃灯节。该天是藏传佛教格鲁派创始人宗喀巴大师的涅槃日。这天晚上，藏族地区所有格鲁派寺院和俗家的屋顶上都点燃油灯，以示纪念。

3. 云南上座部佛教主要仪轨与节日

（1）小沙弥。傣族男孩在七八岁时即被父母送往佛寺当小沙弥，并在寺里学文化，到 10 岁左右，可申请升和尚。傣族人认为，只有当过和尚的男人才称得上是真正的男人，才有资格进入社会，受到别人尊敬。

（2）安居节。佛陀在世时，见到夏季虫蚁觅食忙碌，便规定雨季 90 天内僧人不外出，免踏伤虫蚁，并利用这段时间认真修行。上座部佛教继承了这一传统。

（3）泼水节。泼水节就是"浴佛节"。每年佛诞日，为了表达庆贺的心意，除在僧侣们主持下为佛像洒香水洗尘外，还用菩提树叶蘸上清泉水互相洒在身上，这是最美好、最崇高的祝福。人们由寺内至寺外，由乡村至城镇，万众欢庆，互相泼洒，泼水节要过三天。

六、中国佛教的主要宗派

（一）汉语系佛教

汉语系佛教由于历史悠久，典籍丰富，分布地域广阔，寺院信徒众多，在中国佛教中影响较大，香港佛教、澳门佛教、台湾佛教同属汉语系佛教。朝鲜佛教、韩国佛教、日本佛教都源自中国，使用汉文佛经，亦同属汉语系佛教。除西藏、内蒙古等信仰藏传佛教的地区和云南南部西双版纳、德宏等信仰南传佛教的地区外，汉传佛教的寺院几乎遍布全国各地。

中国汉语系佛教僧尼除独身、僧装、落发外，另一特点是素食。

汉地佛教主要有八大宗派，分别是：天台宗、三论宗、法相宗、律宗、华严宗、密宗、净土宗、禅宗。其中净土宗和禅宗，仍是今天汉传佛教的主流。

（二）藏语系佛教

藏语系佛教又称藏传佛教，公元 7 世纪自印度传入中国西藏地区，与当地原有的苯教融合形成藏传佛教。藏传佛教主要分布于西藏、青海、内蒙古、甘肃、四川、云南等地区。信奉藏传佛教的民族主要有藏族、蒙古族，此外还有裕固族、门巴族、纳西族、土族、羌族等。现在，藏传佛教已经流传到世界上很多国家，其影响也越来越大。目前藏传佛教有佛寺 3000 余座，僧尼 12 万人。

藏传佛教的特点有：咒术性、对喇嘛异常的尊崇、活佛转世思想和宗教与政治的结合。主要派别有宁玛派、噶举派、萨迦派、格鲁派。

（三）巴利语系佛教

巴利语系佛教又称"南传上座部佛教"，或简称"南传佛教"。南传地区主要指斯里兰卡、缅甸、泰国、柬埔寨、老挝等国家。

南传佛教在中国流传于滇南或滇西南的西双版纳、德宏、临沧、思茅、保山等地区的傣、布朗、阿昌、德昂和部分佤族之中。南传佛教对当地民族的社会、文化、艺术、教育产生了极其深远的影响，以至形成了以傣族为代表的在道德、心理、风俗、教育、天文、历法、医学、绘画、音乐、舞蹈、建筑等方面别具特色的佛教文化圈。

云南南传佛教的主要特点：（1）佛教分寺，从地区总佛寺、县总佛寺、中心佛寺到村寨佛寺；（2）将儿童送入寺院出家一定时间，然后或还俗或留在寺院继续做僧人。

七、佛教旅游名胜

（一）四大名山

1. 五台山

五台山位于山西五台县，相传为文殊菩萨显灵说法的道场。文殊菩萨，象征智慧锐利，人称大智菩萨。五台山寺庙众多，最多时达 300 多处，相当于"千佛之国"泰国曼谷全城的寺庙数，是历代皇帝朝拜次数最多的佛山。五台山是我国唯一兼有汉地佛教和藏传佛教道场的佛教圣地。显通寺、塔院寺、菩萨顶寺、殊像寺和罗睺寺并称为五台山五大禅处。

2. 普陀山

普陀山是浙江省舟山群岛中的一个小岛，相传是观音菩萨显灵说法的道场，有"海天佛国"之称。观音菩萨因其大慈大悲，救苦救难，人称大悲菩萨。山上现有寺院 20 余座，其中普济寺、法雨寺、慧济寺并称普陀三大寺。现存最早的佛寺是"不肯去观音院"，相传公元 916 年，日本僧慧锷从五台山请得观音像，取归日本，船过普陀山附近遇暴风雨不能前进，众人疑惧，便祷告说："若尊像于海东机缘未熟，请留此山！"随即船就浮动并且到潮音洞下，被称为"不肯去观音院"，即是此道场的开基。

3. 峨眉山

峨眉山位于四川省峨眉山市，相传是普贤菩萨的道场。普贤菩萨是遍具众德的意思，他曾发过十种广大行愿，要为"上求佛道，下化众生"出力，无有间断和疲厌，故有"大行菩萨"的尊号。峨眉山自东汉开始创建道观，唐宋以后成为佛教名山。现有大小寺庙 20 余处，其中最著名的是报国寺、伏虎寺、万年寺、雷音寺以及金顶普光殿等。

4. 九华山

九华山位于安徽青阳县。传说唐代时，被视为地藏菩萨化身的新罗国王宗室金乔觉曾经栖止九华山，九华山乃成为地藏菩萨的道场。地藏菩萨因其决心"众生度尽，方正菩提，地狱未空，誓不成佛"，所以人称大愿菩萨。山上现有寺庙 90 余座，其中化成寺是九华山的开山寺、总丛林，祇园寺、百岁宫（又名万年寺）、东崖寺和甘露寺并称为九华山四大丛林。

（二）著名寺院

1. 白马寺

白马寺位于河南省洛阳市，据说汉明帝派蔡愔、秦景西行求佛经，聘请了印度僧人摄摩腾、竺法兰两位高僧牵白马驮佛经来我国传教。汉明帝敕令仿天竺式样修建寺院，为纪念白马驮经的功劳，将寺院取名"白马寺"。

2. 法门寺

法门寺位于陕西省扶风县，为唐代皇家密宗内道场。1987 年 4 月考古工作者在法门寺地宫发掘出土 4 枚释迦牟尼佛指舍利和举世仅存的唐密佛骨舍利供养曼荼罗（坛场）。这是具有世界意义的两项极为重要的发现，受到世界佛教徒的崇敬。

3. 少林寺

少林寺位于河南省登封市嵩山西麓，建于北魏太和二十一年。相传佛教禅宗初祖菩提达摩，曾到少林寺传法，故山门西侧还留有石坊题额"大乘胜地"。

4. 灵隐寺

灵隐寺位于浙江省杭州市西湖武林山麓。灵隐山飞来峰洞窟的造像，其历经的年代之久，造像之集中，实属罕见，它又与砖木结构的雕饰精致的灵隐寺殿宇相映成辉，是五代吴越国时曾拥有 9 楼、18 阁、72 殿堂、僧人三千的大寺院。南宋时，杭州成为都城，灵隐寺更是备受皇恩，以"禅窟"闻名遐迩。

5. 雍和宫

雍和宫位于北京城北角安定门内，是我国内地城市中最大的一座藏传佛教寺院，原为清代雍亲王胤禛的府第，雍正即位后改为雍和宫，乾隆九年（1744 年）正式改为喇嘛寺。寺内五百罗汉山、檀木大佛和金丝楠木佛龛并称为雍和宫三绝。

6. 哲蚌寺

哲蚌寺位于西藏自治区拉萨市西郊，现为藏传佛教规模最大的寺院，也是中国最大的寺院，达赖二世、三世、四世均在此"坐床"。

7. 布达拉宫

布达拉宫位于西藏自治区拉萨市西北玛布日山上，是我国著名的宫堡式的建筑群，传说是为迎娶文成公主而建。宫殿依山势而建，非常雄伟。宫内存有达赖喇嘛灵塔八座，以及大量珍贵文物和罕见经文典籍。

（三）著名石窟

1. 敦煌石窟

敦煌石窟位于甘肃省敦煌市，以莫高窟规模最大、内容最丰富、最为著名。敦煌莫高窟保存有前秦，经北魏、西魏至元朝各代的壁画（4.5 万平方米）和彩塑（2000 多躯），是世界上现有规模最大的佛教艺术宝库。

2. 云冈石窟

云冈石窟位于山西省大同市，存有北魏时期石造像 5.1 万余尊。以造像粗犷古朴、

气魄雄伟、内容丰富多彩著称。云冈石窟以昙曜五窟最为著名，其中第 20 窟露天大佛（释迦摩尼像）是云冈石窟最雄伟雕像，也是云冈石窟艺术的代表作。

3. 龙门石窟

龙门石窟位于河南省洛阳市，存有北魏至隋、唐、北宋石造像 9.7 万余尊，号称"十万石佛"。以盛唐石造像为代表，但艺术风格逐渐脱离印度影响，向民族化、世俗化发展；造像身躯健美，丰满端庄。龙门石窟以奉先寺石窟最著名，奉先寺中的卢舍那大佛是中国石窟史上空前绝后的佛像杰作，也是龙门石窟艺术的代表。

4. 大足石刻

大足石刻位于重庆市大足县，现存有晚唐、五代、两宋摩崖造像 5 万余座，分布 40 多处。以两宋石造像为代表，其审美意趣完全汉化、世俗化，造像典雅、精致、秀丽，肌体很少裸露，穿着较厚重汉化衣裳。大足石刻以北山和宝顶山最为集中，是我国晚唐以后石窟艺术的代表之作。

5. 麦积山石窟

麦积山石窟位于甘肃省天水市，保存有后秦、北魏至清各代洞窟。以数以千计的敷彩泥塑造像著称于世，有"东方雕塑博物馆"之誉。

第三节 基督教文化知识

基督教产生于公元 1 世纪的巴勒斯坦地区。相传为犹太的拿撒勒人耶稣所创，信仰者称耶稣是上帝的儿子，是基督（即救世主）。

"基督教"一词有两层含义，广义的基督教包括天主教、东正教、新教三大分支和其他一些较小教派；狭义的基督教专指新教。基督教与佛教、伊斯兰教并称为世界三大宗教。据不完全统计，基督教教徒已达 13 亿左右，是世界上信仰人数最多、影响最大的宗教。

一、基本经典和标志

（一）基本经典

基督教的经典为《圣经》，由《旧约全书》和《新约全书》两部分组成。《旧约全书》原是犹太教的经典，为基督教全部接受并根据基督教观点作出解释。《新约全书》为基督教特有的圣经，共 27 卷，为基督教各派所共同接受。基督教所有各派均认为新、旧约圣经全部都是由上帝默示写成，是上帝的启示，可以认为是上帝的话语，具有最高权威，是基督教信仰的依据，为宣传教义和教徒行为的标准。

（二）标志

基督教的标志是十字架。一根竖木和一根横木组成的十字架，其含义对基督徒是非常强烈的，它是基督受难和复活的象征，也是为义舍命牺牲的意思。耶稣被钉十字架，是为了拯救世人。每个人也应当背起十字架来去救别人，不怕舍命牺牲，这就是它的精神和含义。

二、基督教的基本教义和主要礼仪

（一）基本教义

1. 上帝创世说

基督教认为，在宇宙造出之前，没有任何物质存在，只存在上帝及其"道"。上帝就是通过"道"创造一切，包括创造地球和人。故上帝是万能的，是真、善、美的最高体现者。人们必须无条件地敬奉和顺从上帝，否则就要受到上帝的惩罚。

2. 原罪救赎说

基督教宣称，上帝创造了人类的始祖亚当和夏娃，但他们偷吃了伊甸园里的知善恶树上的禁果，因而被驱逐出园。亚当和夏娃的罪世代相传，成为整个人类的原始罪。这种原罪，人类无法自救，只有忏悔，基督即可为之赎罪。

3. 天堂地狱说

天堂是个极乐世界，信仰上帝而灵魂得救，都能升入天堂。不信仰上帝，是不思悔改的罪人，死后灵魂将受惩罚下地狱。天主教和东正教还为既不能上天堂，又不能下地狱者设炼狱，暂时受苦，罪恶赎完，可再升入天堂。

（二）宗教礼仪

1. 洗礼

以色列人从古就有以沐浴洗净污秽的习惯，耶稣之前的施洗约翰也传讲"悔改的洗礼"，要求人悔改，作为迎接弥赛亚的准备。耶稣复活后留下大使命："你们要去使万民做我的门徒，奉父、子、圣灵的名，给他们施洗。"洗礼不仅是个人悔改加入教会的仪式，也是将自己奉献、交托给耶稣基督，而且是"罪得赦免"接受圣灵的证明。圣职人员施礼时会口诵："我奉父、子、圣灵的名给你施洗。"洗礼的形式主要有浸水礼和点水礼。

2. 圣餐礼

福音书记载了耶稣在受难的前一天晚上与门徒们一起吃逾越节的宴席，吃的时候

耶稣拿起饼来，祝福，掰开，递给门徒，说："你们拿着吃，这是我的身体，为你们舍的，你们也应当如此行，为的是纪念我。"又拿起杯来，祝谢了，递给他们，说："这是我立约的血，为多人流出来。"在圣餐中，饼是表明基督的身体，而杯（用葡萄汁或葡萄酒）则表明基督的血。

三、基督教的主要教派

基督教派指基督宗教中存在的不同派别和分支，它们在某些教义上相同，但彼此也有不同，并形成不同的组织体系。基督教可以分为天主教、东正教和新教三大教派，但各个教派又有分支。

四、基督教的信奉对象

在中国，基督教新教徒对其所信奉之神译称为"上帝"；天主教则译作"天主"。上帝是天地万物的创造者和主宰，并对人赏善罚恶。基督教宣称，上帝（天主）只有一个，但包括圣父、圣子、圣灵三个位格。三者完全同具一个本体，共同构成上帝的统一整体，而不是三个独立的神。

五、基督教主要称谓、节日和教堂

（一）主要称谓

1. 主教

"主教"一词源于希腊文，意为"监督者"。天主教会的主教是宗教的继承人。主教是一个教区的最高管理者，具有祝圣神父、施行坚振等圣事之权。主教祝圣后，便享有最高的圣职品味，是来自天主的直接权利。所有主教，在神品地位上是平等的。

一个教区一般只有一位主教来负责管理，但在一些地区，由于教友众多或其他特殊原因，可以设立助理主教或辅理主教，同样可祝圣为主教。在任主教过世后，助理主教便可在就职典礼后成为教区的治理人，即正权主教。至于副主教，只是受主教委托帮助主教处理一些教区事务，并非主教，在教区行政工作上是主教的助手。

2. 神父

拉丁文 PATER，有"父亲"之意，尊称为神父，也称司铎，是一个堂口的负责人，它的主要任务是服务——宣讲圣言，施行圣事以及成为所有天主子民的公仆。

3. 修生

凡是志于神父生活而在天主教男修院即天主教神哲学院学习的学生，均称为修生。学完教会的基础课程后，转入攻读神哲学的修生称为大修生。

4. 修女

凡女性天主教徒进入修女院后，经严格培训，宣发神贫、贞洁、听命"三愿"，并加入修会组织，度集体生活，终身在教会内从事祈祷或传教工作，其生老病死均由教会负责。

（二）主要节日

1. 圣诞节

圣诞节是基督教大多数教派都遵守的第一大节日，主要是为了纪念救主耶稣基督的降生，在每年的 12 月 25 日举行。其实，基督到底降生在哪年的哪一天已经无史可考。约是公元 386 年开始，罗马教会最早将太阳神日定为纪念主耶稣降生的节日，一千多年来已经被全世界的大多数教会接受。圣诞节的前一天晚上被称为"平安夜"，12月 25 日到次年的 1 月 6 日被称为"圣诞节节期"。今天，在欧美的一些国家，圣诞节已成为一个全民的节日，由于与新年相连，他们常常在圣诞节举行隆重的纪念与庆祝活动，一直过到元旦才结束。

2. 受难日

这是纪念耶稣受难的节日。据福音书记载，耶稣从最后一次进耶路撒冷到被捕、被钉死在十字架上、埋葬、第三天复活，经历七天的时间。在这一周的时间当中，教堂里常常会按福音书中的记载进行相应的纪念活动，直到复活节的来临。由于受难与复活紧密相连，所以在复活节所在的前一周被称为受难周，而该周的星期五就是纪念耶稣受难的日子——受难节。

3. 复活节

复活节是基督教的又一重要节日，是纪念耶稣基督被钉死在十字架受难后的第三天复活。现在，基督信徒参加崇拜的日子大多是在星期天，因耶稣在这天复活，被称为"主日"，不再是《圣经》上所说的星期六，即"安息日"（少数守安息日的宗派除外）。复活节的早晨，教堂里常常有复活晨曦礼拜，信徒们一起高唱复活节赞美诗，来迎接主的复活，还要在树丛或草丛里寻找象征生命与幸运的复活彩蛋。在这一天，信徒们见面的第一句话是："主复活了!"复活节主日也常常举行圣餐礼拜。公元 325 年，第一次尼西亚大公会议规定，每年春分月圆后的第一个主日为复活节，所以复活节在现行公历中的日子是不固定的。

（三）著名教堂

1. 北京南堂

南堂是北京现存最古老的天主教堂。明万历三十三年（1605 年）意大利耶稣会传

教士利马窦始建教堂。清顺治七年（1650 年）德国耶稣会传教士汤若望重建教堂，为朴素的巴洛克式建筑。现为中国天主教北京教区主教坐堂。

2. 上海徐家汇天主堂

上海徐家汇天主堂是 1905 年兴建的法国哥特式大教堂，成为上海地区最大的教堂，并曾被誉为远东最壮观宏丽的天主教堂。现为天主教上海区主教坐堂。

3. 广州圣心大教堂

广州圣心大教堂（如图 6－2 所示）又名"石室"。始建于清同治二年（1863 年），由法国天主教会仿巴黎圣母院建造，属法国哥特式建筑，高 58.5 米，是国内最大的哥特式教堂之一。

图 6-2　广州圣心大教堂

4. 上海沐恩堂

上海沐恩堂原名幕尔堂。建于 1929—1931 年，属美国学院式风格，为典型的"礼交堂"。第一次世界大战后，美国教会发起社交堂运动，教堂除星期日礼拜外，天天敞开大门，供教徒进行各种社会活动。幕尔堂曾另有小学、幼儿园、女子宿舍、女校、夜校、操场、阅览室、健身房等设施，其宗教和社交活动在上海基督教徒中产生了深远影响。

5. 上海圣三一堂

1848 年英国圣公会建造上海圣三一堂，供英侨礼拜用，是英国在华建造的最大教堂。1875 年由美国坎特伯雷大主教直接掌管，大大提高了圣三一堂的地位。该堂的哥特式钟塔，建于 1891 年。由当时驰名世界的建堂建筑师司考特爵士设计，故为闻名远东的著名建筑。

6. 哈尔滨圣索菲亚教堂

哈尔滨圣索菲亚教堂（如图 6-3 所示）始建于 1907 年，是哈尔滨现存最大的东正教堂，属俄罗斯拜占廷式建筑，也是哈尔滨著名景点。

图 6-3　哈尔滨圣索菲亚教堂

7. 上海东正大教堂

上海东正大教堂位于上海市襄阳北路，建于 1933 年，当时为东正教上海教区主教坐堂，是俄侨的礼拜处，属俄罗斯拜占廷式建筑。

 小知识

教堂内禁忌

教堂是天主教会的标记，更是上主临在的殿宇，它是教友祈祷、敬礼天主的场所，是一处最神圣的地方。为此，信友都会自觉以严肃的态度进入，对于衣着不整或穿拖鞋、短裤入堂者是绝对禁止的。同时也禁止在堂内来回乱串、大声喧哗、交头接耳、东张西望、打情骂俏、争夺座位等，更不允许在堂内吃东西、抽烟，因此，非教徒进入教堂时一定要遵守教堂规则。

天主教真诚欢迎所有教外朋友来教堂参与弥撒，参加各种祈祷活动，但教外朋友绝对不允许领受圣体，只有领洗入教并明白圣体圣事的意义后，在灵魂纯洁无罪的情况下，方可善领圣体。我们邀请教外朋友可以和领圣体的教友一起排队来到神父跟前，双手放在肩膀上（可以此作为非教友的标记），请求神父给予降福，神父赐予教外朋友天主的降福。

第四节　伊斯兰教文化知识

伊斯兰教是与佛教，基督教并列的世界三大宗教之一。7世纪初诞生于阿拉伯半岛。我国旧称回教、清真教或天方教。"伊斯兰"一词原意为"顺从"，指顺从"安拉"的意志。其教徒称穆斯林，即顺服安拉意志的人。伊斯兰教由穆罕默德首传，主要传播于亚洲、非洲、东南欧，以及西亚、北非、南亚、东南亚。伊斯兰教早期的传播，与阿拉伯帝国的向外征服有着密切的联系。但自十世纪后，伊斯兰教在非洲、亚洲和东南亚的广泛传播，通过是通过商人的贸易活动，文化交流和传教士的传教活动而实现的。据统计，全世界有57个伊斯兰教国家，其中在30多个国家中，伊斯兰教被定为国教。在当代，伊斯兰教国家和穆斯林人民在国际政治生活中发挥着愈益重要的作用。

一、伊斯兰教经典和标志

（一）经典

《古兰经》是伊斯兰教的根本经典。"古兰"是阿拉伯文，意为"诵读"、"读本"。其中包括伊斯兰教基本信仰、宗教制度、对社会状况分析、社会主张、道德伦理规范、早期制定的各项政策、穆罕默德及其传教活动、当时流行的历史传说和寓言、神话、谚语等。

（二）标志

伊斯兰教的标志是新月。在《古兰经》中多次提到月亮，在穆罕默德看来，新月代表一种新生力量，从新月到月圆，标志着伊斯兰教摧枯拉朽、战胜黑暗、圆满功行、光明世界。

二、伊斯兰教教义

（一）六大信仰

1. 信安拉

在六大信仰中，安拉居于最高的地位。《古兰经》明确称颂安拉是独一的、无始的、最崇高的、实在的主，是创造、主宰并超绝万物的主，是全知全能的主。

2. 信穆罕默德是主的使者

安拉为使人类摆脱迷误，在不同时代，不同地方，从多个民族中选派优秀分子给予他们启示和智慧，并授命为使者，传达他的命令和禁令，号召人们信仰神，引导人们走正道，获得今后两世的幸福。《古兰经》明确指出：穆罕默德本人也是一个凡人，并非崇拜对象，他只是在人间为安拉"报喜信"、"传警告"，是安拉派遣的使者，是所有先知中的最后一位"封印"先知，因而也是最伟大的先知。

3. 信经典

信经典即信徒们必须无条件地信仰《古兰经》和按照《古兰经》办事。

4. 信天使

伊斯兰教认为，天使是安拉用光所创造的一种妙体，纯洁无邪、无性别、长有翅膀、神通广大、变幻莫测。

5. 信后世

伊斯兰教提倡两世兼顾，号召穆斯林既要在现世努力创造美好生活，也应以多做善功为未来的后世归宿创造条件。

6. 信前定

伊斯兰教认为，凡万事万物皆由安拉"前定"（又称主的"定然"），是人的意志不能违抗的。

（二）五大天命

五大天命即伊斯兰教的五项宗教功课，简称"五功"。它们既是教义和制度，又是穆斯林必须履行的宗教义务，被认为是伊斯兰的支柱。

1. 念"清真言"

念为五功之首，是穆斯林信仰的表白。其内容为："万物非主，唯有安拉；穆罕默德是主的使者。"任何人只要接受这一证词，并当众背诵，就成为正式的穆斯林。"念"功贯穿在礼拜、封斋、天课、朝觐四项功课和穆斯林社会生活的一切领域中。伊斯兰教要求穆斯林明确念功的意义，要求用"念"的心得，引导其行为；用行动表现其"念"的结果。

2. 礼拜

礼拜是穆斯林的一项重要义务。穆斯林必须每日朝麦加方向做五次礼拜，破晓一次，称晨礼；中午一次，称晌礼；下午一次，称晡礼；日落后一次，称昏礼；夜间一次，称宵礼。每周星期五午后要集中到清真寺内做一次集体礼，称为"聚礼"。每年开斋节和古尔邦节要举行会礼。伊斯兰教规定：凡是理智健全、身体健康、成年的穆斯林，必须履行拜功。身体洁净是穆斯林礼拜的前提条件，礼拜前按规定要沐浴净身，净身分小净和大净。大净是洗全身，小净则只洗手、足、脸。

3. 斋戒

每年的伊斯兰教历九月要斋戒一个月，每天从日出前开始到日落，要斋戒，禁止饮食与房事。但年老病弱、途中旅行者、怀孕和哺乳的妇女、从事繁重工作者可以例外。斋戒是穆斯林必须履行的宗教义务。

4. 天课

阿拉伯语"宰卡特"的意译，指穆斯林财产达到一定数量时，都应缴纳天课，使自己占有的财产更加洁净。伊斯兰教法规定，穆斯林财产超过一定限额（满贯）时，应该按照一定的比率缴纳天课。今日，大部分地区已变成多少带有鼓励性质的自愿捐赠。

5. 朝觐

阿拉伯语称"哈吉"，指穆斯林定期到"圣地"麦加的克尔白寺庙举行大型的礼拜仪式。伊斯兰教规定，凡身体健康、备有路费和旅途方便的教徒，不分性别，一生至少要去麦加朝觐一次。朝觐是在教历12月7日至13日于麦加及其东郊集体履行的一系列仪式：受戒、绕行克尔白、在赛法和麦尔瓦两山间奔走、夜宿米那、投石、急奔等。最初，朝觐相当于阿拉伯民族的宗教节日，后来成为世界穆斯林统一的象征。

三、伊斯兰教主要派别

伊斯兰教主要有逊尼和什叶两大教派。

（一）逊尼派

逊尼派，是伊斯兰教最大的教派。系穆罕默德死后，在争夺"哈里发"（意为"继承者"、"代理者"）权位的内部斗争中形成，同什叶派对立。逊尼派承认伊斯兰教的四大哈里发都是穆罕默德的合法继任者，因而获得历代哈里发的支持，流传较广，有"正统派"之称。世界绝大多数穆斯林都属逊尼派。中国绝大多数穆斯林也属逊尼派。

（二）什叶派

什叶派，专指拥护阿里（伊斯兰教历史上第四代哈里发，穆罕默德的堂弟）的人。同逊尼派对立。什叶派只承认阿里及其后裔为穆罕默德的合法继任者，并称其为"伊玛目"。什叶派主要分布在伊朗、伊拉克、巴基斯坦、印度和阿拉伯半岛西南部等地。

四、伊斯兰教的信奉对象

安拉是阿拉伯语"真主"的音译，是伊斯兰教"独一无二的神"。"除安拉外，再无神灵"是伊斯兰教最重要的信条。他是世界的创造者。他在六天内创造了世界万物，升起了天空，伸展了大地，高挂起日月，并在浩渺的天空中饰以群星。安拉使大地生长万物，人也是安拉所造，人的一切皆由安拉恩赐。安拉是世界的主宰者，"天地万物，均属安拉"。安拉又是"特慈"的，他伟大而富有同情心。安拉还是"全能"的，无所不在，无所不能，无所不有，不生不灭，永恒存在。

伊斯兰教不设偶像。

五、伊斯兰教主要习俗和称谓

（一）主要习俗

1. 饮食禁忌

伊斯兰教认为，安拉创造宇宙万物，创造人类，为人类创造了大地上的一切，供人们享用，允许人们吃一切合法而又佳美的食物。饮食极重洁净，不吃自死动物、血液、猪肉，还忌讳食驴肉、骡肉、狗肉和外形丑陋之物，并不喝酒。

2. 穆斯林的丧葬

中国忌讳将逝世称作"死"，而称"归真"，对于归真者，忌称"死人"，多称"亡人"。葬仪有①速葬。规定丧葬一般不超过三天。在任何地归真，就地埋葬。②土葬。不用棺椁，直接将缠裹白布的亡人放入土中。并无留坟头、立石碑的规定，任其自然消失。③薄葬。主张厚养薄葬，即生前对老人多尽赡养的义务。一旦归真，要勤俭办丧事。无论亡人是何人都用统一的"开凡"布包裹遗体，葬于同样大小和质量的土墓穴中，严禁用任何陪葬品。

伊斯兰教认为，人生只是生命阶段的一个过程，死是生的必然，死亡是现实生活的终结、来世生活的开始。在丧葬习俗中的禁忌是：禁止在日出或日落和正午时间举

行殡礼，禁止号啕大哭，禁止设灵位、祭台和向亡人祈祷，禁止无故迁坟，禁止盼望死，禁止自杀。

3. 服饰禁忌

伊斯兰教认为，安拉为人们造化了大地上的一切，所以就允许而且要求所有的穆斯林尽可利用地上的物质把自己装饰美观一些。服饰的基本原则是顺乎自然，不追求豪华，讲究俭朴、洁净、美观。禁止男性穿戴高贵服饰，禁止妇女显露美姿和装饰，妇女必须戴面纱、盖头。

4. 人际交往

伊斯兰教是一个重视交往、强调人情的宗教，提倡高尚的道德。《古兰经》倡导人际交往原则是诚实守信、宽恕待人、克己忍耐、互相合作、重视礼节等。凡与这些原则相反的言行都是伊斯兰教所禁止的，被认为是不道德的行为。敬茶、端饭、握手均用右手，用左手被视为不礼貌。伊斯兰教严禁赌博。

（二）主要称谓

1. 伊玛目

伊玛目即教长。逊尼派用以称穆斯林的领袖，什叶派用以称所拥戴的政教领袖。一般常称清真寺的教长。

2. 阿訇

阿訇指主持清真寺教务者，一般有数名。其中担任教坊最高首领和经文大师的分别称作"教长阿訇"、"开学阿訇"。

3. 毛拉

毛拉对伊斯兰学者的尊称。新疆地区有些穆斯林对阿訇也称毛拉。

六、伊斯兰教主要节日和著名清真寺

（一）主要节日

1. 开斋节

开斋节在新疆又称肉孜节。穆斯林在教历 9 月内斋戒。在斋月，每天从日出至日落要禁食，并禁房事。斋月最后一天寻看新月，见月的次日即行开斋，为开斋节。未见月牙，则顺延，但不得超过 3 天。

2. 宰牲节

宰牲节又名古尔邦节。在中国，是穆斯林最大的节日。在教历 12 月 10 日。据传，易卜拉欣受安拉"启示"，命他杀儿献祭，以考验他对安拉的忠诚。当易卜拉欣遵命执行时，安拉又命以羊代替，遂产生宰牲节。穆斯林每逢此日举行会礼，互相帮助，并宰杀牛、羊、骆驼，互相馈赠以示纪念。

3. 圣纪节

圣纪节又称圣纪日，在教历 3 月 12 日。相传为穆罕默德诞生和归真的日子。那天举行圣会、诵读《古兰经》，讲述穆罕默德的生平业绩等。

（二）著名清真寺

1. 泉州清净寺

清净寺位于福建泉州。又名"圣友寺"、"麒麟寺"，与广州怀圣寺、杭州真教寺、扬州仙鹤寺合称中国沿海伊斯兰教四大古寺。清净寺建于北宋祥符年间，是我国现存最古老的典型阿拉伯式清真寺，也是沿海清真古寺中规模最大、建筑艺术最好的一座。属全国重点文物保护单位。

2. 广州怀圣寺

怀圣寺俗称"光塔寺"。始建于唐贞观年间。该寺尤以高 36.6 米仿阿拉伯式邦克塔"光塔"著称于世。属全国重点文物保护单位。

3. 杭州真教寺

杭州真教寺因原建筑群布局状似凤凰，故又名"凤凰寺"。南宋时已建此寺，元、明、清历经重修。以现存元代大殿著称于世。大殿为砖砌，顶作穹庐式，俗称无梁殿，属全国重点文物保护单位。

4. 扬州仙鹤寺

相传南宋时期，教主穆罕默德十六世孙普哈丁来扬州传教时兴建，明、清时重建。寺院属中国传统式建筑，但按仙鹤形布局以体现寺名。

5. 北京牛街清真寺

牛街清真寺始建于辽圣宗三年（公元 991 年），元、明、清均有续建，是北京地区规模最大、历史最悠久的清真大寺，也是中国北方最古老清真寺之一。明代奉敕赐名"礼拜寺"，为我国传统式建筑的清真寺，属全国重点文物保护单位。

6. 西安化觉寺

化觉寺位于陕西西安化觉巷，原名"清修寺"，俗称"东大寺"。始于年代无定论，一说建于明初。该寺为中国传统式建筑，规模宏大，是我国现存规模最大、保存最完整的清真寺，属全国重点文物保护单位。

7. 喀什艾提尕清真寺

艾提尕清真寺位于新疆喀什，始建于 1426 年，是新疆地区最大的阿拉伯式清真寺，也是新疆伊斯兰教最高学府所在地。

第五节　道教文化知识

道教是我国本土固有的传统宗教，渊源于先秦时的鬼神崇拜、神仙信仰及两汉时的黄老道。东汉顺帝时（公元 126 年—144 年），由张陵（即张道陵）创立于蜀郡鹤鸣山（今四川大邑县境内）。因入道者须交"信米"五斗，故时称"五斗米道"，教内称"正一盟威之道"。后因道教尊张道陵为天师，故又名"天师道"。张陵携弟子入蜀，居住在鹤鸣山（又名鹄鸣山）修道。精思炼志数年，著作道书二十四篇。张陵以鹤鸣山为中心设二十四治，传太上正一盟威之道，奉老子为道祖，尊称"太上老君"，以《老子五千文》为主要经典。至此，道教正式形成。

一、道教的基本要义

（一）宣扬"道"是"万物之母"

道教尊先秦道教学派创始人李耳为教祖，将其《老子》一书改名为《道德真经》，作为宗教的主要经典。该书提出"道"是"万物之母"，"德"是道的显现；"道"是无所不在的力量，"德"是道的行动。所以道教的基本教义，即宣扬道是"万物之母"，是宇宙万物之中最核心的东西。

（二）追求长生不老、肉身成仙

道教以死为苦，以生为乐，以长寿为大乐，以不死成仙为极乐，追求长生成仙术，即不老术。道教有一套修炼的办法，分为内养（道教气功）、外养（炼制和服食丹药）、房中术（房中节欲养生之道）等。这些道术包含着许多古化学、医学、药学和养生学的内容，在客观上为我国古代科学技术的发展作出了一定的贡献。

（三）神仙崇拜

神仙崇拜是道教的最基本信仰。道教崇拜神仙，神与仙二字的内涵是完全不同的。神是指天地尚未分开时就存在的真圣，如三清尊神、玉皇大帝。仙则是后天修炼而成，凡是开天辟地以后通过修炼达到长生不老的人，就是仙人。所以，道教徒修炼的目标就是得道成仙。

二、道教的经典和标志

（一）经典

《道藏》是道教经书的汇编，道教经典的精华。《道藏》之名始见于唐代，现存最早的《道藏》是明英宗正统十年（1445 年）刊成的《正统道藏》。《道藏》的内容十分庞杂，除与道教有关的经、论、戒律、法术、威仪与斋醮等内容外，还涉及中国古代的医学、化学、生物、体育、天文、地理等。《道藏》是中国古代文化遗产的重要组成部分。

（二）标志

道教的标志为太极八卦图，又具有镇妖降魔之功能。它鲜明地反映了道教追求吉祥如意、长生不老、羽化成仙等思想。

三、道教的主要流派

中国道教主要分为全真道与正一道两大流派。

（一）全真道

全真道为金朝初年创立的道教宗派，主要创派人为王重阳。全真道以道经《道德经》、佛经《般若波罗密多心经》和儒经《孝经》为主要经典，主张道、佛、儒三教合一。在修行方法上，重内丹修炼，不尚符箓，不事黄白之术（即冶炼金银之术），以修心养性为正道。全真道仿照佛教，建立丛林制度，全真道道士必须出家住宫观，不得蓄妻室，不得茹荤。并制定严格的清规戒律，以修真养性为正道。全真派道士一般冠混元巾，或留发髻。

（二）正一道

正一道是元代形成的道教宗派。元代大德八年，元成宗皇帝正式封张道陵三十八代孙张与材为"正一教主"，统领三山符箓。正一道集符箓派之大成，以行符箓为主要特征（画符念咒），驱鬼降妖，祈福消灾，奉持的主要经典为《正一经》。正一道道士可以有家室，可以不出家，不住宫观，平日没有宗教活动也可以茹荤，清规戒律也不如全真道严格。正一派道士一般冠九梁巾，不留发髻。

四、道教的供奉对象

（一）尊神

1. 三清

三清（如图 6-4 所示）是道教信封的最高尊神。即玉清元始天尊、上清灵宝天尊、太清道德天尊。道教宫观内供奉他们的地方称为三清殿或三清宫。

图 6-4　道教三清像

2. 四御

四御是指地位仅次于三清的四位天帝，即总执天道的玉皇大帝；执掌天帝经纬、日月星辰、四时节气的中央紫薇北极大帝；掌管南北极与天地人三才、统御诸星、主持人间兵革之事的勾陈上宫南极天皇大帝；执掌阴阳生育、万物之美、大地山河之秀的后土皇地只（女神）。其中，玉皇大帝是四御之首。

（二）神仙

1. 真武大帝

相传真武为净乐国太子，后在武当山修炼，得道飞升，所以是道教奉祀的镇守北方天界的威武神，因北方在五行中属水，所以，真武大帝又是水神，有防止火灾的威力。相传明代朱棣发动"靖难之变"向南京进攻时，真武曾显像助威，故朱棣即位后在武当山大力营造宫观，全国各地也相继建造真武庙。全国著名的真武庙有：广东佛山祖庙，云南昆明太和宫，广西容县经略台真武阁。

2. 三官

三官即天官、地官、水官。道教认为，天官赐福，地官赦罪，水官解厄。民间视天官为"福神"，近代又将他和员外郎、南极仙翁一起称为福、禄、寿三星。由于三官职能与民众利害关系密切相关，故而知名度很高，在三官庙、三元庵当中，最负盛名的是广州的三元宫。

3. 妈祖

妈祖原名林默，道教把妈祖列为道教女神（海上保护神）。妈祖得到宋元明清皇帝褒封。全国沿海城市均建有妈祖庙、天后宫、朝天宫等供奉妈祖。湄洲岛妈祖庙为妈祖的祖庭。湄洲岛妈祖庙、天津天后宫和台湾北港朝天宫并列为我国三大妈祖庙。

 小知识

八仙过海的传说

八仙过海是八仙最脍炙人口的故事之一，最早见于杂剧《争玉板八仙过海》中。相传白云仙长有一回于蓬莱仙岛牡丹盛开时，邀请八仙及五圣共襄盛举，回程时铁拐李（或吕洞宾）建议不搭船而各自想办法，就是后来"八仙过海、各显神通"或"八仙过海、各凭本事"的起源。

此时铁拐李抛下自己另一项法器铁拐（或说葫芦），汉钟离扔了芭蕉扇，张果老放下坐骑"纸驴"，其他神仙也各掷法器下水，横渡东海。由于八仙的举动惊动龙宫，东海龙王率领虾兵蟹将前往理论，不料发生冲突，蓝采和被带回龙宫（亦说法器被抢）。之后八仙大开杀戒，怒斩龙子，而东海龙王则与北海、南海及西海龙王合作，一时之间惊涛骇浪。此时曹国舅拿出玉板开路，将巨浪逼往两旁，顺利渡海。最后由南海观音菩萨（或说如来佛）出面调停，要求东海龙王释放蓝采和之后，双方才停战。

五、道教的礼仪

（一）常见称谓

1. 住持

住持是道观的最高负责人，全真道的最高负责人也可称为方丈，往往是由德高望

重的老道担任。

2. 监院

监院是道观管理具体事务的负责人。

3. 道士

信奉道教教义、修习道术的专职道教徒称为道士，女道士称为道姑。

（二）斋醮

斋醮是道教的道士们供斋醮神，设坛祭祷，以求清心洁身、得福免灾的一种宗教仪式。斋，是指斋戒沐浴；醮，是古代一种祷神的祭祀，是指祭礼仪式。

斋醮科仪是道教法事的总称，也称为道场。在道教活动场所内，每逢道教节日、祖师圣诞以及国家有重大政治活动时，道观内都要举行盛大的斋醮科仪活动，共祝国泰民安、风调雨顺，信众祈祷幸福或超度亡者早入天际。现在的斋醮科仪总体上有两种：一是祈祥道场，包括祝寿、接驾等；一是度亡道场，也就是放焰口。

坛场是道众进行斋醮科仪的场所。自古以来关于坛场必须选择干净的场地，有酒坊、见血的地方不能设坛。道教认为，坛场最佳地方应设在"名山洞府，神仙福地，宫观之中，神迹之处，远离坟墓之地。"参加斋醮科仪活动的高功法师、经师、乐师等要净身、净口、净心，沐浴更衣。现在作道场一般都在道观内举行，坛场大都设在大殿之中。

六、道教节日

道教特定的纪念、庆贺、朗诵、追荐之日辰仪典，即为道教节日。道教节日繁多，月月都有，但多数带有地方性，相关宫观与之有关则过，无关则不过。这里只将一些重大节日列举如下：

（一）三清节

三清是道教的最高尊神，即玉清元始天尊、上清灵宝天尊和太清道德天尊。三清道祖圣诞是广大道教教徒都要举行祝寿庆贺的大节日，每逢冬至、夏至、农历二月十五这三天即为玉清节、上清节和太清节。道教宫观在圣诞前一晚举行祝寿，当天早上庆贺，并为广大信众举行盛大的"祈祥道场"。

（二）三元节

三元是上元天官大帝、中元地官天帝、下元水官天帝。天官赐福，地观赦罪，水官解厄。三官大帝的诞辰即三元节分别为上元节正月十五、中元节七月十五、下元节十月十五。唐以后三元节逐渐成为道俗共度的传统节日。

（三）真武大帝圣诞

真武大帝为道教尊奉的执掌北方天界的重要天神，诞辰为农历三月初三。这一天道教宫观要诵《真武经》，上《真武表》，设醮拜忏，朝奉真武。

（四）吕祖圣诞

吕祖名岩，字洞宾。他慈悲救苦，广济世人，曾发誓要先度尽天下众生才愿升仙，因此深受民间百姓景仰。农历四月十四日为吕祖圣诞，是日道观将设斋醮庆贺，为广大信众举办"祈祥道场"，愿祖师恩泽人间。

七、道教胜迹

（一）三山

1. 江西龙虎山

龙虎山位于江西贵溪，为正一道祖庭。它是道教创始人张道陵最初修道炼丹之所。龙虎山天师府是第四代后历代天师起居之所。龙虎山上清宫是历代天师的道场和祀神之处。

2. 江西阁皂山

阁皂山位于江西樟树。为灵宝派祖庭。宫观元以后大多毁于兵火，现仅存遗迹多处。

3. 茅山

茅山位于江苏句容，为上清派祖庭。道教称西汉时有茅盈、茅固、茅衷三兄弟先后至大茅峰、二茅峰、三茅峰修炼得道成仙，合称三茅真君。以后此地改称三茅山，简称茅山。茅山道观都把三茅真君作为主神奉祀，取代三清地位，为他处少见。山上有元符万宁宫始建于唐，为上清派茅山宗开山祖、南朝道教大师陶弘景修道处。

（二）五岳

1. 东岳泰山

泰山又名岱山，泰山主峰位于山东泰安。道教因东方为阴阳交替之地，遂以泰山为五岳之首。古代帝王举行封禅礼一般都在泰山。岱庙（又名东岳庙）是泰山的主庙。供奉东岳大帝（即泰山神，主治人生死及人生贵贱，为冥府众鬼之主帅）。岱庙是东岳大帝祖庭，它与北京故宫、曲阜三孔、承德避暑山庄并称为我国四大古建筑群。碧霞元君祠为道教女神碧霞元君的祖庭。道教称元君统摄岳府神兵，洞察人间善恶。民间传其主子孙繁衍，在民间影响广泛。

2. 南岳衡山

衡山位于湖南衡阳。主要宫观有南岳大庙、黄庭观、九仙观、祝融殿等。主庙南岳大庙供奉南岳大帝（即衡山神，主星辰分野），是湖南省规模最大的古建筑物。黄庭观为东晋女道士魏华存修道之处，魏华存的《黄庭经》为道教的主要经典。

3. 西岳华山

华山位于陕西华阴。华山为五岳中海拔最高的一座山，也是五岳中唯一为道观独占的名山，主要宫观有西岳庙、玉泉院、东道院、镇岳宫等。主庙西岳庙供奉西岳大帝（即华山神，执掌五金陶铸坑冶）。玉泉院是五代宋初陈拓老祖修行之所，因他是华山派祖师，所以提高了华山在道教史上的地位。

4. 北岳恒山

恒山位于山西浑源，曲阳大茂山北岳庙为北魏至明历代朝廷祭祀北岳之所，属全国重点文物保护单位。浑源恒山主庙北岳庙，供奉北岳大帝（即恒山神，主江河湖海）。

5. 中岳嵩山

嵩山位于河南登封。山中主庙为中岳庙，供奉中岳大帝（即嵩山神，主治土地山川陵台）。历史上唯有武则天选择中岳嵩山礼祭封禅。嵩山崇福宫前身为汉武帝所建万岁宫，宋代许多名臣如范仲淹、司马光、李纲、程颢、程颐、朱熹等，曾被贬至嵩福宫任闲职，管理宫观事务，故为著名道观。

（三）武当山

武当山位于湖北丹江口市西南，为道教真武大帝道场。武当山主要宫观有 6 宫 2 观，其中明代建的紫霄宫为武当山现存规模最大的道观，属全国重点文物保护单位；金殿（俗称金顶）是铜铸仿木建筑，属全国重点文物保护单位。武当道派划归全真道。1994 年，武当山古建筑群被列入《世界遗产名录》。

（四）道教宫观

宫观，是宫和观的合称，泛指道教修行、祀神的场所，是道教活动场所的通称。具体包含有这样一些称呼：宫（如崆峒山问道宫）、观（如江苏如皋灵威观）、府（如北岳会先府）、阁（如承德魁星阁）、洞（如庐山仙人洞）、祠（如太原晋祠）、院（如南岳紫竹林道院）、庙（如登封中岳庙）、庵（如青岛海云庵）、台（如鹿邑老君台）、馆（如广东南海云泉仙馆）、堂（如天津吕祖堂）、殿（如骊山老母殿）。

1. 七曲山文昌宫

文昌宫又名梓潼大庙，位于四川梓潼七曲山，是文昌帝君祖庭，它是全国第一座

文昌庙，也是全国文昌庙的祖庙。宋元间道士称，天上文曲星曾于西晋末降生在四川梓潼七曲山为张亚子，以后历代转世，玉皇大帝命他掌管人世功名利禄，备受读书人崇拜。

2. 北京白云观

白云观是全真道第一丛林，全真道最大派别龙门派祖庭，全真道三大祖庭之一。观内邱祖殿下埋有龙门派创始人、元代道士邱处机遗骨。现为道教协会所住地。

3. 成都青羊宫

青羊宫位于四川成都市郊，始建于唐，为成都最大、最古老道观。汉扬雄《蜀王本纪》称："老子为关令尹喜著道德经，临别曰：'子行道千日后，于成都青羊肆寻吾。'"故后世视青羊宫为老子圣迹。

4. 广州三元宫

传东晋葛洪与妻子鲍姑在越秀山结庐修道行医，后羽化。当地人民建鲍仙姑祠纪念。明代加建三元殿供奉三官，并改祠为三元宫。清代为全真道丛林之一，是岭南香火最盛、信众最多的道观。

5. 武汉长春观

武汉长春观始建于元代。传全真龙门派祖师邱处机曾于此修道，所以现名"长春"，为全真道著名丛林之一。

课后任务 ▶▶

1. 试比较大乘佛教和小乘佛教的联系和区别。

2. 收集资料，综合说明佛教、基督教、伊斯兰教和道教各自的宗教思想，并作导游讲解练习。

3. 收集资料，用专题报道的形式说明佛教、基督教、伊斯兰教和道教对人们生活的具体影响。

4. 参观当地的佛教寺院，了解该寺院建筑的基本布局和供奉的佛像，并画出寺院的平面布局图。

5. 自制中国宗教旅游地图，设计合理可行的宗教旅游路线。

6. 了解基督教的宗教仪式，并向同学们讲述圣诞节和复活节的传说故事。

第七章　五味和谐——中国饮食文化

知识目标

● 了解中国饮食文化的发展历程。

● 掌握中国十大菜系的基本知识及代表菜肴。

● 熟悉中国饮食文化中的各地面点。

能力目标

● 能够全面收集中国十大菜系的相关知识，并就每一菜系的成因、制作特点及口味等内容为客人进行专题讲解。

● 能够运用所学知识对各地知名面点进行点评，并为客人进行介绍。

　　在中国传统文化中的阴阳五行哲学思想、儒家伦理道德观念、中医营养摄生学说，还有文化艺术成就、饮食审美风尚、民族性格特征等诸多因素的影响下，中华民族创造出了中国烹饪技艺，形成了博大精深的中国饮食文化。作为一名导游人员，应了解各地富有地方特色的菜肴，并能在旅游活动中讲解和引导游客体验当地的饮食文化。

第一节　中国饮食文化概述

　　中国菜经历了四五千年的发展历史，它由历代宫廷菜、官府菜及各地方菜系所组成，主体是各地方菜。其高超的烹饪技艺和丰富的文化内涵，堪称世界一流。

一、中国饮食文化的发展历程

　　我国幅员辽阔，各地自然条件、人们生活习惯、经济文化发展状况和历史时期的不同，在饮食烹调和菜肴品类方面，逐渐形成了不同的地方风味。

（一）夏、商、周的传统饮食文化

从新石器时代直到殷商时期，人们对谷物的加工一直比较原始简单。周代从进食方式到筵席宴飨，都对等级之别有着严格的规定。当时盛行的青铜饮食器具——鼎，便是衡量社会身份等级的标志物。

随着生产力的发展，食物的品种不断增多，各种炊具的相继发明，更新和更先进的烹饪方法的涌现也顺理成章，如炒、炸、炖、煨、烩、熬以及腊、醢、菹脯等腌制菜肴之法，都为中国烹饪技艺的发展奠定了基础。而周代"八珍"的出现，标志着我国烹饪形成为一门重要的艺术，显示了周人的精湛技艺和食饮的科学性。

（二）春秋、战国、秦朝时期的饮食文化

春秋战国时期，随着周王室权威的衰落，各个诸侯互相吞并，导致各个民族互相融合，在饮食文化上逐渐形成了南北两大风味。

秦统一六国后，在中华大地上形成了川菜、鲁菜、苏菜三大菜系。

秦国的统一大业进行到后期，秦国进军岭南，由赵佗将中原地区先进的烹饪艺术和器具引入岭南，结合当地的饮食资源，使"飞、潜、动、植"皆为佳肴，并流传至今，形成兼收并蓄的饮食风尚，产生了粤菜。

至此，我国最有影响的地方菜，后称"四大菜系"的鲁菜（包括京津等北方地区的风味菜）、苏菜（包括江、浙、皖地区的风味菜）、粤菜（包括闽、台、潮、琼地区的风味菜）、川菜（包括湘、鄂、黔、滇地区的风味菜）雏形已经初成。

（三）汉唐时期的饮食文化及与周围民族的饮食大交融

随着中国统一局面的完全诞生，强大的汉王室在饮食方面比秦朝更进一步了。汉朝皇帝拥有当时全国最为完备的食物管理系统。

在此时期中国饮食文化的对外传播加剧了。据《史记》、《汉书》等记载，西汉张骞出使西域时，就通过丝绸之路同中亚各国开展了经济和文化的交流活动。张骞等人除了从西域引进了胡瓜、胡桃、胡荽、胡麻、胡萝卜、石榴等物产外，也把中原的桃、李、杏、梨、姜、茶叶等物产以及饮食文化传到了西域。

唐代的长安就是当时世界文化的中心，中国逐渐形成为一个民族众多的国家，这就为各民族饮食文化的交流与融合提供了便利。西域的特产先后传入内地，大大丰富了内地民族的饮食文化；而内地民族精美的肴馔和烹饪技艺也逐渐西传，为当地人民所喜欢。"食肉饮酪"开始成为汉唐时期整个北方和西北地区胡汉各族的共同饮食特色，唐代的饮食文化才能表现出比以往任何一个历史时期都要绚丽的色彩。饮食生活

的开放，反过来也促进了社会的开放。

（四）宋、辽、金、元时期的饮食文化

宋代的宫廷饮食，以穷奢极欲著称于世。如神宗，晚年沉溺于深宫宴饮享乐，往往"一宴游之费十余万"。而同一时期，我国最有影响的"四大菜系"的鲁菜（包括京津等北方地区的风味菜）、苏菜（包括江、浙、皖地区的风味菜）、粤菜（包括闽、台、潮、琼地区的风味菜）、川菜（包括湘、鄂、黔、滇地区的风味菜）已经发展得相当成熟了。

相对北方而言，辽金的饮食水准是粗劣的。辽金也意识到了自己饮食方式落后这一点，他们竭力向中原饮食文化学习。

到了元朝，帝国的疆域发展到前所未有的广大，也带来了饮食文化的广阔发展。这一时期，涮羊肉在忽必烈的推捧下诞生；月饼已经成为中秋不可少的一道点心；元大都成为有史可考的第一家烤鸭店的发源地。

而蒙古人西征以及元朝时期以各种身份从波斯、中亚细亚和阿拉伯等地大批签发或自愿东来的各族穆斯林，与当地民族融合成为了元朝的一个新的民族——回族，并与其他穆斯林民族创造和发展了中国的清真饮食文化。

（五）明、清的饮食文化

明清时期，随着饮食业的进一步发展，有些地方菜愈显其独有特色而自成派系，这样，到了清末时期，加入浙、闽、湘、徽地方菜成为"八大菜系"，以后再增京、沪便有"十大菜系"之说。尽管菜系繁衍发展，但人们还是习惯以"四大菜系"和"八大菜系"来代表我国多达数万种的各地风味菜。各地方风味菜中著名的有数千种，它们选料考究，制作精细，品种繁多，风味各异，讲究色、香、味、形、器俱佳的协调统一，在世界上享有很高的声誉。这些名菜大都有它各自发展的历史，不仅体现了精湛的传统技艺，还有种种优美动人的传说或典故，成为我国饮食文化的一个重要部分。而我国饮食文化发展的极致，则是大家熟知的满汉全席。

 小知识

满汉全席

满汉全席是满汉两族风味肴馔兼用的盛大筵席。是清代皇室贵族，官府才能举办的宴席，一般民间少见。规模盛大高贵，程式复杂，满汉食珍，南北风味兼用，菜肴达三百多种，有中国古代宴席之最的美誉。北京御膳饭店曾将满汉全席分为六种：蒙古亲潘宴、廷臣宴、万寿宴、千叟宴、九白宴、节令宴。如蒙古亲潘宴即是清朝皇帝为招待与皇室联姻的蒙古亲族所设的御宴。一般设宴于天正大光明殿，由满族一、二品大臣坐陪。如廷臣宴则是于每年上元后一日即正月十六日举行，由皇帝亲点大学士、九卿中有功勋者参加，宴所设于奉三无私殿，宴时循宗室宴之礼，皆用高椅，赋诗饮酒，每岁循例举行，蒙古王公等也皆参加。皇帝则籍此施恩来拢络属臣，而同时又是廷臣们功禄的一种体现。

满汉全席聚天下之精华，用材不分东西南北，飞禽走兽，山珍海味，尽是口中之物，清代的满汉全席有四八珍之说，四八珍指山、海、禽、草；山八珍指驼峰、熊掌、猴脑、猩唇、象鼻、豹胎、犀尾、鹿筋；海八珍指燕窝、鱼翅、大乌参、鱼肚、鱼骨、鲍鱼、海豹、狗鱼（大鲵）；禽八珍指红燕、飞龙、鹌鹑、天鹅、鹧鸪、彩雀、斑鸠、红头鹰；草八珍指猴头、银耳、竹荪、驴窝蕈、羊肚蕈、花菇、黄花菜、云香信。

二、中国饮食文化的特点

（一）文化特点

中国饮食文化是一种广视野、深层次、多角度、高品位的悠久区域文化，是中华各族人民在生产和生活实践中，在食源开发、食具研制、食品调理、营养保健和饮食审美等方面创造、积累并影响周边国家和世界的物质财富及精神财富。其特点可以归纳如下：

1. 风味多样

由于中国幅员辽阔，地大物博，各地气候、产物、风俗习惯都存在着差异，长期以来，在饮食文化上也就形成了许多风味。中国一直就有"南米北面"的说法，口味上又有"南甜北咸东酸西辣"之分，主要是巴蜀、齐鲁、淮扬、粤闽四大风味。

2. 四季有别

一年四季，按季节而吃，是中国烹饪又一大特征。自古以来，中国一直按季节变化来调味、配菜，冬天味醇浓厚，夏天清淡凉爽，冬天多炖、焖、煨，夏天多凉拌冷冻。

3. 讲究美感

中国的烹饪，不仅要求技术精湛，而且有讲究菜肴美感的传统，注意食物的色、香、味、形、器的协调一致。对菜肴美感的表现是多方面的，无论是红萝卜，还是一个白菜心，都可以雕出各种造型，独树一帜，达到色、香、味、形、美的和谐统一，给人以精神和物质高度统一的特殊享受。

4. 注重情趣

中国烹饪很早就注重品位情趣，不仅对饭菜点心的色、香、味有严格的要求，而且对它们的命名、品尝的方式、进餐时的节奏、娱乐的穿插都有一定的要求。中国菜肴的名称可以说出神入化、雅俗共赏。菜肴名称既有根据主、辅、调料及烹饪方法的写实命名，也有根据历史掌故、神话传说、名人食趣、菜肴形象来命名的，如"全家福""将军过桥""狮子头""叫花鸡""龙凤呈祥""鸿门宴""东坡肉"。

5. 食医结合

中国的烹饪技术，与医疗保健有密切的联系，有"医食同源"和"药膳同功"的说法，利用食物原料的药用价值，做成各种美味佳肴，达到对某些疾病防治的目的。中和之美是中国传统文化的最高的审美理想。

（二）艺术倾向

中国饮食文化，由于特定的经济结构，思维方式与文化环境，形成了自身鲜明的特色，即艺术倾向，主要表现在以下六个方面：

1. 选材精良

选料，是中国厨师的首要技艺，是做好一品中国菜肴美食的基础，要具备丰富的知识和熟练运用的技巧。每种菜肴美食所取的原料，包括主料、配料、辅料、调料等，都有很多讲究和一定之规。概而言之，指所取的原料，要考虑其品种、产地、季节、生长期等特点。

2. 刀工细巧

刀工，即厨师对原料进行刀法处理，使之成为烹调所需要的整齐一致的形态，以适应火候，受热均匀，便于入味，并保持一定的形态美，因而是烹调技术的关键之一。

3. 火候独到

火候，是形成菜肴美食的风味特色的关键之一。但火候瞬息万变，没有多年操作实践经验很难做到恰到好处。因而，掌握适当火候是中国厨师的一门绝技。而一位烹饪者能否成为名厨，火候乃其关键，所以中国饮食中的厨者在操作时，积一生之经验、悟己身之灵性，充分发挥自己细微的观察体验能力和丰富的想象能力，进行饮食艺术的创造。所谓运用之妙，存乎一心，真是"得失寸心知"了。

4. 技法各异

烹调技法，是我国厨师的又一门绝技。常用的技法有：炒、爆、炸、烹、熘、煎、贴、烩、扒、烧、炖、焖、汆、煮、酱、卤、蒸、烤、拌、炝、熏以及甜菜的拔丝、蜜汁、挂霜等。不同技法具有不同的风格特色。

5. 五味调和

调味，也是烹调的一种重要技艺，所谓"五味调和百味香"。调味能否恰到好处，除了调味品齐全、质地优良等物质条件以外，关键在于厨师对调料的使用比例、下料次序、调料时间（烹调前、烹调中、烹调后），只有做到一丝不苟，才能使菜肴美食达到预定要求的风味。

6. 情调优雅

中国饮食文化情调优雅，氛围艺术化，主要表现在美器、夸名、佳境三个方面。其中，中国饮食器具之美，美在质，美在形，美在装饰、美在与菜品的和谐，它通过视觉或视觉的感知传达给大脑，会产生一连串的心理效应，发挥出菜肴的色、形、味所发挥不出的作用。

第二节　中国菜系

中国菜系是中国各地区、各民族各种菜肴的总称，它历史悠久、技术精湛、品类丰富、流派众多、风格独特，是中国烹饪技术数千年发展的结晶，在世界上享有盛誉。

中国菜系的划分

中国菜系，是指在一定区域内，由于气候、地理、历史、物产及饮食风俗的不同，经过漫长历史演变而形成的一整套自成体系的烹饪技艺和风味，并被全国各地所承认的地方菜肴。菜肴在烹饪中有许多流派，其中最有影响和代表性的也为社会所公认的有：鲁、川、粤、闽、苏、浙、湘、徽等菜系，即被人们常说的中国"八大菜系"。后来随着社会的发展，京菜和沪菜也分离出来成为一种独立的菜系。

一个菜系的形成和它的悠久历史与独到的烹饪特色是分不开的，同时该菜系的形成也受到这个地区的自然地理、气候条件、资源特产、饮食习惯等影响。如中国北方多牛羊，常以牛羊肉做菜；中国南方多水产、家禽，人们喜食鱼、肉；中国沿海多海鲜，则长于海产品做菜；中国北方寒冷，菜肴以浓厚、咸味为主；中国华东地区气候温和，菜肴则以甜味和咸味为主，西南地区多雨潮湿，菜肴多用麻辣浓味。

（一）鲁菜

鲁菜，又叫山东菜，历史悠久，影响广泛，是中国饮食文化的重要组成部分。作为中国四大菜系之首的鲁菜，以其味鲜、咸、脆、嫩，风味独特，制作精细而享誉海内外。

山东古为齐鲁之邦，地处半岛，三面环海，腹地有丘陵平原，气候适宜，四季分

明。海鲜水族、粮油牲畜、蔬菜果品、昆虫野味一应俱全，为烹饪提供了丰盛的物质条件。庖厨烹技全面，巧于用料，注重调味，适应面广，其中尤以"爆、炒、烧、熘"等最有特色。山东菜主要由济南菜、胶东菜（又称烟台菜或福山菜）和孔府菜组成，素有"北方代表菜"之称。

济南菜讲究清香、鲜嫩、味纯，有"一菜一味，百菜不重"之称。鲁菜精于制汤，则以济南为代表。济南的清汤、奶汤极为考究，独具一格。在济南菜中，用爆、炒、烧、炸、锅塌、扒等技法烹制的名菜就达二三百种之多。

烟台菜属胶东风味，以烹制海鲜见长。胶东菜源于福山，距今已有百余年历史。仅用海味制作的宴席，如全鱼席、鱼翅席、海参席、海蟹席、小鲜席等，构成品类纷繁的海味菜单。

出于曲阜的孔府菜历史悠久、用料讲究，刀工细腻，烹调程序严格、复杂，口味讲究清淡鲜嫩、软烂香醇、原汁原味，对菜点制作精益求精，始终保持传统风味，是鲁菜中的佼佼者。

鲁菜代表菜有糖醋黄河鲤鱼、爆双脆、九转大肠、葱爆海参等。

（二）川菜

川菜作为我国传统四大菜系之一，在我国饮食文化史上占有重要的地位。它取材广泛，调味多变，菜类丰富，口味清鲜醇浓并重，以"尚滋味，好辛香"著称，并以其别具一格的烹调方法和浓郁的地方风味，享誉中外，成为三峡地区乃至中华民族饮食文化史上一颗灿烂夺目的明珠。

川菜发源于我国古代的巴国和蜀国。四川自古以来就被誉为"天府之国"。所谓"天府之国"，一是水好，二是土质肥沃，三是气候温暖。烹饪原料多而广，既有江河里的蟹鳖鱼虾，又有山区的野味山珍；既有四季不断的多种新鲜蔬菜和笋菌，又有肥嫩味美的各类禽畜，为各式川菜的烹饪及其变化无穷的调味，提供了良好的物质基础。

川人"尚滋味、好辛香"，四川盆地气候温热潮湿，生活在这种气候和自然环境中的人，无论从生理和味觉上，都会对辛辣芳香的食物产生一种自然的需要，以刺激味觉，摄入较多对身体有益的养分，来满足人体代谢的需要，抵御疾病的侵袭。

川菜主要以成都（上河帮）、重庆（下河帮）、自贡（小河帮）三个系统为主组成。川菜的特点是取料广泛，技法中以小炒、小煎、小烧、干烧、干煸见长，它讲究色、香、味、形，尤其在"味"上风格独特，以味型多样、变化精妙、用料之广、口味之厚为其主要特色。

川菜代表菜有鱼香肉丝、宫保鸡丁、麻婆豆腐、毛血旺、夫妻肺片等。

（三）苏菜

苏菜即江苏菜。起始于南北朝、唐宋时，经济发展，推动饮食业的繁荣，苏菜成为"南食"两大台柱之一。明清时期，苏菜南北沿运河、东西沿长江的发展更为迅速。沿海的地理优势扩大了苏菜在海内外的影响。

淮扬地处苏中，东至海启通泰盐阜，西至金陵六合，南及京口金坛，北达两淮。淮扬菜的特点是选料严谨，注意刀工和火工，强调本味，突出主料，色调淡雅，造型新颖，咸甜适中，口味平和，故适应面较广。在烹调技艺上，多用炖、焖、煨、焐之法。

苏菜的特点是用料广泛，以江河湖海水鲜为主；刀工精细，烹调方法多样，擅长炖、焖、煨、焐；追求本味，清鲜平和；菜品风格雅丽，形质均美。江苏菜以重视火候、讲究刀工而著称，尤擅长炖、焖、煨、焐。

苏菜著名的菜肴有淮扬狮子头、松鼠鳜鱼、水晶肴蹄、盐水鸭、鸡汁煮干丝等。

（四）粤菜

粤菜系的形成和发展与广东的地理环境、经济条件和风俗习惯密切相关。广东地处亚热带，濒临南海，雨量充沛，四季常青，物产富饶，故广东的饮食一向得天独厚。自秦汉开始，中原汉人不断南迁进入广州，他们不但带来了先进的生产技术和文化知识，同时也带来了"烩不厌细，食不厌精"的中原饮食风格。

粤菜和其他地方菜都是中国菜的一部分，都源于中国传统文化，但长期受海外文化的影响和滋润，是我国饮食体系中最富于改革和创新的角色。它吸取西菜面点和外来饮食中的许多优点，重视积极借鉴、吸纳、消化外来饮食文化的先进方面，进而融汇贯通于民族饮食文化之中。粤菜系烹调方法多样，尤以炒、煎、焗、焖、炸、煲、炖、扣等见长，讲究火候，做出的菜肴注重色、香、味、形。口味上以清、鲜、嫩、爽为主，而且随季节时令的不同而变化，并有"五滋"（香、酥、脆、肥、浓）、六味（酸、甜、苦、辣、咸、鲜）之别。选料广博奇异，不仅主料丰富，而且配料和调料亦十分丰富，品种花样繁多，飞禽走兽、鱼虾鳖蟹，几乎都能上席。用量精而细，配料多而巧，装饰美而艳，而且善于在模仿中创新，品种繁多。风味注重质和味，口味比较清淡，力求清中求鲜、淡中求美。

粤菜系由广州菜、潮州菜、东江菜三种地方风味组成。

广州菜包括珠江三角洲和肇庆、韶关、湛江等地的名食在内。地域最广，用料庞杂，选料精细，技艺精良，善于变化，风味讲究，清而不淡，鲜而不俗，嫩而不生，油而不腻。夏秋力求清淡，冬春偏重浓郁，擅长小炒，要求掌握火候和油温恰到好处。

潮汕菜故属闽地，其语言和习俗与闽南相近。隶属广东之后，又受珠江三角洲的

影响，故潮州菜接近闽、粤，汇两家之长，自成一派。刀工精细，口味清纯，以烹制海鲜见长，汤类、素菜、甜菜最具特色。

东江菜又名客家菜，因客家原是中原人，在汉末和北宋后期因避战乱南迁，聚居在广东东江一带。其语言、风俗尚保留中原固有的风貌，菜品多用肉类，极少水产，主料突出，讲究香浓，下油重，味偏咸，以砂锅菜见长，有独特的乡土风味。

粤菜代表菜有三蛇龙虎会、脆皮乳猪、太爷鸡、护国菜等。

（五）浙菜

浙江菜，简称浙菜，是我国汉族八大菜系之一。浙江菜的形成有其历史的原因，同时也受资源特产的影响。浙江山清水秀，物产丰富佳肴美，其境内北半部地处我国"东南富庶"的长江三角洲平原，土地肥沃，河汉密布，盛产稻、麦、粟、豆、果蔬，水产资源十分丰富，四季时鲜源源上市，素有"江南鱼米之乡"之称；西南丘陵起伏，盛产山珍野味；东部沿海渔场密布，水产资源丰富，无不为烹饪提供了殷实富足的原料。

具有悠久历史的浙江菜品种丰富，菜式小巧玲珑，菜品鲜美滑嫩、脆软清爽，其特点是清、香、脆、嫩、爽、鲜，在中国众多的地方风味中占有重要的地位。浙菜原料讲究品种和季节时令，以充分体现原料质地的柔嫩与爽脆，所用海鲜、果蔬之品，无不以时令为上，所用家禽、畜类，均以特产为多，充分体现了浙菜选料讲究鲜活、用料讲究部位，选料刻求"细、特、鲜、嫩"。浙菜烹调技法，因料施技，注重主配料味的配合，口味富有变化。浙菜注重本味，其口味注重清鲜脆嫩，保持原料的本色和真味。其菜品形态讲究，精巧细腻，清秀雅丽。

浙菜主要有杭州、宁波、绍兴、温州四个流派所组成，各自带有浓厚的地方特色。

杭州菜以爆、炒、烩、炸为主，工艺精细，清鲜爽脆。杭州菜历史悠久，自南宋迁都临安（今杭州）后，商市繁荣，各地食店相继进入临安，菜馆、食店众多，而且效仿京师。杭州菜制作精细，品种多样，清鲜爽脆，淡雅典丽，是浙菜的主流。

宁波菜以"鲜咸合一"，蒸、烤、炖制海味见长，讲究嫩、软、滑。注重保持原汁原味，色泽较浓。

绍兴菜富有江南水乡风味，作料以鱼虾河鲜和鸡鸭家禽、豆类、笋类为主，讲究香酥绵糯、原汤原汁，轻油忌辣，汁浓味重。其烹调常用鲜料配腌腊食品同蒸或炖，且多用绍酒烹制，故香味浓烈。

温州古称"瓯"，地处浙南沿海，当地的语言、风俗和饮食方面，都自成一体，别具一格，素以"东瓯名镇"著称。温州菜也称"瓯菜"，以海鲜为主，口味清鲜，淡而不薄，烹调讲究"二轻一重"，即轻油、轻芡、重刀工。

浙菜代表名菜有西湖醋鱼、东坡肉、龙井虾仁、雪菜大汤黄鱼、干菜焖肉等。

小知识

西湖醋鱼的传说

此菜相传出自"叔嫂传珍"的故事：古时西子湖畔住着宋氏兄弟，以捕鱼为生。当地恶棍赵大官人见宋嫂姿色动人，杀害其兄，又欲加害小叔，宋嫂劝小叔外逃，用糖醋烧鱼为他饯行，要他"苦甜勿忘百姓辛酸之处"。后来小叔得了功名，除暴安良，偶然的一次宴会，又尝到这一酸甜味的鱼菜，终于找到隐名遁逃的嫂嫂，他就辞官重操渔家旧业。后人传其事，仿其法烹制醋鱼，"西湖醋鱼"就成为杭州的传统名菜。西湖醋鱼选用鲜活草鱼，经饿养1～2天，促使其排尽泥土味，并采用活杀现烹，不着油腻，菜品色泽红亮，酸甜适宜，鱼肉结实，鲜美滑嫩，胜似蟹肉，风味独特。

（六）闽菜

福建的地理形势倚山傍海，北部多山，南部面海，苍茫的山区盛产菇、笋、银耳、莲子和石鳞、河鳗、甲鱼等山珍野味；漫长的浅海滩涂，鱼、虾、蚌、鲟等海鲜佳品常年不绝；平原丘陵地带则稻米、庶糖、蔬菜、水果誉满中外。山海赐给的神品，给闽菜提供了丰富的原料资源，福建人民利用这些得天独厚的资源，烹制出珍馐佳肴，脍炙人口，并逐步形成了别具一格的闽菜。

闽菜又称福建菜，选料精细，刀工严谨；讲究火候，注重调汤；喜用佐料，口味多变。闽菜最早起源于福建闽侯县，在后来发展中形成福州、闽南、闽西三种流派。其中又以福州菜为代表，最具有影响力，其菜肴特点是清爽、鲜嫩、淡雅，偏于酸甜，汤菜居多。它善用红糟为调料，尤其讲究调汤，予人"百汤百味"和"糟香扑鼻"之感。

闽南菜，盛行于厦门和晋江、龙溪地区，东及台湾。其菜肴具有鲜醇、香嫩、清淡的特色，并且以讲究调料、善用香辣而著称，在使用沙茶、芥末、橘汁以及药物、佳果等方面均有独到之处。

闽西菜，盛行于"客家话"地区，菜肴有鲜润、浓香、醇厚的特色，以烹制山珍野味见长，略偏咸、油，在使用香辣方面更为突出，具有浓厚的山乡色彩。

闽菜代表名菜有佛跳墙、煎糟鳗鱼、淡糟鲜竹蛏、油焖石鳞、鸡丝燕窝等。

（七）湘菜

湘菜又称湖南菜，是全国八大菜系之一。其历史悠久，早在汉朝就已经形成，烹调技艺已有相当高的水平，它擅长香酸辣，具有浓郁的山乡风味。湖南地处我国中南

地区，气候温暖，雨量充沛，自然条件优越，湘西多山，盛产笋、蕈和山珍野味；湘东南为丘陵和盆地，家牧副渔发达；湘北是著名的洞庭湖平原，素称"鱼米之乡"，这些丰富的物产为饮食提供了精美的原料，在长期的饮食文化和烹饪实践中，湖南人民创制了多种多样的菜肴。

湖南菜主要由湘江流域、洞庭湖区、湘西山区三部分组成。湘菜历来重视原料互相搭配，滋味互相渗透。湘菜调味尤重酸辣。因地理位置的关系，湖南气候温和湿润，故人们多喜食辣椒，用以提神去湿。用酸泡菜作调料，佐以辣椒烹制出来的菜肴，开胃爽口，深受青睐，成为独具特色的地方饮食习俗。其烹调方法历史悠久，到现在已经形成几十种烹调方法，在热烹、冷制、甜调三大类烹调技法中，每类技法少则几种，多的有几十种。

湘江流域的菜肴以长沙、衡阳、湘潭为中心，是湖南菜系的主要代表。它制作精细，用料广泛，口味多变，品种繁多。其特点是：油重色浓，讲求实惠，在品味上注重酸辣、香鲜、软嫩。在制法上以煨、炖、腊、蒸、炒诸法见称。煨、炖讲究微火烹调；腊味制法包括烟熏、卤制、叉烧，著名的湖南腊肉系烟熏制品，既作冷盘，又可热炒，或用优质原汤蒸。

洞庭湖区的菜以烹制河鲜、家禽和家畜见长，多用炖、烧、蒸、腊的制法，其特点是芡大油厚，咸辣香软。炖菜常用火锅上桌，民间则用蒸钵置泥炉上炖煮，俗称蒸钵炉子。

湘西地区的菜擅长制作山珍野味、烟熏腊肉和各种腌肉，口味侧重咸香酸辣，常以柴炭作燃料，有浓厚的山乡风味。

湘菜代表菜有麻辣仔鸡、洞庭肥鱼肚、冰糖湘莲、腊味合蒸、吉首酸肉等。

（八）徽菜

徽菜，是徽州菜肴的简称，是全国八大菜系之一。它起源于黄山麓下的歙县（古徽州）。近代随着商业兴起，饮食业发达，徽菜也随之转移到了屯溪，并得到了进一步发展。

徽菜的形成与江南古徽州独特的地理环境、人文环境、饮食习俗密切相关。绿树丛荫、沟壑纵横、气候宜人的徽州自然环境，为徽菜提供了取之不尽、用之不竭的徽菜原料。得天独厚的条件成为徽菜发展的有力物质保障，同时徽州名目繁多的风俗礼仪、时节活动，也有力的促进了徽菜的形成和发展。

徽菜主要由皖南、沿江、沿淮三种地方风味组成，并以皖南菜为代表，口味以咸、鲜、香为主，烹调方法上擅长烧、炖、蒸，而爆、炒菜少，重油、重色，重火功，徽菜常用的烹饪技法约有20大类50余种，其中最能体现徽式特色的是滑烧、清炖和生

熏法。在保持风味特色的同时，十分注意菜肴的滋补营养价值，其烹调技法多用烧、炖，使成菜达到软糯可口，熟透酥嫩，徽菜常用整鸡、整鳖煮汁熬汤，用山药炖鸡等。

徽菜主要代表菜有火腿炖甲鱼、红烧果子狸、黄山炖鸽、清蒸石鸡、清炒鳝糊等。

（九）京菜

京菜又称北京菜。京菜是从元、明、清宫廷御厨、王府家厨逐步流传演变而来。京菜由地方菜、清真菜、宫廷菜、官府菜等融会而成，口味浓厚清鲜，质感多样，菜品繁多，四季分明，有完善、独特的烹调技法，以爆、炒、熘、烤、涮、焖、蒸、汆、煮见长。形成京菜特色的主要原因是北京为全国首府，物华天宝，人杰地灵。全国各风味菜技师多汇于此，菜肴原料天南地北，山珍海味、时令蔬菜应有尽有。

京菜的烹调方法，大致可以概括为二十个字：爆炒烧燎煮，炸熘烩烤涮，蒸扒熬煨焖，煎糟卤拌汆。这二十个字是传统的、普遍的基本方法。在操作上，各个字均有其自己的微妙之处，且每一字都不是只代表一种操作烹调方式。如爆，有油爆、葱爆、酱爆、完爆；熘，有焦熘、软熘、醋熘、糟熘等，根据原料质地不同，适当地采用一种或先后用多种方法处理。除这二十种烹调方法外，还有些大同小异的烹调方法，如锅熘、炸烹、干煸、干烧等。

京菜代表菜有贵妃鸡、白煮肉、酱爆鸡丁、北京烤鸭、涮羊肉、黄焖鱼翅等。

（十）沪菜

沪菜又称上海菜，俗称"本邦菜"，它是从农家便饭便菜发展而来，比较朴素实惠。上海菜原以红烧、生煸见长，后来吸取了无锡、苏州、宁波等地方菜的特点，参照其他帮别的烹调技术，兼及西菜、西点之法，使花色品种有了很大的发展。菜肴风味的基本特点是汤卤醇厚，浓油赤酱，糖重色艳，咸淡适口。选料注重活、生、寸、鲜；调味擅长咸、甜、糟、酸；巧用火候，突出原味，色泽红亮，卤汁浓厚，肉质肥嫩，负有盛誉。

由于上海本地菜（包括苏锡菜）与外地菜长期共存，相互影响，便在原本地菜的基础上逐渐发展成以上海和苏锡风味为主体并兼有各地风味的上海风味菜体系。

沪菜名菜有生煸草头、椒盐蹄胖、卤糟猪脚、肉丝黄豆汤、炒毛蟹等。

（十一）其他地方菜系

1. 东北菜

东北菜是在满族菜肴的基础上，吸收各地菜系特别是鲁菜、京菜的长处，不

断形成和发展出来的。鲁菜等各种外来菜与地方民间菜相融，形成了今天的东北菜。

东北菜包括辽宁、吉林、黑龙江三省以及内蒙古东五盟市的菜肴。它亦是我国历史悠久、富有特色的地方风味菜肴，自古就闻名全国。辽宁的沈阳又是清朝故都，宫廷菜、王府菜众多，东北菜受其影响，制作方法和用料更加考究，又兼收了京、鲁、川、苏等地烹调方法之精华，形成了富有地方风味的东北菜。

东北菜一菜多味，咸甜分明，酥烂香脆，色鲜味浓，明油亮芡，讲究造型。烹调方法长于扒、炸、烧、蒸、炖、锅，以炖、酱、烤为主要特点，形糙色重味浓。东北菜在做法上融合了满、朝、蒙、宫廷菜点各家所长，许多菜肴表现了嫩而不生、透而不老、烂而不化或者外脆里嫩、外酥内烂的特征，口味醇厚香浓，菜肴丰富又实惠。

东北菜代表菜有氽白肉、锅包肉、熘肉段、小鸡炖蘑菇、杀猪烩菜等。

2. 西北菜

西北菜泛指我国西北地区的菜系，大致包括陕西、甘肃、宁夏、青海、新疆、内蒙古等地方风味。以牛羊肉为主，以山珍野味为辅。除多用香菜作配料外，还常选干辣椒、陈醋和花椒等。西北菜的烹饪技法以烧、蒸、煨、炒、氽、炝为主，多采用古老的传统烹调方法，如石烹法至今沿用。烧、蒸菜，形状完整，汁浓味香，特点突出。清氽菜，汤清见底，主料脆嫩，鲜香光滑，清爽利口。

西北菜代表菜有烤全羊、手抓羊肉、酿皮子、新疆大盘鸡、胡辣羊蹄等。

3. 豫菜

豫菜又称河南菜，作为中原烹饪文明的代表，发源于洛阳的豫菜虽然在南宋以后成为中国烹饪的地方帮派，但因地处九州之中，一直秉承着中国烹饪的基本传统：中与和。"中"是指豫菜不东、不西、不南、不北，而居东西南北之中；不偏甜、不偏咸、不偏辣、不偏酸，而于甜咸酸辣之间求其中、求其平、求其淡。"和"是指融东西南北为一体，为一统，融甜咸酸辣为一鼎而求一味，而求一和。中与和为中原烹饪文化之本，为中华文明之本。

豫菜的特色是选料严谨、刀工精细、讲究制汤、质味适中。而豫菜的烹调方法也有50余种。扒、烧、炸、熘、爆、炒、炝别有特色。其中，扒菜更为独到，素有"扒菜不勾芡，汤汁自来黏"的美称。另外，河南爆菜时多用武火，热锅凉油，操作迅速，质地脆嫩，汁色乳白。

今日豫菜不失传统，尤长创新。它四方选料，精工细作，极擅用汤，调和五味，程度适中。不论干鲜老嫩，煎炒烹炸以一味领色、香、形、器，以一和而悦八方食客。因此豫菜没有时髦，没有浮躁，不以华丽逞一时，而以醇厚平和续千年，河南名菜可谓是满天星斗，遍地锦装。

豫菜代表菜有糖醋软熘鱼焙面、炸紫酥肉、牡丹燕菜、汴京烤鸭等。

4. 鄂菜

鄂菜亦称湖北菜，起源于春秋战国时期的江汉平原，当时称楚菜、荆菜，经汉魏唐宋渐进发展，成熟于明清时期，1983 年跻身中国十大菜系之列。

传统鄂菜以江汉平原为中心，由武汉、荆州和黄州三种地方风味菜组成，包括武汉、荆沙、黄州和襄郧四大流派。它以水产为本，鱼馔为主，汁浓芡亮，香鲜微辣，注重本色，菜式丰富，筵席众多，擅长蒸、煨、炸、烧、炒等烹调方法，民间肴馔以煨汤、蒸菜、肉糕、鱼丸和米制品小吃为主体，经济实惠。鄂菜以"三无不成席"即无汤不成席、无鱼不成席、无丸不成席为特色。

武汉菜选料严格，制作精细，注重刀工火候，讲究配色和造型，以烹制山珍海味见长，淡水鱼鲜与煨汤技术独具一格。口味讲究鲜、嫩、柔、软，菜品汁浓、芡亮、透味，保持营养，为湖北菜之精华。

荆沙菜是以荆州、沙市、宜昌为领衔的江汉平原菜，是湖北菜的正宗，以淡水鱼鲜名馔著称，鱼糕制作技艺蜚声省内外，各种蒸菜最具特色，用芡薄，味清纯，善于保持原汁原味。

黄州菜以鄂州、黄石、黄州为代表，属鄂东南地方风味，特色是用油宽，火功足，擅长红烧，油焖，口味偏重，富有浓厚的乡土气息。

襄郧菜流传于襄阳、郧阳一带，系湖北菜之北味菜，特色是以猪、牛、羊肉为主要原料，杂以淡水鱼鲜，入味透彻，软烂酥香，汤汁少，有回味，制作方法以红扒、红烧、生炸、回锅居多。此外，鄂西土家族苗族地区的名菜如"小米年肉"等，别有一番风味。

鄂菜代表菜有：沔阳三蒸、清蒸武昌鱼、冬瓜鳖裙羹、元宝肉等。

第三节　中国地方面点

中国面点泛指用麦面、米粉（亦称粉面、米面）等为主要原料制作的食品。中国的面点及风味小吃带有浓郁的民族特色和乡土气息，是中国烹饪的重要组成部分。它以悠久的历史、绚丽多彩的艺术风格，广泛地反映了中华民族饮食文化的特色。

一、面点概述

面点，即正餐以外的小份量食品，它有广义与狭义之分。广义的面点，包括主食、

小吃、点心和糕点；狭义的面点，则将比较粗放的主食、部分小吃排除在外。从面点演变规律看，是先有主食、小吃，后有点心、糕点。南北朝时期贾思勰的《齐民要术》就系统介绍了白饼、粉饼等20余种面点的制作方法。

（一）面点的品种

中国食文化历史悠久长远，作为中式餐饮的一部分——中国点心，经过我国劳动人民的长期实践，尤其是点心师们的继承和发展，点心的品种是越来越多，例如：包、饺、糕、团、卷、饼、酥、条、冻、饭、粥等。

（二）面点的造型

面点的造型种类繁多，不同的品种具有不同的造型，即使同一品种，不同地区，不同风味流派也会千变化，造型逼真。

二、面点流派

我国幅员辽阔，物产丰富，由于各地物产、气候、生活习俗的不同，面点及风味小吃在选料、口味、制法上又形成不同的风格和浓厚的地方特色。一般来说，面点可分为南味、北味两大风味，京式、广式、苏式三大流派。

（一）京式面点

京式面点起源于我国的黄河以北广大地区，它包括：华北地区、东北地区、内蒙古地区等地理区域，这些区域里的面点，都可以称为京式面点。

京式面点以北京为代表。由于北京是首都，由于长期受宫廷饮食习惯的影响，特别是在清朝时期，大批的厨师被引入到北京以后，逐步形成了风味独特的京式面点。

一般地说，京式面点多以面粉为主要原料，最擅长于面食的制作，这和京式面点所包括的地域所处的地理位置有很大关系，这些地区以小麦为主要粮食作物，因此，京式面点特别擅长于面食的制作。

北京特色点心有小窝头、豆面糕（驴打滚）、萨其马、一品烧饼等。

（二）广式面点

广式面点起源于广东地区，以广州市为代表，包括珠江流域及南部沿海地区所制作的面点制品。它以常用的淀粉类制品为主，并充分利用荸荠、土豆、山药、菱角、绿豆、薯类及海鲜类等作为坯皮原料，特别能够吸收南北众家之长，并借鉴西式面点的制作工艺，采用拿来主义并加以改进，结合当地人们的饮食习惯逐步自成体系。

广式面点的特点是：重糖轻油、皮薄鲜嫩、清香滑爽。

广式特色面点主要有老婆饼、叉烧包、虾饺、娥姐粉果、广式月饼等。

（三）苏式面点

从地理位置上讲，苏式面点起源于长江中下游苏、沪、浙一带，在历史上，由于这一带曾经是南北运河的交通枢纽，加之主要粮食作物为水稻，所以，这里的厨师不仅擅长于米面制品，也擅长于面食品的制作。也就是说，苏式面点既具有南方风味，也具有北方特点。

苏式面点以苏州为代表，在制作上，讲究形态与造型，有名的苏式面点中的船点，点心形态多样，飞禽走兽，花鸟鱼虫，均能得以体现，其形态非常逼真，色彩艳丽，栩栩如生，被誉为食品中的艺术珍品。

苏式面点的主要特点：讲究味道，调制的馅心重口味、口味厚、色泽深、略带甜；苏式面点在调馅时，讲究馅心掺冻，使制成品汁多肥嫩，味道鲜美。

苏式面点主要有糖芋头、三丁包、千层油糕、镇江蟹黄汤包、梅花糕等。

三、中国地方名点

（一）华北地区名点

1. 天津名点

狗不理包子。狗不理包子为天津名点，已有100多年的历史。据传清代末年，天津人高贵友开设包子铺，其独特风味的包子与其乳名"狗不理"一起流传天下，与耳朵眼炸糕、十八街麻花一起被天津人称为"风味三宝"。

2. 河北名点

驴肉火烧。俗话说"天上龙肉，地下驴肉"，可见驴肉的地位。走在沧州的街头经常见到的就是河间驴肉火烧，驴肉经过慢火细炖加上配料，将烧饼一分为二，把驴肉切片和佐料夹起来。保定的驴肉火烧也另有一番风味的。

3. 山西名点

刀削面是山西人民日常喜食的面食，因其风味独特，驰名中外。刀削面全凭刀削，因此得名。用刀削出的面叶，中厚边薄，棱锋分明，形似柳叶；入口外滑内筋，软而不黏，越嚼越香，深受喜食面食者欢迎。

4. 内蒙古名点

奶皮（蒙语为乌日沫）有两种：一种是将鲜奶、牛奶或马奶、驼奶、羊奶放入器

皿里存放一两天，奶子发酸后，在表面上形成一层薄皮，称图黑乌日沫，也叫"珠黑"，即生奶皮子，是做黄油的原料；另一种是将鲜奶熬开后放入器皿里放凉后表面结成薄奶皮，称宝勒森乌日沫，即熟的奶皮，是酥油的原料。奶皮味道香甜可口，是拌炒米吃的上等食品。

（二）东北地区名点

1. 黑龙江名点

大列巴就是大面包，这种面包巨大，比普通的盘子还要大，堪称黑龙江第一大面包。被称为哈尔滨一绝，大列巴是以面粉、酒花、食盐为主要原料，按俄罗斯传统工艺精制而成。外表为圆形，有五斤重，是面包之冠，味道也别具芳香，具有传统的欧洲风味。出炉后的大列巴，外皮焦脆，内瓤松软，香味独特，又宜存放，是老少皆宜的方便食品。

2. 辽宁名点

老边饺子素以皮薄馅大、鲜香味美、浓郁不腻、松散易嚼而闻名遐迩。如要一桌饺子宴，蒸、烙、煮、炸等各种烹饪方式俱全，香气四溢，其中最使人称奇的要数"御龙锅煮小饺"，饺子小不盈寸，50克面要包25个，小饺子在沸汤中上下翻滚，如游龙搅水，令人赏心悦目。

（三）华东地区名点

1. 上海名点

鸡肉生煎馒头是上海的特色风味小吃。这种小吃是以发酵后的精白面粉作皮，用熟鸡脯肉丁、猪夹心肉末和肉皮冻加香油等多种调料作成馅心。包捏好的馒头尖上还要蘸上葱花和芝麻，表层刷上素油，放入油锅中煎熟。该品形态饱满，上半部有黄澄澄的芝麻和碧绿的葱花，松软适口，下半部则酥脆可口，馅重汁多，越吃越香。

2. 浙江名点

吴山酥油饼是浙江杭州的点心，将水油面和油酥面混合，经油炸而成的塔形多层酥饼。其酥层清晰，色泽乳黄，香脆松甜，油而不腻，入口即化。吴山酥油饼在南宋时即被誉为"吴山第一点"，流传至今。

3. 安徽名点

徽州饼是著名的安徽小吃之一。其特点是金黄色，扁圆形，外皮透明，香甜味美，是徽州地区的传统点心，原名枣泥酥馃。清代一徽州商贩在扬州制此饼出售，很受欢迎，被当地人称为"徽州饼"。

4. 福建名点

鼎边糊（又称锅边糊）是福建著名佳点，与肉饼等配食，为当地早点佳品，一直流传到台湾等地。是用大米加清水磨成浓浆，摊在锅边，半熟后铲入正在熬煎的虾汤中，煮制而成。

5. 江西名点

九江茶饼是江西四大糕点之一，它选用当地茶油、本地麦面、坡地黑芝麻、百年桂花为主要原料，采用传统工艺和现代技术研制而成。宋代诗人苏东坡曾赋诗赞誉："小饼如嚼月，中有酥和饴。"其色泽金黄，具有小而精、薄而脆、酥而甜、香而美的特点。其营养丰富，易消化，老少皆宜，已成为旅游市场中最佳食品之一。

6. 山东名点

山东煎饼源于泰山，非常薄，以五谷杂粮为原料制成，这是平民之食——卷上大葱、蔬菜、肉类或山珍海味，可以吃得津津有味。山东煎饼品种繁多，历史悠久，是鲁中、鲁西地区的主要大众食品，有小米煎饼、菜煎饼等。在山东省新泰市，一个非常有名的煎饼之乡楼德镇，有"中国煎饼第一镇"之称号，此地家家会做山东煎饼，堪为传奇。

（四）华中地区名点

1. 河南名点

荷叶酥饼，历史悠久，为密县大隗镇生产的一种高级点心。它用蜂蜜、白糖、玫瑰和植物油做馅，用精粉、水和植物油和面做皮。工艺十分精巧，成品洁白无瑕。饼为二十层左右，薄如白纸，紧紧相贴，裹着透明晶莹半流质的糖馅，形如荷叶。馅儿扯丝，久而不滞，透亮如胶，甜而不腻，味美爽口。

2. 湖北名点

"孝感麻糖"是湖北著名的地方风味名点。它以精制糯米、优质芝麻、绵白糖为主要原料，配以桂花、金钱桔饼等，经过12道工艺流程，32个环节制成。孝感麻糖外形犹如梳子，色白如霜，香味扑鼻，风味独特，营养丰富，含蛋白质、葡萄糖和多种维生素，有暖肺、养胃、滋肝、补肾等功效。孝感麻糖历史悠久，相传宋太祖赵匡胤曾经吃过并赞不绝口，从而一举成为皇家贡品。

3. 湖南名点

德园包子是湖南名点。提到包子，长沙人必称"德园"。民国初年，几位失业官厨集资入伙，几经易手却无建树的德园，迁店于黄兴路樊西巷口，以官府菜点招徕食客。因菜肴制作总有海味鲜货等上乘余料留下，为免浪费，故将其剁碎，拌入包点馅芯，谁知这竟使他们的包点风味怡人，备受垂青。

（五）华南地区名点

1. 广西名点

桂林不仅山水甲天下，而且米粉也很有名，它圆细、爽滑、柔韧，具有独特的风味。因为所用的佐料和调吃法不同，所以桂林米粉也各有千秋。

桂林米粉有许多种，最有名的是马肉米粉。它用特制的红烧马肉作配料，马肉鲜嫩味香，壮阳补肾。过去吃马肉米粉多用特制小碟来盛，米粉仅供一箸，上面有几片薄薄的马肉，再加以几粒油炸花生，拌以桂林辣酱，风味特佳。一人一口一碟，可吃二三十碟粉。现在已改用大碗，滋味不变。

2. 广东名点

肠粉又叫布拉蒸肠粉，是一种米制品，亦称拉粉、卷粉、猪肠粉（因形似猪肠），因为早市销量大，多数店家又供不应求，人们常常是排队候吃，因此又被戏称为"抢粉"。出品时以"白如雪、薄如纸、油光闪亮、香滑可口"著称。肠粉分咸、甜两种，咸肠粉的馅料主要有猪肉、牛肉、虾仁、猪肝等，而甜肠粉的馅料则主要是糖浸的蔬果，再拌上炒香芝麻。

（六）西南地区名点

1. 四川名点

担担面为全国名面食之一，是四川的独特风味。担担面是四川的一道名小吃，相传已经有上百年历史。当年挑担担面的扁担一头是个煤球炉子，上面一口铜锅。铜锅隔为两格，一格煮面，一格炖鸡；另一头装的是碗筷、调料和洗碗的水桶。卖面的小贩用扁担挑在街上，晃晃悠悠地沿街游走，边走边吆喝。

2. 贵州名点

黄粑是贵州当地的著名小吃。贵州当地主食是米，其中有种小黄米，煮熟后就有很强的黏性，被当地人用作各种糕粑的原料。贵州菜馆里通常都会有两种粑可以选择，一种"黄粑"，是直接将蒸熟的黄米粑切成片，过油炸，然后蘸着白糖吃；还有一种"蕨粑"，是在黄米原料中加了蕨菜粉，糕粑成了灰绿色，也切片过油炸，蘸糖吃。

3. 云南名点

过桥米线是云南最富盛名的面点之一。传说有一秀才在湖心小岛苦读，秀才的妻子每日都要通过石砌的小桥给丈夫送饭。妻子念丈夫读书辛苦，利用厚厚的一层黄油覆盖汤面起到的隔热作用，将饭送到丈夫身边，将米线往热油汤里浸泡后，随即捞出放入碗里。此事被传为美谈，人们为了赞誉这位贤能的妻子，便将这种食品取名"过桥米线"。吃起来味道特别浓郁鲜美，营养非常丰富，常常令中外食客赞不绝口。

（七）西北地区名点

1. 陕西名点

臊子面秦川风味面点之一。以精制面条浇上猪肉、多种菜蔬和调料制成，鲜香可口。据记载，臊子面是从唐代的长命面演变而来，因而吃臊子面有取"福寿延年"之意。

牛羊肉泡馍是陕西著名的回民风味小吃。由战国时的羊羹演变而成。将牛羊肉与饼合煮，食用时佐以蒜、酱等。

2. 宁夏名点

馓子是宁夏名点。在宁夏俗语有"点心香，月饼美，回回的馓子甜又脆"一说。馓子的制作方法是将精面粉加入盐水揉和，反复搓压后搓成粗条，抹上食用油放在盆中饧面。起油锅，待锅中油热时将制成环形的面条放入油锅中，油炸至金黄色，捞出晾干，即可食用。

3. 新疆名点

馕是新疆地区的主要面食之一，已有两千多年的历史。馕的品种很多，大约有五十多个。"馕"字源于波斯语，维吾尔族原先把馕叫做"艾买克"，直到伊斯兰教传入新疆后，才改叫"馕"。馕的一般做法跟汉族烤烧饼很相似。在面粉中加少许盐水和酵面，和匀，揉透，饧发，即可烤制。添加羊油的即为油馕；用羊肉丁、孜然粉、胡椒粉、洋葱末等佐料拌馅烤制的乃为肉馕；将芝麻与葡萄汁拌和烤制的叫芝麻馕，等等，皆因和面和添加剂成分、面饼形状、烤制方法等各不相同，馕的名称也就相应而别。

（八）港澳台地区名点

1. 香港名点

菠萝包是香港名点。菠萝包的由来，是因为香港人嗜甜，认为一团面团做成的面包太"寡"（粤语中没有足够的味道的意思），于是在面包上抹上砂糖之类的馅料，便创造出松脆的金黄色的菠萝包；西方的面包，加上香港人的一点心思，就成为了广受大众欢迎的食物。

2. 澳门名点

葡式蛋挞（葡挞）是澳门小吃中最有名的，特别讲究烘焙技巧，深受食客喜爱。最早的葡式蛋挞来自英国人 Andrew Stow，他在葡萄牙吃到里斯本附近城市 Belem 的传统点心 Pasteis de Nata 后，决定在传统食谱上加进自己的创意，于是 1989 年在澳门路环岛开设安德鲁饼店，用猪油、面粉、水和蛋，以及英国式的糕点做法，创作出广受欢迎的葡式蛋挞。

3. 台湾名点

台湾省的面点小吃品种繁多，丰富多彩，荟萃了我国各地的优秀食品。面点制作选料考究，加工精细，小巧玲珑，甜而不腻，具有明显的南方饮食特色。

太阳饼是一种甜馅薄饼，内馅是麦芽糖，起源于台湾中部台中市，为台中的名产之一。太阳饼的形状近似圆形，饼皮酥而易碎，食用时容易掉落。一般可直接食用配以浓茶，也有置放饼在碗内，冲泡热开水呈现粥样吃喝。早期制作的比较大，一般食用前多会均分成四块，近年来则有较小的太阳饼出现，以方便拿取食用。

 **课后任务 ▶▶**

1. 以中国某一菜系为例，简述其独立成体系缘由，并说明其口味及风格特色。

2. 收集中国八大菜系的资料，编辑以中国代表地方风味菜系为主题的小报。

3. 实际动手制作一道当地菜系的代表菜，以便于巩固其菜系知识。

4. 实际动手制作一道面点，以巩固面点的相关知识。

5. 收集考察当地的饮食市场，为外地游客设计一张菜单（含面点），并说明其饮食文化内涵。

6. 通过网络及资料信息了解"满汉全席"，并介绍其中的经典名菜。

第八章　鬼斧神工——中国工艺文化

知识目标

● 熟悉中国工艺文化的发展概况。

● 掌握中国青铜、陶瓷、玉器文化知识。

● 了解中国其他主要传统工艺文化知识。

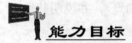能力目标

●能够收集和整理与旅游相关的中国工艺文化知识，进行专题介绍。

●能够运用中国工艺文化相关知识，为游客介绍和选购旅游纪念品。

中国是历史悠久和文化灿烂的多民族国家，中国工艺文化源远流长，博大精深，蕴含着独特的文化记忆和民族情感，具有独特的东方艺术魅力，是中华文明的重要组成部分。几千年来出现许多精彩纷呈的手工艺品种类，深刻反映了文明古国深厚的文化底蕴，体现了人们对美的理解和对美好生活的追求，蕴含着中国人民的杰出智慧与创造力。

第一节　中国工艺文化概述

中国传统的工艺文化历史悠久，技艺精湛，内容丰富多彩。作品精神内涵基本都是活泼向上、吉祥如意、长命健康、富贵有余、儿孙满堂等，主要用于传统节日、传统宗教和民族饰品等。这些中国传统工艺流传广泛，生动有趣，代表了中国人的传统文化和日常活动。几千年来，无论它以何种形式出现在人们面前，总是积淀着民族文化的精神和风貌。在彩陶、青铜、漆器、丝织等工艺美术形式中无不散发出工艺文化的生命力。在民间，它以传统习俗所表现的丰富主题，蕴含着人民生活的喜怒哀乐。在宫廷，它以精巧典雅的金银首饰、玉器珠宝，装饰着统治者的奢侈生活。"土味习

俗"和"高雅雕琢"共同奏响了中华民族工艺文化的辉煌乐章。

一、中国工艺文化概念

中国工艺文化，是通过对中国传统工艺的品种、技法、工艺发展等方面的研究而形成的，以及由此产生、传承、传播、得到认同过程的事象与内在精神的总和。

二、中国工艺文化的种类

中国工艺文化有着广阔的领域，门类纷繁，样式众多，主要分为以下几类：

（一）按工艺文化的功能价值划分

可分为实用工艺和陈设工艺。
1. 实用工艺即含有审美意象的生产、生活用品，如服装、器用和工具等；
2. 陈设工艺即集中展示材美工巧或造型装饰之审美意匠而专供观赏的工艺品，如牙雕、玉雕、景泰蓝等。

（二）按工艺文化的生产者和消费者的社会层次划分

可分为民间工艺、宫廷工艺和文人工艺。
1. 民间工艺美术是作为生产者的劳动大众为自身需要制作的工艺造物；
2. 宫廷工艺美术是按封建贵族统治者的需要制作的工艺造物；
3. 文人工艺美术则是为封建文人阶层的需要制作的工艺造物。

（三）按工艺文化材料和制作工艺划分

一般可分为雕塑工艺（牙骨、木竹、玉石、泥、面等材料的雕、刻或塑）、锻冶工艺（铜器、金银器、景泰蓝等）、烧造工艺（陶瓷、玻璃料器等）、木作工艺（家具等）、髹饰工艺（漆器等）、织染工艺（丝织、刺绣、印染等）、编扎工艺（竹、藤、棕、草等材料的编织扎制）、画绘工艺（年画、烫画、铁画、内画壶等）、剪刻工艺（剪纸、皮影等）等种类。现在习惯上通常将传统工艺文化分为雕塑工艺、织绣工艺、编织工艺、金属工艺、陶瓷工艺和漆器工艺六大类。

三、中国工艺文化的特性

（一）和谐性

中国传统艺术思想重视人与物、用与美、文与质、形与神、心与手、材与艺等因素

相互间的关系，主张"和"与"宜"。对"和"、"宜"之理想境界的追求，使中国工艺美术呈现出高度的和谐性：外观的物质形态与内涵的精神意蕴和谐统一，实用性与审美性的和谐统一，感性的关系与理性的规范的和谐统一，材质工技与意匠营构的和谐统一。

（二）象征性

中国工艺思想历来重视造物在伦理道德上的感化作用。它强调物用的感官愉快与审美的情感满足的联系，而且同时要求这种联系符合伦理道德规范。中国传统工艺造物往往借助造型、体量、尺度、色彩或纹饰来象征性地喻示伦理道德观念。

小知识

中国结寓意

1. 方胜结——一路平安 2. 双蝶结——比翼双飞 3. 如意结——吉祥如意 4. 团锦结——前程似锦 5. 祥云结——祥云绵绵 6. 双喜结——双喜临门 7. 桂花结——富贵无疆 8. 团圆结——团圆美满 9. 双全结——儿女双全 10. 双线结——财源亨通 11. 双鱼结——吉庆有余 12. 盘长结——长寿百岁 13. 平安结——如意平安 14. 同心结——永结同心 15. 双联结——成双成对 16. 鲤鱼结——吉庆有余 17 繁翼磐结——磐石如山

（三）灵动性

中国工艺思想主张心物的统一，要求"得心应手"，"质则人身，文象阴阳"，使主体人的生命性灵在造物上获得充分的体现。中国传统工艺造物一直在造型和装饰上富有生命的韵律和循环不息的运动感，使中国工艺造物在规范严整中又显变化活跃、疏朗空灵。

（四）天趣性

中国工艺思想重视工艺材料的自然品质，主张"理材"、"因材施艺"，要求"相物而赋形，范质而施采"。中国传统工艺美术在造型或装饰上总是尊重材料的规定性，充分利用或显露材料的天生丽质。这种卓越的意匠使中国工艺造物具有自然天真，恬淡优雅的趣味和情致。

（五）工巧性

对工艺加工技术的讲求和重视是中国工艺美术的一贯传统。丰富的造物实践使工匠

注意到工巧所产生的审美效应，并有意识地在两种不同的趣味指向上追求工巧的审美理想境界：去刻意雕琢之迹的浑然天成之工巧性，和尽情微穷奇绝之雕镂画缋的工巧性。

第二节　青铜器文化知识

一、青铜器概述

青铜器是以青铜为材料，采用一种非常特殊的工艺（今人称之为青铜铸造工艺）制作出来的器物，它是古代灿烂文明的载体之一。

青铜是人类历史上的一项伟大发明，是世界冶金铸造史上最早的合金。红铜加入锡、铅，成为一种新的合金，这种合金历经几千年的化学反应，其表面出现一层青灰色的锈，所以今人谓之"青铜"，而古人则将这种合金称为"金"，文献中所讲"赐金"、"受金"多少，即指青铜。一般加锡越多，铸好的青铜器就越硬，但同时青铜也会变的更脆。其次，青铜溶液流动性好，凝固时收缩率很小，因此，能够铸造出一些细部十分精巧的器物。最后，青铜的化学性能稳定，耐腐蚀，可长期保存。此外，青铜的熔点较低，熔化时不需要很高的温度。所以青铜器用坏了以后，可以回炉重铸。所以，在人类社会发展史上，新石器时代之后大多经过青铜器时代。

二、青铜器发展历程

考古证明中国青铜器源远流长，其历史可以上溯到公元前3000年左右。大约2000年以前，自奴隶社会的夏代开始中国进入了青铜时代，到春秋时代结束。一般把中国青铜器文化的发展划分为三大阶段，即形成期、鼎盛时期和转变期。

（一）形成期

距今4500～4000年龙山时代，相当于尧舜禹传说时代，古文献上记载当时人们已开始冶铸青铜器。黄河、长江中下游地区的龙山时代遗址里，经考古发掘，在几十处遗址里发现了青铜器制品。制作技术方面，有的是锻打的，有的是用范铸造的，比较先进。青铜器品种较少，多属于日常工具和生活类，如刀、锥、钻、环、铜镜、装饰品等。这个时期的青铜制品多朴实无饰，就是有纹饰的铜镜也仅为星条纹、三角纹等的几何纹饰。

（二）鼎盛期

鼎盛期即中国青铜器时代，包括夏、商、西周、春秋及战国早期，延续时间约一

千六百余年。这个时期的青铜器主要分为礼乐器、兵器及杂器。所有青铜器中，礼器数量最多，制作也最精美。礼乐器可以代表中国青铜器制作工艺的最高水平。礼器种类包括烹炊器、食器、酒器、水器和神像类。这一时期的青铜器装饰最为精美，纹饰种类也较多。

（三）转变期

转变时期一般指战国末年至秦汉末年这一时期。经过几百年的兼并战争及以富国、强兵为目的的政治、经济、文化改革，传统的礼仪制度已彻底瓦解，铁制品已广泛使用。青铜器在社会生活中的地位逐渐下降，器物大多日用化，但精美的作品并不少见。如在陕西临潼秦始皇陵掘获的两乘铜车马，均为青铜器铸件构成，大小与实际合乎比例，极其精巧。车马上还有不少金银饰件，通体施以彩绘，可以说是迄今发掘到的形制巨大、结构又最复杂的青铜器。

到了东汉末年，陶瓷器得到较大发展，在社会生活中的作用日益重要，从而在日用生活中进一步替代了青铜器皿。至于兵器，工具等方面，这时铁器早已占了主导地位。隋唐时期的铜器主要是各类精美的铜镜，一般均有各种铭文。自此以后，青铜器除了铸造钱币和铜镜外，可以说不再有什么发展了。

三、著名的青铜器

青铜器的发展历经夏、商、西周、春秋到封建社会的战国、秦汉，每一时期都有着前后承袭的发展演变系统。我国古代青铜器种类繁多、形制多样，包括：礼器、生产工具、兵器、车马器和其他用具。其中礼器又包括食器、酒器、水器和乐器。

（一）后母戊鼎

后母戊鼎（如图7-1所示）是中国商代后期（约公元前16世纪至公元前11世纪）王室祭祀用的青铜方鼎，1939年3月19日在河南省安阳市武官村一家的农地中出土，现藏中国国家博物馆。后母戊鼎器型高大厚重，又称后母戊大方鼎，高133厘米、口长110厘米、口宽79厘米、重832.84千克，鼎腹长方形，上竖两只直耳（发现时仅剩一耳，另一耳是后来据另一耳复制补上），下有四根圆柱形鼎足，是中国目前已发现的最重的青铜器。该鼎是商王祖庚或祖甲为祭祀其母所铸。

图 7-1 后母戊鼎

 小知识

中国旅游标志——"马踏飞燕"

"马踏飞燕"是东汉时期的艺术珍品。它 1969 年出土以后，很快名闻天下，受到人们的赞美。

这匹铜制的骏马，膘肥体健，体形匀称，鬃毛整齐，四蹄坚韧有力。它头微微后仰面稍向左歪，尾巴向后扬起，是一匹奔跑中的骏马。怎样表现它的速度之快呢？作者构思奇妙，让马的右前腿大步前跨，向左后平伸，以表现它正快速奔跑。快到什么程度呢？作者匠心独运，让马的后蹄踏在一只飞燕上。这样就把"快"具体化了，马蹄踏在飞燕上，飞燕竟安然无恙，可见这匹马几乎是四蹄离地，风驰电掣般地飞奔。

铜奔马全身重量都集中在右后蹄上，怎样才能保持平衡？这是一个难题。作者有意使马的头和颈往后收缩，让重心尽量后移；同时便踏燕的后蹄尽量前伸，让马的支撑点的重心正好在一条垂直线上。再加上向前伸出的两条腿和扬起的尾巴，不仅使马的整体上保持平衡，而且使马的造型更加优美。

从这匹踏燕的奔马身上，我们看到了古代劳动人民具有丰富的艺术想象力和先进的科学知识，看到了他们卓越的创造才能。

1983 年 10 月，"马踏飞燕"被国家旅游局确定为中国旅游标志。

（二）四羊方尊

四羊方尊商朝晚期偏早青铜器，属于礼器，祭祀用品，是中国现存商代青铜器中最大的方尊，高 58.3 厘米，重近 34.5 公斤，1938 年出土于湖南宁乡县黄材月山铺转耳仑的山腰上。现藏于中国国家博物馆。

四羊方尊器身方形，方口，大沿，颈饰口沿外移，每边边长为 52.4 厘米，其边长几乎接近器身高度。长颈，高圈足。颈部高耸，四边上装饰有蕉叶纹、三角夔纹和兽面纹。全体饰有细雷纹。器四角和四面中心线合范处均设计成长棱脊，其作用是以此来掩盖合范时可能产生的对合不正的纹饰。

四羊方尊是用两次分铸技术铸造的，即先将羊角与龙头单个铸好，然后将其分别配置在外范内，再进行整体浇铸。整个器物用块范法浇铸，一气呵成，鬼斧神工，显示了高超的铸造水平。此尊造型简洁、优美雄奇，寓动于静。被称为"臻于极致的青铜典范"。

第三节　陶瓷文化知识

一、陶瓷概述

在为数众多的器物中，中国陶瓷居于独特的地位。至今英语里"瓷器"（CHINA）与"中国"为同一词；阿拉伯语里的瓷器（SINI）亦即"中国的'或"中国人的"之意。

陶瓷是由黏土或以黏土、长石、石英等为主的混合物，经成型、干燥、烧制而成的制品的总称。

陶器与瓷器的主要区别在于，陶器是用陶土为原料，而瓷器是用瓷土为原料的，它们有着不同的化学物质成分和结构，从而影响着它们的性能。陶器一般在 800℃～1000℃，至高达 1100℃左右的温度中烧造的，而瓷器则是经过 1200℃以上的高温烧成的。瓷器的化学成分主要是氧化硅（SiO_2）和氧化铝（Al_2O_3），含铁量低，质地致密，胎体吸水率低于 1%，声音清脆，胎釉经高温烧结后，不易脱落。但是，陶器和瓷器的基本工艺是一样的，瓷器是在陶器工艺发展的基础之上发明的，所以，陶器和瓷器有着十分密切的关系。

二、陶瓷文化发展历程

陶瓷是我国古代的伟大发明之一，它饮誉世界，与国家共名。目前对陶瓷产生的具体年代虽无定论，但和欧洲各国相比早 1500 年左右。

陶器的诞生最直接的原因是火的使用。被焙烧的土地或黏土会变得坚硬，由此而发现了陶器。《周书》记载："神农耕而作陶。"现已发现的较早的陶器是新石器时代早

期的裴李岗文化、磁山文化的陶器，其年代约为公元前五六千年。陶器的发明，揭开了人类利用自然、改造自然、与自然作斗争的崭新的一页，是人类社会发展史上一项技术革命。

大约在夏商之际，原始瓷器发轫于赣、浙一带。商代中晚期的"原始青瓷"已经像模像样了，它可能为我国瓷器的鼻祖，属于瓷器的萌芽时期，这为瓷器的发明创造了一个重要条件。越人在原始瓷器上施薄薄的青黄色釉，又因釉中含铁，瓷器呈青绿色，故名青瓷。

在经历战国秦汉数百年的动荡与停滞以后，东汉晚期以上虞小仙坛窑址为代表的宁绍平原东部地区，终于率先烧制出成熟瓷器，这是中国陶瓷史上的里程碑。魏晋南北朝是我国瓷器生产的跃进时期，晋代首次出现了中国文字史上的"瓷"字，青瓷、白瓷、黑瓷的相继出现，标志着中国瓷器建制已大功告成。北方制瓷手工业的迅速发展，尤其是白瓷的出现，为制瓷业开辟了一条广阔的道路。

陶瓷进入了唐代，才蜕变到成熟的境界，跨入真正意义上的中国瓷器高峰时代，色彩艳丽的唐三彩成为唐代陶瓷工业繁荣的标志。盛唐时期，形成了"南青北白"的格局。在南方专门烧制青瓷的越窑，烧成了润泽如玉、清亮似水的"千峰翠色"秘色瓷。北方以"白如雪"为代表的邢窑生产的白瓷，瓷胎、瓷釉白度都很高，叩之发出金石之声。

宋朝是中国科技、文学和艺术高度发达的时期，陶瓷业蓬勃发展，瓷窑遍布全国各地，地方风格浓郁。两宋时期官窑制度确立，"五大名窑"即官窑、汝窑、哥窑、定窑、钧窑等各领风骚。官窑的瓷器形成了不同于民窑器物的艺术风格。这标志着中国瓷器制作达到了空前的高峰。

元代在景德镇设"浮梁瓷局"统理窑务，发明了瓷石加高岭土的二元配方，烧制出大型瓷器，并成功地烧制出典型的元青花和釉里红等，尤其是元青花烧制成功，在中国陶瓷史上具有划时代的意义。

明代从洪武35年开始在景德镇设立"御窑厂"，200多年来烧制出许许多多的高、精、尖产品，如永宣的青花和铜红釉、成化的斗彩、万历五彩等都是希世珍品，同时也带动了民窑的进一步发展。景德镇的青花、白瓷、彩瓷、单色釉等品种，繁花似锦，五彩缤纷，成为全国的制瓷中心。还有福建的德化白瓷产品都十分精美。

清代康熙、雍正、乾隆三代瓷器的发展臻于鼎盛，达到了历史上的最高水平，是中国陶瓷发展史上的第二个高峰。景德镇瓷业盛况空前，继续保持着中国瓷都的地位，还创烧了很多新的品种，如珐琅彩瓷以其独特的质感和鲜艳的色彩闻名于世。

长达数千年的中国古陶瓷发展史至此落下帷幕，但是它给后人留下的这份珍贵而又丰富的遗产，将永远放射出灿烂的光辉。

三、著名的陶瓷器

中国陶瓷以其历史悠久、内容丰富、民族艺术特色浓郁、技艺精湛而著称于世，是中国优秀文化遗产的重要组成部分。纵观其几千年的发展历史过程中，留下了大量具有代表性的精品陶瓷器。

（一）宜兴紫砂陶器

宜兴一向有"陶都"之称，所产陶瓷种类极多。有细陶、精陶、均瓷、青瓷等几十大类，数千个品种，其中最有名的是紫砂陶。紫砂陶主要品种有壶、杯、瓶、鼎、碗、盘、碟等，造型丰富多彩，尤以紫砂茶壶（如图7-2所示）最为出色。紫砂壶制作缜密精巧，透气性能良好。紫砂壶既是一种独具特色的艺术品，也是一种优良的饮茶用具。宜兴紫砂陶器的造型奇特、构思精巧，通过点、线、面的巧妙组合与泥色的浑然配置，集造型、色泽、书画、诗词、雕刻诸艺术于一体。后又出现了胶泥、浮雕、镂刻、填泥和银丝镶嵌等装饰手法，使紫砂工艺品更加别具一格。

图7-2　宜兴紫砂壶

（二）青花瓷器

青花瓷（如图7-3所示）又称白地青花瓷，常简称青花，是中国瓷器的主流品种之一，属釉下彩瓷。青花瓷是用含氧化钴的钴矿为原料，在陶瓷坯体上描绘纹饰，再罩上一层透明釉，经高温还原焰一次烧成。钴料烧成后呈蓝色，具有着色力强、发色

鲜艳、烧成率高、呈色稳定的特点。原始青花瓷于唐宋已见端倪，成熟的青花瓷则出现在元代景德镇的湖田窑。明代青花成为瓷器的主流。清康熙时发展到了顶峰。明清时期，还创烧了青花五彩、孔雀绿釉青花、豆青釉青花、青花红彩、黄地青花、哥釉青花等衍生品种。

图 7-3 青花瓷器

相传明朝宣德年间，宣宗皇帝想要用一套鲜红色的瓷器祭奠日神，于是诏令设在景德镇的督窑官加紧烧制。但是窑工们多次试验，就是烧不出令朝廷满意的祭器来。督窑的太监每日督促、鞭打窑工，并且把一部分人关进监狱，声称再烧不出皇帝催要的红釉瓷器就要杀人了。一位老窑工的女儿翠兰，听到消息后非常担心，跑到御窑厂，发现她的父亲也被督窑官投入了大牢。悲愤的翠兰纵身跳入了熊熊的窑火之中，用自己的生命抗议督窑官的暴行。两天后，当窑工们打开翠兰焚身的窑炉时，惊奇地发现，烧成的陶坯呈现出鲜血一样的红色。红色的祭器烧成了，人们说这是翠兰的血染红了陶坯，于是就把这种红色的陶瓷，称为"祭红"。这种殷红色的瓷器，如同神话中的宝物一样，非常难得。历代皇帝都曾不惜财力烧制祭红。祭红是中国传统陶瓷产品的佼佼者。民间素有"千窑一宝"、"十窑九不成"的说法，在上百炉的窑火中，才能得到一两件祭红。

第四节　玉器文化知识

一、玉器概述

玉器是指以硬玉、软玉、碧玉、蛇纹石、水晶、玉髓等为原料而制作的工具、装

饰品、祭器和陈设品等。玉指温润有光泽的美石,中国古代对玉的定义很广泛,许慎在《说文解字》对玉下的定义是"玉,石之美者,有五德"。玉石价值本已不菲,再经过巧匠的加工雕琢,就变成了一件件价值连城的宝物。玉器随着时代发展,就逐渐形成了玉的文化。

在中国,玉器有着悠久的历史和独特的涵义。玉,包含着古人无穷无尽的理想追求和精神向往。古往今来,人们把一切美好的东西以玉喻之,更把生命的理念寄托于玉。玉文化是历史最悠久、最能代表东方文明的古文化之一,玉代表了品德高尚、美好与尊贵。

二、玉器文化发展历程

中国人往往用玉来比喻人的德性,儒家讲究"君子必佩玉"、"无故,玉不去身"等。在我国,玉器从旧石器时代至今已有 5000 多年的历史了。从旧石器时代到奴隶社会、封建社会,玉器的佩带代表着人们的社会地位。

我国出土资料证明,新石器时代早期已有玉器。在浙江河姆渡新石器时代文化遗址中,发现有少量玉珠、玉管和玉玦等。到了新石器时代晚期,玉器才有雕刻花纹或磨得光滑的制品,器形也比较大,比较复杂,可算做工艺品。

随着青铜器的使用或金石并用,生产工具有了很大改进,社会生产力得到提高,商代手工业内部有了较细的分工,制玉工艺已从石器制作中分离出来,成为独立的手工业部门。

春秋就其社会形态来说是一个过渡时期,反映在玉器工艺上也同样具有过渡色彩,仍然继承了西周青铜器上的龙、凤或幻想的变形禽兽等纹饰图案,但已出现精雕细琢的崭新风格。到战国时代,玉器上的动物题材所占比重增多,技艺精巧。春秋战国崇尚"君子比德于玉"的说教,故当时盛行种类繁多的佩玉。这种社会习俗对玉器工艺的发展有一定影响,这就是佩饰玉器的简便化、小型化,以及刀剑、革带用的玉器问世。

两汉玉器对以精致著称的春秋战国玉雕艺术是一次重大突破,对后世玉器有着重大影响。西汉继承春秋战国器形特点,变化不太大。东汉由于交通方便,新疆软玉源源流人中原,琢玉事业得到进一步发展,各种器形和纹饰多模拟神话故事,富有神秘色彩。

魏晋南北朝因受乱世薄葬的影响,向来玉器出土极少,所以其发展面貌不甚明朗。

隋唐时代,经济繁荣,文化发达,对外交往密切,长安成为国际性都市。这时的手工业极其兴隆,唐代玉器和器形与汉代和魏晋南北朝的风格不同,大量出现花鸟、人物饰纹,器物富有浓厚的生活气息。

南北宋、辽、西夏、金及元代玉器，是在唐代基础上发展起来的。由于南北割据和受不同民族文化的影响，在玉器上反映出民族和地方特色。

明代的生产力有很大发展，城市手工业、商业繁荣，玉器制造也相当发达。这时玉雕的趋向是进一步走向世俗化。明代玉雕刀法粗犷有力，出现"三层透雕法"，镂雕十分精细。北京、苏州、扬州是当时的三大玉琢中心。

清代是我国封建社会的最后一个王朝，它对多民族的统一国家的形成与巩固作出了很大贡献。在这一历史背景之下，玉器得到了空前发展，形成了我国古代玉器史上的最高峰，在玉质之美、做工之器形之众、产量之多、使用之广等方面，都是历史上任何一个朝代的玉器所不能媲美的。

金缕玉衣是汉代规格最高的丧葬殓服，大致出现在西汉文景时期。

汉代皇帝和贵族，死时穿"玉衣"（又称"玉匣"）入葬。它们是用许多四角穿有小孔的玉片，用金丝、银丝或铜丝编缀起来的，分别称为"金缕玉衣"（帝王级）、"银缕玉衣"（诸侯王级）、"铜缕玉衣"（公侯级）。当时人们十分迷信玉能够保持尸骨不朽，更把玉作为一种高贵的礼器和身份的象征。

三、著名玉器种类及代表作品

（一）翡翠

翡翠，也称翡翠玉、缅甸玉，是硬玉的一种，颜色呈翠绿色（称之翠）或红色（称之翡），是一种最珍贵、价值最高的玉石，被称为"玉石之冠"。还由于深受东方一些国家和地区人们的喜爱，因而被国际珠宝界称为"东方之宝"。翡翠因含有不同的染色离子而呈现各种颜色，通常有白、红、绿、紫、黄、粉等。其中带有柔润艳丽的淡绿、深绿色品种最为名贵，极受人们的珍视喜爱。我们现在常常见到的翡翠饰品多是以金镶嵌翡翠戒面制成的戒指、耳环、项链、手链，而清代至民国时期，常见的翡翠饰品是朝珠、扳指、手镯、戒指、耳坠、烟壶。

（二）和田玉

和田玉是一种软玉，俗称真玉。和田玉是以产地和田命名的，一般指新疆和田玉。早在新石器时代，昆仑山下的先民们就发现了和田玉，并作为瑰宝和友谊媒介向东西方运送和交流。战国时期和田玉被称为"禹氏之玉"，秦代也称为"昆山之玉"。

秦始皇开始一直到清代，和田玉成为帝王玉。皇宫的玉器多是和田玉制成。特别是象征皇权的玉玺多用玉制作的，其中绝大多数是和田玉。和田玉质地非常细腻，温润滋泽，即具有油脂（脂肪）光泽，给人以滋润柔和之感，其中的极品白玉被称为"羊脂玉"。

第五节　其他工艺文化知识

一、漆器

漆器一般指涂以透明或不透明漆的某些木制或陶瓷、金属物件。中国古代漆器的漆，是从漆树上采割下来的天然液汁。漆树产于中国，约10年树龄可割取树液——生漆。漆器的制作工艺相当复杂，首先须制作胎体。胎为木制，偶尔也用陶瓷、铜或其他材料。也有用固化的漆直接刻制而不用胎。胎体完成后，漆器艺人运用多种技法对表面进行装饰。漆器的主要特点是可以抛光到可与瓷器媲美。漆层在潮湿条件下干燥，固化后表面非常坚硬，有耐酸、耐碱、耐磨的特性，又可以配制出不同色漆，光彩照人。在中国，从新石器时代起人们就认识了漆的性能并用以制器。历经商周直至明清，中国的漆器工艺不断发展，达到了相当高的水平。中国的戗金、描金等工艺品，对日本等地都有深远影响。

漆器工艺主要分布于北京、江苏、扬州、上海、四川、重庆、福建、山西平遥、贵州大方、甘肃天水、江西宜春、陕西凤翔等地。其中，北京雕漆是在木胎或铜胎上髹饰数十层甚至上百层，再进行浮雕，色彩以朱红为主，风格富丽华贵。江苏扬州漆器以镶嵌螺钿为其特色，在光线照映下，非常精美。福建脱胎漆器，以色泽光亮，轻巧美观，不怕水浸，能耐温，耐酸碱腐蚀为其特点。四川漆器多用推光的髹饰技法或以雕填见长，或以研磨绘著称。此外，还有厦门漆线装饰，天水的雕填等，都各有不同的艺术特色。明代新安（今安徽省新安县）漆艺家黄大成的《髹饰录》为中国现存古代唯一的一部漆艺专著，书分两集十八章，对制漆的工具、材料、色漆的制配及装饰方法等作了详细的叙述。

漆器是中国古代在化学工艺及工艺美术方面的重要发明。我们祖先制作的优美绝伦的漆器与陶瓷、丝绸一样，是民族文化的瑰宝。

二、刺绣

刺绣古称针绣，是用针绣针引彩线，将丝线或其他纤维、纱线以一定图案和色彩在绣料上穿刺，以缝迹构成花纹的装饰织物，古代称"黹"、"针黹"。因刺绣多为妇女

所作，故又名"女红"。中国的手工刺绣工艺是中国民间传统手工艺之一，已经有2000多年历史了。据《尚书》载，远在4000多年前的章服制度，就规定"衣画而裳绣"。至周代，有"绣缋共职"的记载。湖北和湖南出土的战国、两汉的绣品，水平都很高。唐宋刺绣施针匀细，设色丰富，盛行用刺绣作书画、饰件等。明清时封建王朝的宫廷绣工规模很大，民间刺绣也得到进一步发展，先后产生了苏绣、粤绣、湘绣、蜀绣，号称"四大名绣"。

苏绣以针脚细密、色彩淡雅、绣品精细而著名，具有平、光、齐、匀、和、细、密等特点。题材以小动物为主。如《猫戏图》《风穿花》《鱼虾图》等。近年来出现的双面绣，两面有同有异。如猫的眼睛，两面颜色不一样，十分引人入胜，其刺绣技艺之高超，是刺绣中的精品。

湘绣以写实居多，色彩明快，以中国画为底，衬上相应的云雾山水、亭台楼阁、飞禽走兽，风格豪放。特点是绣虎、狮等，以独特的针法绣出的动物毛丝根根有力。人称湘绣"绣花能生香，绣鸟能闻声，绣虎能奔跑，绣人能传神"。

蜀绣构图简练，大都采用方格、花条等传统的民族图案，富有装饰性。色彩丰富鲜艳，针法严谨，虚实适宜，立体感强，平整光滑。所绣对象有花蝶、鲤鱼、熊猫等。

粤绣采用金银线盘金刺绣，绣线平整光亮。构图布局紧密，装饰性强，富有立体感。绣面富丽堂皇、璀璨夺目，多用于戏装、婚礼服等。荔枝和孔雀是粤绣的传统题材。

此外还有顾绣，京绣、瓯绣、鲁绣、闽绣、汴绣、汉绣、麻绣和苗绣等，都各具风格，沿传迄今，历久不衰。

小知识

重不到一两的素纱禅衣

西汉时期，手工业有了很大发展，纺织技术已达到相当高的水平。长沙马王堆汉墓出土了1400多件西汉时期的纺织品，其中有150件比较完好的丝织品和服饰，这些丝织品编造精良，花样纹饰新颖，其水平之高令人惊叹。特别是有两件素禅衣相当珍贵。禅衣是指没有衬里的单衣，质料是纱，因无颜色，故称"素纱禅衣"。衣长128厘米，两袖伸直共长190厘米，而重仅28克（另一件49克），还不足一两。如果把衣领和袖口镶的锦边去掉，则只有半两重，折叠起来可以握在手，确实像古书中说的"薄如蝉衣，轻若烟雾"。在研究这件禅衣时，科学家惊奇地发现，编织这件禅衣的丝质比现在桑蚕吐出的丝要细一半。后经研究认为：远在2100多年前，环境没有受到污染，桑叶质量好，所以蚕吐的丝又细又好。

三、景泰蓝

景泰蓝，又称"铜胎掐丝珐琅"，距今已有 600 多年的历史，是最具北京特色的传统手工艺品之一。俗名"珐蓝"，又称"嵌珐琅"，是一种在铜质的胎型上，用柔软的扁铜丝，掐成各种花纹焊上，然后把珐琅质的色釉填充在花纹内烧制而成的器物。因其在明朝景泰年间盛行，制作技艺比较成熟，使用的珐琅釉多以蓝色为主，故而得名"景泰蓝"。它采用金银铜及多种天然矿物质为原材料，集美术、工艺、雕刻、镶嵌、玻璃熔炼、冶金等专业技术为一体。

景泰蓝是我国金属工艺品中的重要品种。制作景泰蓝先要用紫铜制胎，接着工艺师在上面作画，再用铜丝在铜胎上根据所画的图案粘出相应的花纹，然后用色彩不同的珐琅釉料镶嵌在图案中，最后再经反复烧结，磨光镀金而成。景泰蓝的制作既运用了青铜和瓷器工艺，又融入了传统手工绘画和雕刻技艺，堪称中国传统工艺的集大成者。景泰蓝古朴典雅，精美华贵，具有鲜明的民族风格和深刻文化内涵，被称为国宝"京"粹，入选首批国家级非物质文化遗产名录。

景泰蓝品种包括景泰蓝和花丝景泰蓝两大类。其中景泰蓝产品又分为金地景泰蓝和蓝地景泰蓝两大部分。花丝景泰蓝又分为金地花丝、银地花丝和蓝地花丝景泰蓝三大部分，同时花丝景泰蓝里还包括金地泡丝、银地泡丝产品。

景泰蓝以其悠久的历史、典雅优美的造型、鲜艳夺目的色彩、华丽多姿的图案、繁多的品种造型、富丽堂皇和精美华贵的视觉感受以及全部为手工完成的、凝结着制作者聪明才智的技艺成为中国工艺品中一颗璀璨夺目的明珠。

课后任务 ▶▶▶

1. 以当地某一特色工艺品为例，简述其主要工艺文化内涵。

2. 收集整理中国古代工艺文化的主要成就，并作专题讲解。

3. 试述中国传统工艺作品中的文化寓意。

4. 实地考察当地的工艺品商店，为外地游客选购旅游纪念品提建议。

5. 中国古代传统民间工艺如何在现代社会中得到保留和发展，尝试提出自己的见解。

第九章　物华天宝——中国各地风物特产

知识目标

● 熟悉我国的名茶、名酒产地、特色及相关典故。

● 熟悉与旅游相关的中国各地风物特产常识。

● 了解常用中药材、中成药及中国文房四宝相关知识。

能力目标

● 能够收集与名茶名酒相关的中国文化常识，进行专题介绍。

● 能够运用中国风物特产相关知识，为游客介绍并选购各地旅游纪念品。

风物特产，是某个国家或地区特有的著名产品。中国幅员辽阔，特产丰富，历史悠久，具有光辉灿烂的文化传统，是世界四大文明古国之一。几千年来，在不断奋进的历史长河中，中华民族的先人们以自己的勤劳与智慧，创造了大量闻名于世的风物特产，为人类的文明做出了杰出的贡献。风物特产既可以满足游客购买需求，传播地域文化，还能打造和树立旅游地旅游形象和文化品牌。

第一节　名茶、名酒知识

一、名茶

茶，是用从茶树上及时采摘的鲜叶，经加工制成的一种有益于人体健康的饮料，它和咖啡、可可并称为世界三大饮料。我国是茶树的原产地，发现茶树及利用茶叶至今已经有4700多年的历史。唐代茶圣陆羽的《茶经》是中国也是世界上第一部茶叶科学专著。目前我国茶叶品种繁多、风格各异，比较著名的茶就有400多种，并先后向

100 多个国家和地区出口，年出口量名列世界第一位。

（一）茶叶的分类

茶叶按初加工可分为 6 类毛茶：绿茶、红茶、青茶、黑茶、黄茶、白茶。再加工茶有压制成型的紧压茶和鲜花窨制的花茶。根据商业习惯，茶叶可分为：绿茶、红茶、乌龙茶、白茶、紧压茶和花茶六大类。

1. 绿茶

绿茶是最古老的茶叶品种。绿茶是不发酵茶，初制时采用高温杀青，以保持鲜叶原有的绿嫩。绿叶绿汤，色泽光润，汤澄碧绿，清香芬芳，味爽鲜醇。绿茶产量大，品种多，其中以西湖龙井、太湖碧螺春、黄山毛峰、庐山云雾等最为著名。

2. 红茶

红茶始出现于清朝，制作的关键是渥红（发酵），用全发酵法制成。红叶红汤，香甜味醇，具有水果香气和醇厚的滋味，还具有耐泡的特点。红茶的产地、品质很多，多以产地命名，以安徽祁红、云南滇红、江西宁州红茶、湖北宜红功夫茶等尤为出众。

3. 青茶

青茶也称乌龙茶，介于红茶与绿茶之间，属半发酵茶。始出现于清朝。制作采用独特的"做青"、"炒青"工艺，使鲜叶不充分发酵。特点是绿叶红镶边，既有红茶的甜醇，又有绿茶的鲜浓香味，汤色金黄澄鲜。青茶主要产于福建、广东、台湾一带。主要名品有福建的武夷岩茶（含"茶王"大红袍）、铁观音，广东的凤凰茶，台湾的冻顶乌龙等。

4. 白茶

白茶多白色茸毛，汤色浅淡或初泡无色，滋味鲜醇，毫香明显。制茶时不炒不揉，只经过自然萎凋、干燥过程。白茶色白如银，汤色浅淡、素雅。主要产于福建的政和、福鼎等地。名品有福建的白毫银针、白牡丹、贡眉等。

5. 黄茶

黄茶加工中采用闷蒸工艺，在破坏酶作用的前提下，多酚类可在温热条件下进行非酶性的自动氧化。黄叶黄汤，酯型儿茶素大量减少，香气清悦醇和，味厚爽口。名品有君山银针等。

6. 黑茶

黑茶制作的主要特点是有渥堆变色的过程，以充分进行非酶氧化，从而使较粗老的鲜叶原料经制作后具有该茶类特有的品质特征。叶色油黑或褐绿，汤色褐黄或褐红，香气纯，味不涩。名品有湖南安化黑茶等。

7. 花茶

花茶出现于宋代，明代进一步发展，茶叶经过窨花后，具有芬芳的花香，尤受我

国北方人民的喜爱。名品有茉莉花茶、玳玳花茶、珠兰花茶、桂花茶等。

茉莉花茶的故事

很早以前北京茶商陈古秋同一位品茶大师研究北方人喜欢喝什么茶，陈古秋忽想起有位南方姑娘曾送给他一包茶叶未品尝过，便寻出请大师品尝。冲泡时，碗盖一打开，先是异香扑鼻，接着在冉冉升起的热气中，看见有一位美貌姑娘，两手捧着一束茉莉花，一会工夫又变成了一团热气。陈古秋不解就问大师，大师说："这茶乃茶中绝品'报恩茶'"。陈古秋想起三年前去南方购茶住客店遇见一位孤苦伶仃少女的经历，那少女诉说家中停放着父亲尸身，无钱殡葬，陈古秋深秋深为同情，便取了一些银子给她。三年过去，今春又去南方时，客店老板转交给他这一小包茶叶，说是三年前那位少女交送的。当时未冲泡，谁料是珍品。"为什么她独独捧着茉莉花呢?"两人又重复冲泡了一遍，那手捧茉莉花的姑娘又再次出现。陈古来一边品茶一边悟道："依我之见，这是茶仙提示，茉莉花可以入茶。"次年便把茉莉花加到茶中，从此便有了茉莉花茶。

8. 紧压茶

紧压茶以黑毛茶、老青茶及其他适制毛茶为原料，经过渥堆、蒸、压等典型工艺过程加工而成的砖形或其他形状的块状茶叶。主要产地有湖南、湖北、四川、云南、贵州等省。由于该类茶的大宗品种主要销往边疆少数民族地区，成为边疆地区的生活必需品，故商业上习惯称为边销茶。紧压茶主要以云南普洱茶、四川沱茶、湖南安化黑茶为代表。

(二) 中国传统名茶

1. 西湖龙井茶

西湖龙井茶属绿茶类，因产于浙江杭州西湖龙井村及其附近而得名。属于扁形炒青绿茶。西湖地区产茶历史久远，唐代陆羽的《茶经》已有记载，宋代以后西湖地区所产的白云茶等已被列为贡品。龙井茶产地过去主要是狮峰、龙井、五云山、虎跑、梅家坞等，分狮、龙、云、虎、梅 5 个品种，其中尤其以狮峰龙井为第一，被誉为"龙井之巅"。每年清明节前采摘的芽茶称"明前茶"，极为名贵。龙井茶具有干茶扁平挺直，大小长短匀齐，色泽绿中透黄，茶香清高鲜爽，宛如茉莉清香，味甘而隽永，誉为"色绿、香郁、味甘、形美"四绝，素有"国茶"之称。若以当地虎跑泉水冲泡，则香清味洌。西湖龙井茶与杭州的虎跑泉并称为"杭州双绝"。

2. 太湖碧螺春

太湖碧螺春属绿茶类，产地又称洞庭碧螺春，俗称"吓煞人香"。属于卷曲形炒青绿茶。产于江苏苏州市太湖边上的洞庭山。其特点是条索纤细，卷曲成螺，幼嫩匀齐，绒毛遍布，茶汤清澈明亮，香气鲜浓，其味鲜清甘甜、清郁鲜爽。洞庭山区早在宋代已是著名的茶叶产地，相传"碧螺春"茶名为康熙十四年（1675）皇帝游太湖时所赐，一说明产地，二说明茶色碧绿如翡翠，形如田螺，采于春天。

3. 黄山毛峰

黄山毛峰属绿茶类，主要产于安徽黄山景区及其周围地区，属条形烘青绿茶。经杀青、揉捻、烘干等工序制成。其形如雀舌且多白毫，每片约半寸长，色质油润光亮，冲泡后雾气结顶。创制于清朝光绪年间。因制作标准不同，分特级毛峰和普通毛峰。特级毛峰又称黄山云雾茶，每年产量极少。

4. 六安瓜片

六安瓜片属绿茶类，产于安徽省六安地区。其外形似瓜子单片，无芽、无梗，边缘微翘，色泽翠绿，香气清高，滋味鲜醇回甘，色泽清澈透亮，叶底嫩绿明亮。

5. 信阳毛尖

信阳毛尖属绿茶类，产于河南省大别山区信阳县。其外形条索细圆紧直，色泽翠绿，白毫显露，汤色清绿明亮，香气清高，滋味浓醇，叶底嫩绿匀齐，素以"色翠、味鲜、香高"著称。

6. 太平猴魁

太平猴魁属绿茶类，产于安徽省太平县、泾县一带，其外形两叶抱芽，平扁挺直，自然舒展，白毫隐伏，有"猴魁两头尖，不散不翘不卷边"之说。色泽苍绿匀润，花香高爽，有独特的"猴韵"，滋味甘醇，汤色清绿明净，叶底嫩绿匀亮。

7. 庐山云雾

庐山云雾属绿茶类，产于江西省庐山，以五老峰和汉阳峰之间的茶叶品质最好。外形条索紧结重实，色泽碧绿隐毫，香气芬芳高长，汤色碧绿明亮，滋味浓醇鲜爽，叶底嫩软。

8. 君山银针

君山银针属黄茶类，产于湖南省岳阳市洞庭湖中的君山岛，采制要求很高，多在清明节前三四天开始，采摘的鲜叶为春茶首摘的单一芽尖之苞蕊，经杀青、摊凉、初烘、初包、复烘、复包、干燥等工艺程序制成。尤其是初包等特殊处理，可使君山银针的色、香、味更能达到完美的境地。该茶的特点是芽头肥壮，挺直不曲，满披白毫，芽身金黄，具有"金镶玉"的美称，汤色橙黄明净，香气清郁，滋味甘甜醇和，叶底明亮匀齐。冲泡杯中时，冲泡数次起落数次，以其"三起三落"享誉中外。

9. 祁红

祁红属红茶类，主要产于安徽省祁门县及附近地区。又称祁门红茶，是祁门功夫红茶的简称。祁红外形紧秀，锋苗好，色泽乌黑泛灰光，俗称"宝光"，香气浓郁高长，似蜜糖香，又蕴含着花香，有独特的"玫瑰香"，汤色红艳，滋味醇厚，回味隽永，叶底嫩软红亮。祁红与印度的大吉岭、斯里兰卡的乌伐季节茶并称为世界三大高香茶。

10. 滇红

滇红属红茶类，云南功夫红茶的简称，主要产于云南澜沧江流域的凤庆、昌宁、临沧、云县、双江、腾冲、勐海等市县。其中以凤庆县所产最著名、产量最多，约占滇红总产量的50%。1939年制成后远销国外。具有芽叶肥壮，条形重紧，色泽乌润，金毫显露，汤色红浓明亮，滋味浓醇鲜爽、香高持久等特点，最宜加糖饮用。

11. 铁观音

铁观音属乌龙茶类，原产于福建省安溪县，也称为安溪铁观音。目前永春、南安、晋江、长安、同安、龙海等地也有生产。相传为观音所赐，便取名铁观音。属卷曲形乌龙茶。创制于清朝雍正年间。外形条索壮结，呈螺旋形，身骨沉重；色泽砂绿翠润，红点明显；内质香气清高，持久馥郁，滋味醇厚甘鲜，有天然的兰花香，俗称"观音韵"。汤色金黄明亮，叶底肥厚软亮，边缘略向背面卷曲，耐冲耐泡，要冲泡两三次才能品出茶的香气、滋味来；饮时入口微苦，瞬即回甘，带有蜜味。

12. 武夷岩茶

武夷岩茶属乌龙茶类，产于"奇秀天下"的福建武夷山，外形条索紧结，叶端扭曲，色泽青褐油润呈"宝光"，香气浓郁，具蜜香，又有花香，汤色橙红清澈，滋味醇厚鲜爽回甘，叶底肥厚。武夷岩茶中有五大名枞，武夷大红袍、铁罗汉、水金龟、白鸡冠、半天腰，其中以"大红袍"为首。

13. 白毫银针

白毫银针属白茶类，又名银针白毫，也简称银针或白毫。属芽形白茶，因色白如银，形状似针而得名。主要产于福建省福鼎市与政和县。创制于清朝嘉庆初年（1796年）。具有芽壮毫显，洁白如银，汤色碧青，香气清淡、滋味醇和等特点。其性寒，有解毒、退热、降火之功效，被视为治疗麻疹良药。

14. 普洱茶

普洱茶属紧压茶，也属黑茶，以云南原产地的大叶种晒青茶及其再加工而成两个系列：直接再加工为成品的生普和经过人工速成发酵后再加工而成的熟普，型制上又分散茶和紧压茶两类。成品后都还持续进行着自然陈化过程，具有越陈越香的独特品质。

普洱茶气香、滋润、滋味醇厚，主要供藏族同胞饮用。游牧民族主食肉类，俗谚"可三日无粮，不可一日无茶"，可见普洱茶对降低血脂自古即有明证。人们选购、饮用茶叶一般是求新不求陈，但是黑茶类中的某些茶，如云南普洱茶、湖南黑毛茶、广西六堡茶等，却是陈茶香气好，新茶香气差。经医学临床实验证明，普洱茶具有降低血脂、减肥、抑菌、助消化、暖胃、生津、止渴、醒酒、解毒等多种功效，因此，经常被当作养生妙品，古今中外负有盛名，有"益寿茶"、"美容茶"等美誉。

15. 玳玳花茶

玳玳花茶属花茶类，产于福建省福州等地，是我国花茶中的新品，以玳玳花开胃通气的药理作用深受广大消费者的喜爱，被誉为"花茶小姐"。玳玳花茶具有香气高浓、滋味纯正等特点。

二、名酒

酒，是用高粱、麦、米、葡萄或其他水果等原料经糖化、发酵制成的含有食用酒精等成分的饮料。

根据酿酒方法分类，有蒸馏酒、酿造酒和配制酒。根据酒中酒精的含量分类，有高度酒（一般在40°以上）、中度酒（20°～40°之间）和低度酒（在20°以下）。根据商业习惯，酒可分为白酒、黄酒、果酒、啤酒和配制酒等。

（一）白酒

白酒以各种谷物为原料，经过糖化发酵，用蒸馏法制成。一般酒精度在40°～65°之间。白酒的分类可按曲种、原料、工艺、香型等几种方法，但最常见的是按香型分类法，因为我国名白酒大多是大曲酒、粮食酒、固态发酵法，而这几种分类都没有体现出白酒的不同，只有按香型分类才能比较充分地体现出不同的特色。

1. 香型

由于白酒中所含的芳香物质不同，所以1979年由全国评酒会的专家确定，将白酒划分为7种香型：

（1）酱香型。酱香型，又称茅香型。以贵州茅台酒为代表，具有酱香、细腻、醇厚、回味长久等特点。

（2）清香型。清香型，又称汾香型。以山西汾酒为代表，具有清香、醇甜、柔和等特点，是中国北方的传统产品。

（3）浓香型。浓香型，又称窖香型。以四川泸州老窖、五粮液、剑南春、古井贡等为代表，具有芳香绵甜、香味谐调、回味绵长等特点。浓香型白酒在白酒中所占比例最大。

（4）米香型。米香型，又称桂香型。以广西桂林三花酒为代表，具有蜜香清雅、入口柔绵、落口爽利、回味怡畅等特点。

（5）兼香型。兼香型，因其具有两种以上主体香而得名，以湖南的白沙液酒、湖北的白云边酒为代表，具有清、浓的香味，五味俱全。

（6）混香型。混香型，又称特型白酒，以江西四特酒、湖南酒鬼酒为代表，具有米香、浓香、酱香等三种以上香型，香味幽雅舒畅。

（7）药香型。药香型，又称董香型白酒，以贵州董酒为代表，酒中带有药香。

2. 国家名酒

1952—1988 年共举办了 5 届全国评酒会，在会上专家们共评出了中国十大名酒。

（1）贵州茅台酒（酱香型）。贵州茅台酒产于贵州省仁怀市茅台镇，茅台镇位于贵州高原最低点的盆地，终日云雾密集、空气潮湿，夏日持续 36℃ 的高温天气长达 5 个多月，这种特殊的气候再加上独特的土壤、水质等自然条件，对茅台酒 110 多种香气成分中微生物的产生起了决定性作用。

茅台酒独特之处在于用曲量超过原料量，酒液色泽晶莹透明，口感醇厚柔和，无烈性刺激感，入口酱香馥郁，回味悠长，饮后余香绵绵，持久不散，素有"国酒"之誉，在第一届至第五届全国评酒会上被评为"国家名酒"，并授予金质奖章。

（2）五粮液（浓香型）。五粮液产于四川宜宾市，因以高粱、粳米、糯米、玉米、小麦 5 种粮食为原料制成而得名，有酒液清澈明亮、口感喷香浓郁、清冽甘爽、入口甘美、入喉净爽、各味谐调、恰到好处的独特风格，在第二届至第五届全国评酒会上被评为"国家名酒"，并授予金质奖章。

（3）泸州老窖特曲（浓香型）。泸州老窖特曲产于四川省泸州市。泸州古名江阳，三国时已经酿酒，有"江阳尽道多佳酿"之誉，现存最早的酒窖建于明万历年间，已被列为全国重点文物保护单位。泸州老窖特曲，原名泸州大曲酒，酒液晶莹清澈，酒香芬芳飘逸，酒体柔和纯正，酒味谐调适度，具有窖香浓郁、清冽甘爽、饮后尤香、回味悠长等独特风格，在第一届至第五届全国评酒会上被评为"国家名酒"，并授予金质奖章。

（4）洋河大曲（浓香型）。洋河大曲产于江苏省泗阳县洋河镇。该酒以优质高粱为原料，以小麦、大麦、豌豆制作的高温火曲为发酵剂，再用当地闻名遐迩的"美人泉"水作为酿造水，酿造出了醇香浓郁、口感绵软、甜润圆正、回香悠长的独特风格，在第三届至第五届全国评酒会上被评为"国家名酒"，并授予金质奖章。

（5）汾酒（清香型）。汾酒产于山西省汾阳市杏花村。杏花村早在南北朝时就生产"汾清"酒而闻名。唐代诗人杜牧的诗句"清明时节雨纷纷，路上行人欲断魂。借问酒家何处有，牧童遥指杏花村。"至今脍炙人口，广为流传。汾酒以其精湛的酿造工艺和独特的风格品质在 1915 年旧金山太平洋万国博览会上荣获最高奖项。汾酒酒液晶莹透亮、清香雅郁、入口绵柔甘冽、余味净爽，以色、香、味三绝著称于世。

(6) 郎酒（酱香型）。郎酒产于四川省古蔺县二郎滩，酿酒的郎泉水发源于云贵高原的赤水河，绵延千余千米。千百年来，在郎酒生产基地一带形成了独特的微生物圈，在郎酒成品中的微生物多达 400 多种，它们中的某些种类通过一系列复杂的组合，替郎酒催生 110 多种芳香成份，自然形成了郎酒的独特品位。此外，郎酒的贮存也与众不同，它不是贮藏在窖里，而是贮藏在天然溶洞里，洞内冬暖夏凉，酒水沉化快，有利于提高酒的醇化程度，郎酒有酱香突出，醇厚净爽，幽雅细腻，回味甜长的风格，在第四届、第五届全国评酒会上被评为"国家名酒"，并授予金质奖章。

(7) 古井贡酒（浓香型）。古井贡酒产于安徽亳州，亳州自古就是我国有名的酒乡，历史悠久，其渊源始于公元 196 年曹操将家乡亳州产的"九酝春酒"和酿造方法晋献给汉献帝刘协，自此一直作为皇室贡品。它以"色清如水晶、香纯似幽兰、入口甘美醇和、回味经久不息"的独特风格，四次蝉联全国白酒评比金奖，是巴黎第十三届国际食品博览会上唯一获金奖的中国名酒，先后获得中国驰名商标、中国原产地域保护产品、国家文物保护单位、国家非物质文化遗产保护项目等荣誉，被世人誉为"酒中牡丹"，在第一届至第五届全国评酒会上被评为"国家名酒"，并授予金质奖章。

(8) 西凤酒（混香型）。西凤酒产于陕西省凤翔县柳林镇，始于殷商，盛于唐宋，距今已有两千多年的历史，远在唐代就已列为珍品。凤翔是民间传说中产凤凰的地方，有凤鸣歧山、吹萧引凤等故事。唐朝以后，又是西府台的所在地，人称西府凤翔，酒遂因此而得名。史载此酒在唐代即以"醇香典雅、甘润挺爽、诸味协调、尾净悠长"列为珍品。苏轼任职凤翔时，酷爱此酒，曾有"柳林酒，东湖柳，妇人手（手工艺）"的诗句，后来传为佳话。在 1867 年（清同治六年）举行的南洋赛酒会上，荣获二等奖，在第一、四、五届全国评酒会上被评为"国家名酒"，并授予金质奖章。

(9) 董酒（药香型）。董酒产于贵州省遵义市，因其最初产于遵义市效附近的董公寺而得名，董酒无色，清澈透明，香气幽雅舒适，既有大曲酒的浓郁芳香，又有小曲酒的柔绵、醇和、回甜，还有淡雅舒适的药香和爽口的微酸，入口醇和浓郁，饮后甘爽味长。由于酒质芳香奇特，被人们誉为其他香型白酒中独树一枝的"董香型"典型代表，是贵州省两大国家名酒之一（茅台、董酒），在第二届至第五届全国评酒会上被评为"国家名酒"，授予金质奖章。

(10) 剑南春（浓香型）。剑南春酒产于四川省绵竹县，因而原名"绵竹大曲"，后因绵竹在唐代属剑南道，1958 年正式改名称"剑南春"。四川的绵竹县素有"酒乡"之称，绵竹县因产酒而得名。早在唐代就产闻名遐迩的名酒——"剑南烧春"，相传李白为喝此美酒曾在这里竟把皮袄卖掉买酒痛饮，留下"士解金貂"、"解貂赎酒"的佳话。北宋苏轼称赞这种蜜酒"三日开瓮香满域"，"甘露微浊醍醐清"，其酒之引人可见一斑。剑南春在第三届至第五届全国评酒会上被评为"国家名酒"，并授予金质奖章。

（二）黄酒

黄酒，是中国最古老的饮料酒种，也是中国特有的酿造酒。黄酒多以糯米为原料，也可用粳米、籼米、黍米和玉米为原料，蒸熟后加入专门的酒曲和酒药，糖化、发酵后，压榨去渣、高温杀菌，陈酿一段时间再饮用。黄酒酒精含量一般在 $16°\sim18°$ 之间，颜色黄亮，香气浓郁，含糖、氨基酸等多种营养成分，具有相当高的热量，能促进新陈代谢，补养气血，助消化，活血化瘀，祛风湿等，被称为"液体蛋糕"，对生长发育迟缓、贫血、肌肉萎缩、营养不良性水肿等症有很好的辅助保健作用。黄酒主要产于中国长江下游一带，以浙江绍兴的产品最著名。全国评酒会上被评为国家名酒的黄酒有两种：浙江绍兴加饭酒和福建龙岩沉缸酒，其他名品有：即墨老酒、大连黄酒、福建老酒、丹阳封缸酒等。

1. 绍兴酒

绍兴酒产于浙江省绍兴市，因该地为春秋时代的越国都城，亦名越酒，又因其历史悠久，具有愈陈愈香的特点，故别称绍兴老酒，历史上还称为山阴甜酒。黄酒酒色黄而莹澈，香气浓而沉郁，味道醇而不漓，色、香、味三者俱臻上乘。由于酿酒工艺和所加的辅料不同，品种甚多，风格各异。主要品种有加饭酒、元红酒、善酿和花雕酒等。绍兴酒在第一届至第四届全国评酒会上被评为"国家名酒"，并授予金质奖章。

黄酒的种类

元红酒：旧时称"状元红"，是因在坛壁外涂朱红色而得名，是绍兴酒的代表品种和大宗产品。用摊饭法配置，属于型酒。此酒发酵完全，含残糖量少，色液橙黄清亮，具特有芳香味甘爽微苦，深受饮酒者的普遍喜爱。

加饭酒：它比元红酒酿造配料中糯米的使用量增加 10% 以上，所以称加饭酒。酒质丰美，风味醇厚，是绍兴酒的上等品。酒度18度，糖分2度，高于元红酒。似葡萄酒的"半干"类型。

花雕酒：加饭酒经多年储存即为花雕酒。按浙江地方风俗，民间生女之年要酿酒数坛，泥封窖藏，待女儿长大结婚之日，取出饮用，即是花雕酒中著名的"女儿红"。因这种酒在坛外雕绘有我国名族风格的彩图，故取名"花雕酒"或"元红花雕"。

善酿酒：用已储一至三年的陈元红酒，代水入缸与新酒再发酵，酿成的酒再陈酿一至三年，所以之酒香气浓郁，酒质特厚，风味芳馥是绍兴酒之佳品。

香雪酒：是用米饭加酒药和麦曲一次酿成的酒（绍兴酒中称为淋饭酒）。拌入少量麦曲，再用由黄酒糟蒸馏所得的 50 度的糟烧代替水，一同入缸进行发酵。这样酿得的高糖（20％左右）高酒度（20 度左右）的黄酒，即是香雪酒。酒色淡黄清亮，香气浓郁，滋味醇厚，鲜甜甘美。为绍兴酒的特殊品种。

2. 福建龙岩沉缸酒

福建龙岩沉缸酒产于福建省龙岩地区，始酿于清嘉庆年间，当地民间流传有"斤酒当九鸡"的说法，这是一种特甜型酒，酒度在 14 度～16 度。内销酒一般储存两年，外销酒需储存三年。酿造时，先加入药曲，散曲和白曲，先酿成甜酒酿，再分别投入著名的古田红曲及特制的米白酒，长期陈酿。龙岩酒有"不加糖而甜，不着色而艳红，不调香而芬芳"三大特点。酒质呈琥珀光泽，甘甜醇厚，风格独特，在第三、第四、第五届全国评酒会上被评为"国家名酒"，并授予金质奖章。

3. 即墨老酒

即墨老酒产于山东省即墨地区，是我国北方黄酒的代表，史称"南有绍兴加饭，北有即墨老酒"。即墨老酒始创于 2000 多年前的东周，清道光年后，老酒的生产进入全盛时期，酒液晶明透亮、浓厚挂碗，色泽黑褐中带紫红，具有"焦糜"的特殊香气，在第二、三届全国评酒会上被评为"国家名酒"，并授予金质奖章。

4. 福建老酒

福建老酒产于福建省福州市，原料主要是当地特产"大黄米"，酒色褐黄，香气纯正，口味醇郁，甜度适口，在第三、第四届全国评酒会上被评为"国家名酒"，授予金质奖章。

（三）果酒

果酒是以水果与浆果为原料酿造的饮料酒，以葡萄酒为主。

我国用葡萄酿酒的历史悠久，汉代西域地区就以酿葡萄酒驰名。唐代我国西北地区已用葡萄蒸制葡萄烧酒，饮葡萄酒之风非常兴盛。中国最早的近代葡萄酒酿造业是 1892 年华侨张弼士创建的山东烟台张裕葡萄酒厂。该厂生产的红葡萄酒、味美思、雷司令和金奖白兰地，在 1915 年美国旧金山举行的巴拿马国际博览会上一举拿到四块金质奖章。

葡萄酒有以下三种分类方法：

按加工方法，分为酿造葡萄酒（又称原汁葡萄酒或静止葡萄酒）、加香葡萄酒、起泡葡萄酒和蒸馏葡萄酒；按糖分含量分为干葡萄酒、半干葡萄酒、半甜葡萄酒和甜葡萄酒；按色泽分为红葡萄酒、玫瑰红葡萄酒和白葡萄酒。

葡萄酒具有四大保健作用：有助于消化、有助于抗心血管病、能治疗贫血、能防病美容。

我国著名的葡萄酒有：

1. 烟台红葡萄酒（甜型）

烟台红葡萄酒产于山东烟台市张裕酿酒公司，原名"玫瑰香红葡萄酒"，以玫瑰香葡萄为主要原料，酒液呈红宝石色，酒香浓郁，具有轻微的玫瑰香和类似陈皮的老酒香，在第一至四届全国评酒会上被评为"国家名酒"，并授予金质奖章。

2. 中国红葡萄酒（半甜型）

中国红葡萄酒产于北京东郊葡萄酒厂，色泽棕红而透明，气味芬芳而浓郁，果香协调而持久，甜酸适度而微涩，味感浓厚而适口，回味余香而绵长，在第二至四届全国评酒会上被评为"国家名酒"，并授予金质奖章。

3. 王朝白葡萄酒（半干型）

王朝白葡萄酒产于山东烟台市张裕酿酒公司，是我国葡萄酒的后起之秀，果香浓郁，酒香幽雅，口感和谐，在第四届全国评酒会上被评为"国家名酒"，并授予金质奖章。

（四）啤酒

啤酒是一种含二氧化碳的低度酒精饮料，也叫麦酒。它是以大麦芽和啤酒花为主要原料，再加水、淀粉、酵母等辅料，经酵母发酵而制成的。啤酒含有丰富的营养，大麦芽是一味治疗积食不化、肚腹胀满的中药，啤酒花也有镇静、健胃、利尿之功效，酵母也能防治消化不良症，因此啤酒有"液体面包"的美誉。啤酒是近代从欧洲传入中国的，先由外国商人在青岛、哈尔滨、沈阳、上海等地设厂酿造。1904 年和 1915年，中国人先后在哈尔滨和北京办起东北三省啤酒厂和双合盛五星啤酒汽水厂。我国著名的啤酒有以下几种：

1. 青岛啤酒

青岛啤酒产于山东青岛市，始创于 1903 年，它是以浙江、江苏等省所生产的二棱大麦为原料，配以自产优质啤酒花，用崂山泉水，采用德国传统工艺精心酿造而成，在生产工艺上严、准、细著称，出口量占我国啤酒年出口量的 90%。酒液呈淡黄色，清澈透明，有光泽，二氧化碳充足，泡沫洁白、细腻、厚实、挂杯持久，口味纯正，有显著的啤酒花和麦芽清香。在第二至四届全国评酒会上被评为"国家名酒"，并授予金质奖章。

2. 燕京啤酒

燕京啤酒产于北京燕京啤酒厂（现为北京燕京啤酒集团公司），该产品创制于 1986年，酒液柔和爽口，是国家首批质量认证产品，并被指定为民大会堂国宴特供酒。

3. 雪花啤酒

雪花啤酒产于华润啤酒集团公司，该公司是由我国在香港的中资企业华润公司和全球最著名的五大啤酒公司——SAB 啤酒公司组建的合资公司，有目前世界上最先进的啤酒酿造技术和管理经验。雪花啤酒，具有口感纯正爽口、泡沫丰富细腻、酒液纯净透明等特点。

4. 特制上海啤酒

特制上海啤酒产于上海啤酒厂，酒液呈金黄色，清亮有光泽，泡沫洁白持久，有明显的酒花和麦芽香，含有醇厚舒适的苦味。

（五）配制酒

配制酒是以白酒、葡萄酒或黄酒为酒基，再配合中药材、芳香原料和糖料等制成。其中，用中药材配制的酒称为药酒，如竹叶青等。1963—1984 年共 3 届全国评酒会评出配制酒的国家名酒有山西竹叶青、湖北园林青。

竹叶青产于山西汾阳市杏花村，以汾酒为酒基，用高度汾酒浸竹叶、陈皮、香山萘、公丁香、香排草、当归等 12 种名贵中药材浸出液和冰糖配制而成。酒液呈金黄色，微绿，口感甜绵、微苦、温和，酒香、药香与甜味和谐一致，具有开胃、助消化等功效，在第二至四届全国评酒会上被评为"国家名酒"，并授予金质奖章。

第二节　中药知识

中医中药是中国汉族人民五千多年来与疾病作斗争的经验积累和总结，与藏医药、蒙医药等少数民族医药构成中国传统医药文化宝贵遗产，为中国历史文化的重要组成部分。中医中药，与国画、京剧并称为中国三大国粹。

中药按加工工艺分中药材、中成药。

一、中药材

中药材指中医用以治病、防病、保健和养生的药物，在中国古籍中通称"本草"。

（一）名贵中药材

1. 人参

人参又称棒锤、神草、地精等，为五加科植物人参的干燥根，因似人形而得名。人参始见于《神农本草经》，其药用历史已有 2000 多年，栽培历史也有 400 多年，在我国已能大量栽培。野生者称为野参，栽培者称为园参，主要产于东北三省，尤以吉林抚松县、集安市产量多、质量好，具有大补元气、固脱生津、安神之功效，有"中药之王"的美誉。

2. 三七

三七又名田七、田三七、参三七，俗称"金不换"，有"三七补药第一"之誉，为五加科多年生草本植物，因每株长叶七枚、顶端开黄花三朵而得名。三七始见于《本草纲目》，主要产于云南文山州和广西田东、田阳、靖西、德保等县，分别称为云南三七和广西田七，具有散瘀止血、消肿止痛之功效，主治吐血、血痢、崩漏、产后瘀血、外伤肿痛等症。

3. 冬虫夏草

冬虫夏草又名虫草，主要产于青海、四川、西藏、云南等省区，青海省为全国主要产区。它为麦角菌科冬虫夏草菌的子座及其寄主蝙蝠蛾科昆虫虫草幼虫体的复合体。虫草蝙蝠蛾的幼体在冬季蛰居于土中，冬虫夏草菌侵入虫体，使虫体充满菌丝而死亡，虫体变为菌核，夏季长出有柄的子座，单生细长如棒球棍状。该药具有补虚损、益精气、止咳化痰之功效。

4. 鹿茸

鹿茸始见于《神农本草经》，为鹿科动物中梅花鹿或马鹿等雄鹿尚未骨化而密生茸毛幼角的干燥品。梅花鹿主要产于吉林、辽东，全国大部分省区亦产；马鹿主要产于黑龙江、吉林、青海、新疆、四川等地。该药具有壮元阳、益精血、强筋骨之功效。

5. 阿胶

阿胶又名驴皮胶、盆覆胶等，始见于《神农本草经》，它为马科动物驴的皮去毛后熬制而成的胶块。阿胶主要产于我国的山东，山西榆社县、河南禹州市、安徽芜湖市，辽宁营口市等也有生产。该药具有滋阴养血、补肺润燥、止血安胎之功效。

（二）常用中药材

1. 枸杞

枸杞主要产于河北、甘肃、宁夏等地，果实粒大肉肥，色泽鲜红，以宁夏产的"西枸杞"质量最佳，有"贡果"之称，枸杞子具有补肝肾、健胃脾、强筋骨、润肺明目之功效，主治腰膝酸软、虚劳咳嗽、头目眩晕、目赤生翳等。

2. 贝母

贝母主要产于四川、浙江、云南、西藏、湖北等地，以四川出产的品质最佳，称"川贝"。川贝的功能为清热润肺、化痰止咳，主治心胸郁闷、痰热咳嗽、痈肿疮毒等症。

3. 何首乌

何首乌主要产于河南、湖北、四川、广西、贵州等地，块根入药，功能为补肝肾、益精血、乌须发，主治气血亏虚、须发早白、腰膝酸痛、肠躁便秘、久病体虚等症。

4. 麻黄

麻黄主要产于山西、内蒙古、陕西、甘肃、湖北等地，早在 4000 多年前就被中医作为发汗、兴奋、解热、镇咳之用，主治风寒感冒、气喘咳嗽、水肿风疹等症。

5. 羌活

羌活主要产于青海、四川、甘肃、山西等地，其中以青海产的"西活"质量最佳，其功能为搜风散寒，祛湿止痛，主治风热失音、咳嗽、咽喉肿痛、热结便秘等。

二、中成药

中成药是指经精加工可直接使用的成品药，分丸、散、膏、丹、片、口服液、药酒等。常用中成药有：

1. 北京乌鸡白凤丸

北京乌鸡白凤丸用乌鸡肉并配以人参、当归、黄芪、鹿角胶、川芎、黄酒、蜂蜜制成，对妇女月经不调、气虚血亏、带下等症有奇效；对男子也有补血滋肾作用。

2. 云南白药

云南白药由云南白药厂生产，原名曲焕章白药或万应百宝丹，由云南民间医生曲焕章配制。曲焕章在实践中吸收民间治伤疗病的传统配方，经多年钻研，于 20 世纪初按秘方制成。该药以三七等为原料，用途广，具有活血、止血、止痛之功效，素有"伤科圣药"之誉和"神药"、"仙丹"、"灵芝草"的美称。

3. 山西龟苓膏

龟苓膏原是宫廷御药，选用人参、鹿茸、海马等 28 味药材配制而成，因服用该药可延年益寿，故名。该肾具有补肾壮阳、强身健脑、消除心肌疲劳、促进新陈代谢的功能；主治肾阳虚弱、头晕耳鸣、妇女崩漏等症，被誉为"补王"。

4. 山西定坤丹

因可使妇女坤宫得以安定而得名。定坤丹选用人参、三七、鹿茸、当归、枸杞、鸡血藤等 29 味中药材配制，具有补血养气、调经活血、平肝益肾、阵痛强壮的功效；主治气血虚弱、经血不调、崩漏带下、宫寒不孕等症。

5. 蛇胆川贝枇杷膏

蛇胆川贝枇杷膏产于广东省广州市，系选用蛇胆、川贝醇、枇杷叶、桔梗等中药材配制而成的纯中药煎膏剂。具有润肺止咳、祛痰定喘的功效；主治咳嗽痰多、胸闷气喘、声音沙哑等症。

6. 大活络丹

大活络丹因使用大量祛风活络、舒气活血止痛的药材而得名。处方源于明代，清太医院修治后定为宫廷秘方，由御药房同仁堂代制。具有舒经活络、祛风除湿之功效。

7. 安宫牛黄丸

安宫牛黄丸因以牛黄为主药，具有开窍镇惊安宫（心包）作用，故名。该药处方由明代万氏牛黄清心丸加味而来，具有解热、解毒、镇惊、避秽除痰开窍之功效。

8. 漳州片仔癀

漳州片仔癀原名八宝丹片仔癀，因其解毒消炎的疗效特异，往往一片即能退癀（即消炎、消肿止痛之意），故而得名。福建漳州制药厂生产。该药处方原为明末京都一位太医的秘方，珍藏于漳州寺院，后该寺院让漳州馨苑茶叶店兼营，定名为僧帽牌八宝丹片仔癀。该药具有清热解毒、消炎消肿、止痛等功效。

9. 十全大补丸

十全大补丸为中国传统中成药，选用地黄、当归、白药、人参、黄芪、白术、茯苓、甘草、川芎、肉桂等十种中药材配制而成，故名"十全大补丸"。其功能为补益气血、宁神益智，主治气血两虚、神疲乏力、食少便溏、惊悸健忘等症。

第三节　文房四宝知识

文房四宝是指中国独有的书写工具，即笔、墨、纸、砚。文房四宝之名，起源于南北朝时期。历史上，"文房四宝"所指之物屡有变化。在南唐时，"文房四宝"特指诸葛笔、徽州李廷圭墨、澄心堂纸、江西婺源龙尾砚。自宋朝以来"文房四宝"则特指湖笔（浙江省湖州）、徽墨（安徽省徽州）、宣纸（安徽省宣州）、端砚（广东省肇庆，古称端州）。

一、湖笔

湖笔，亦称湖颖，是"文房四宝"之一，被誉为"笔中之冠"。产于浙江省湖州市善琏镇。湖州历来是东南形胜之地，历代才子迭出、文风不绝。文人墨客的书画活动，极大地带动了湖州的制笔业的兴起，"湖笔"之名就此奠定。

（一）湖笔的历史

我国的毛笔，起源甚早，而"湖笔"之闻名于世当在元朝。元以前，全国以宣笔为最有名气。苏东坡、柳公权都喜欢用宣州笔；元以后，宣笔逐渐被湖笔所取代。湖笔有了"毛颖绝技甲天下"的盛名。

（二）湖笔的制作工艺

湖笔选料讲究，工艺精细，品种繁多，粗的有碗口大，细的如绣花针。湖笔按原料分羊毫、狼毫、兼毫、紫毫四大类；按大小规格，又可分为大楷、寸楷、中楷、小楷四种。湖笔，又称"湖颖"。颖是指笔锋尖端一段整齐透亮的部分，笔工们称为"黑子"，这是湖笔最大的特点。这种笔蘸墨后，笔锋仍是尖形，把它铺开，内外之毛整齐而无短长。

湖笔纯由手工制作，制作工艺十分复杂。一支湖笔从原料进口到出厂，一般需要经过120多道工序。主要工序由技工专司，选料精细，制作精工，尤其讲究锋颖。制作工匠秉承"精、纯、美"的准则，生产出"尖、齐、圆、健"四德齐备的成品湖笔。

二、徽墨

墨的发明是我国先民对中国文化乃至世界文明的一项重大贡献。墨与笔砚的出现几乎同时发端于新石器时代的晚期。作为一种消耗品，在人工制墨发明之前，一般都利用天然墨或半天然墨作为书写材料。

徽墨是我国制墨技艺中的一朵奇葩，因产于古徽州府而得名，它是书画家至爱至赖的信物。安徽省的绩溪县、黄山市屯溪区、歙县两地为徽墨制造中心。徽墨特征鲜明、技艺独特、流派品种繁多、科技内涵丰富，在中国制墨史上占有重要地位。

（一）徽墨的历史

徽墨是"徽州所产之墨"的统称，起始于北宋宣和年间（1119—1125年），宋时，制墨业开始繁荣，黟县的张遇是油烟墨的创始人，其"龙香剂"为历代收藏家追捧的瑰宝；风靡一时的制墨高手潘谷，被世人誉为"墨仙"。他制的"松丸"、"狻猊"等墨品被称为"墨中神品"。宋宣和三年（公元1121年）歙州更名为徽州，各家之墨统一定称为徽墨。

（二）徽墨特点

徽墨是以松烟、桐油烟、漆烟、胶为主要原料制作而成的一种主要供传统书法、绘画使用的特种颜料。徽墨成品具有色泽黑润、坚而有光、入纸不晕、舔笔不胶、经久不褪、馨香浓郁、防蛀等特点。徽墨还有"拈来轻、磨来清、嗅来馨、坚如玉、研无声、一点如漆、万载存真"的美誉。徽墨有高、中、低三种规格，高档墨有超顶漆烟、桐油烟、特级松烟等，尤其是超顶墨能分出浓淡层次，落纸如漆。徽墨集绘画、书法、雕刻、造型等艺术于一体，徽墨正面镌绘名家的书画图案，美观典雅，是书画艺术的珍品，使墨本身成为一种综合性的艺术珍品。

（三）徽墨制作工艺

徽墨制作配方和工艺非常讲究，有独特的配方和精湛的制作工艺，不同流派各有自己独特的制作技艺，密不外传。但一般都是经点烟、和料、压磨、晾干、挫边、描金、装盒等工序精制而成。

徽墨造型美观，质量上乘，主要是因为使用墨模的缘故。墨模绘画和雕刻都很讲究，明、清时期墨模艺术达到其巅峰。

三、宣纸

宣纸产于中国安徽泾县境内的丘陵山区（泾县古时属于宣州府，现属于宣州市管辖，因此称为宣纸）。这里的人们世代相传手工技艺制作宣纸，已有近千年历史，历代王朝都把安徽泾县宣纸列为"贡品"，安徽泾县宣纸在国际博览会上多次获得金奖，畅销国内各省市及日本、东南亚、欧美各国。

（一）宣纸的特点

宣纸具有"韧而能润、光而不滑、洁白稠密、纹理纯净、搓折无损、润墨性强"等特点，并有独特的渗透、润滑性能。由于宣纸有耐老化、不变色，少虫蛀，易于保存，经久不脆，不会褪色等特点，故有"纸寿千年"之誉。

用宣纸写字则骨神兼备，作画则神采飞扬，成为最能体现中国艺术风格的书画纸。

宣纸除了题诗作画外，还是书写外交照会、保存高级档案和史料的最佳用纸。我国流传至今的大量古籍珍本、名家书画墨迹，大都用宣纸保存，虽历经数百年却依然完好如初。

（二）宣纸的制作工艺

宣纸的制作工序大致可分为十八道，如果细分，则可超过百道。其中有保密工序，不为外人所知。

宣纸的传统做法是，将青檀树的枝条先蒸，再浸泡，然后剥皮，晒干后，加入石灰与纯碱（或草碱）再蒸，去其杂质，洗涤后，将其撕成细条，晾在朝阳之地，经过日晒雨淋会变白。然后将细条打浆入胶，把加工后的皮料与草料分别进行打浆，并加入植物胶（如杨桃藤汁）充分搅匀，用竹帘抄成纸，再刷到炕上烤干、剪裁后整理成张。

四、端砚

砚，不仅有其实用功能，而且还有一种天人合一的美感，这就是砚的欣赏价值。砚台在其制作过程中，不断融入各个时代的艺术特征，形制式样、题材内容、构图纹饰及雕刻风格都非常讲究，并与文学、历史、绘画、金石和雕刻汇为一体，所以为历代（包括现代）文人雅士的钟爱。

中国四大名砚是广东肇庆的端砚、安徽歙县的歙砚、甘肃洮州的洮河砚、山西绛县的澄泥砚，它们是我国传统的四大优质名砚。

（一）端砚的得名

端砚，是指以广东肇庆羚羊峡端溪栏柯山（斧柯山）至北岭一带出产的砚材制作之石砚而言，为中国"四大名砚"之首。肇庆古称端州，故得名。

（二）端砚的特色

端砚优点在于其石质特别幼嫩、纯净、细腻、滋润、坚实、严密，制成的端砚具有呵气可研墨、发墨不损毫、冬天不结冰的特色，有下墨如风、发墨如油、不耗水、不朽、护毫等优点。再加上历代制砚艺人的精工制作，使其造型式样多姿多彩，由实用性逐渐提高到实用与欣赏相结合的高度，步入了民族工艺美术的行列，现已成为中国工艺美术百花园中的一朵奇葩，名扬中外。

（三）端砚制作工艺

端砚要经过从探测、开凿、运输、选料、整璞、设计、雕刻、打磨、洗涤、配装等十多种艰辛而精细的工序。采出来的砚石如能有三四成可用，已属难得。在一千三百多年的发展历史中，端砚艺人不断总结经验，因地制宜，形成了一整套科学、严谨的制作工艺。端砚的制作过程十分复杂，主要有采石、选料制璞、设计、雕刻、配盒、打磨、上蜡等工序。端溪石大多不抗震，所以一直以来端砚生产的各个环节均为手工制作。主要工序有采石、选料制璞（维料制璞）、设计、雕刻、磨光、配盒等。

 小故事

贡砚的传说

唐代某年，端州有位梁姓举人赴京会试，适值考试那天京城降大雪，一片白茫茫，

冰天雪地，其他应试者被这突然而来的坏天气搞得束手无策，因为研磨出来的墨汁很快就结成冰，无法再写字，唯独这位来自端州的举人，用家传的端砚研磨的墨汁不结冰，但当他用完墨法再想加点水研墨时，发现水壶中的水已经结成冰，梁举人非常失望，边揉着手，边对着端砚喃喃自语："端砚呵，人家都说你是文房四宝之一，如今你宝在何处？"谁知话音刚落，砚堂中出现一片水蒸气，梁举人好像绝路逢生，拼命向着砚堂"呵"气，端砚帮助他做完试卷，使他得天独厚地考取了进士。其后，端砚的"呵气成墨"以及"隆冬极寒，他砚常冰，而水岩独否"的佳话从此传开，端砚也名扬海内外，"贡砚"、"赐砚"也随之盛行。

课后任务 ▶▶

1. 简述茶叶的分类及各类型的名茶代表。
2. 选取某一种茶叶，进行导游词创作和讲解。
3. 调查本地产酒，对其所属类型、特色及制造工艺等进行专题整理。
4. 思考：中国古代的文房四宝在现代社会如何实现可持续性发展？
5. 谈谈中国酒文化的表现形式。
6. 欣赏中国传统茶艺表演，并理解其包含的文化思想。

参考文献

[1] 张驭寰．古建筑的符号［M］．武汉：华中科技大学出版社，2011．

[2] 王蔚，恩隶．中国建筑文化［M］．北京：时事出版社，2009．

[3] 张驭寰，陶世安．走进中国古建筑［M］．北京：机械工业出版社，2010．

[4] 王其钧．中国古代建筑鉴赏语言［M］．桂林：广西师范大学出版社，2008．

[5] 李金龙．识别中国古代建筑［M］．上海：上海书店出版社，2008．

[6] 全国政协和宗教委员会．中国宗教概况［M］．北京：中国文史出版社，2008．

[7] 道坚法师．佛教知识学习问答［M］．北京：宗教文化出版社，2007．

[8] 中国道教协会．中国道教［M］．北京：外文出版社，2003．

[9] 广东省导游旅游局导游考试办公室．全国导游基础知识［M］．广州：广东旅游出版社，2007．

[10] 国家旅游局人事司．导游基础知识［M］．北京：旅游教育出版社，2010．

[11] 孙文昌，陈元泰．应用旅游地理学［M］．长春：东北师范大学出版社，1990．

[12] 赵济等编．中国自然地理［M］．北京：高等教育出版社，1995．

[13] 人教社社会室．地理（选修第1册）［M］．北京：人民教育出版社，2005．

[14] 北京旅游局．全国导游基础［M］．北京：燕山出版社，2009．

[15] 刘长凤，林占生．中国旅游景观赏析［M］．北京：化学工业出版，2007．

[16] 韩欣．美食中国［M］．天津：天津古籍出版社，2007．

[17] 张征雁，王仁湘．昨日盛宴——中国古代饮食文化［M］．成都：四川人民出版社，2008．

[18] 谢定源．中国名菜［M］．北京：中国轻工业出版社，2005．

[19] 樊建国，廖艳芳．中国特产与饮食［M］．北京：中国物资出版社，2007．

[20] 周旺．中国风味小吃传说与烹饪［M］．北京：化学工业出版社，2006．

[21] 国家旅游局人事劳动教育司．导游知识专题［M］．北京：中国旅游出版社，2004．

[22] 黎泉．旅游特产导游词［M］．北京：中国旅游出版社，2008．

［23］李志伟，雷晶．风物特产博览［M］．北京：旅游教育出版社，2005.

［24］张壮年，张颖震．中国历史秘闻轶事［M］．济南：山东画报出版社，2003.

［25］徐可．导游基础［M］．北京：清华大学出版社，2009.

［26］李文芬．导游基础知识［M］．北京：中国人民大学出版社，2001.

［27］邱德玉．中国旅游文化［M］．北京：科学出版社，2006.

［28］王明煊，胡定鹏．中国旅游文化［M］．杭州：浙江大学出版社，1998.

［29］喻学才．旅游文化［M］．2版．大连：东北财经大学出版社，2011.

［30］郭军林．中国青铜文化［M］．北京：时事出版社，2009.

［31］中国硅酸盐学会．中国陶瓷［M］．上海：上海古籍出版社，2001.

［32］浙江省旅游局编．导游文化基础知识［M］．北京：中国旅游出版社，2004.

［33］赵朕，赵叶，鲁保中，等．少数民族的风情［M］．北京：中国旅游出版社，2006.

［34］陶犁．民族民俗风情赏析［M］．北京：旅游教育出版社，2006.

［35］姜若愚．中国民族民俗［M］．北京：高等教育出版社，2002.

［36］杭间，郭秋惠．中国传统工艺［M］．北京：五洲传播出版社，2006.

［37］中国旅游文化网．http：//www.cnctrip.com/culture/nation/intro/hanzu.asp.

［38］中国网：中国文房四宝．http：//www.china.com.cn/culture/zhuanti/zg-wfsb/node_7029038.htm.

［39］美食杰网．http：//www.meishij.net/china-food/caixi/.

［40］浩学历史网．http：//www.hxlsw.com/html/baike/2011/0904/64896.html.